陈守全荣获"全国劳动模范"称号

陈守全从北京人民大会堂"全国劳动模范"表彰会归来受到欢迎

陈守全接受中央电视台采访

陈守全在中法汽车展示交易会上演讲

陈守全与华阳合资公司外方经理握手

陈守全向日本客商介绍产品情况

陈守全与英国卢卡斯公司高级管理人员交谈

陈守全与外商谈判

陈守全与英国卢卡斯公司代表交换合作书

陈守全与美国客商交谈

陈守全带领华阳人开辟新天地，建设新华阳

陈守全全家合影

新华阳跨入新天地时陈守全的笑脸

陈守全获得"庆祝中华人民共和国成立70周年纪念章"

陈守全（中）与陈志源（左，本书作者）、党政军（右）在陈守全母校

陈守全在华阳表彰会上为装备标兵系绶带

路的弯度
——华阳奋斗足迹

陈志源 著

企业管理出版社
ENTERPRISE MANAGEMENT PUBLISHING HOUSE

图书在版编目（CIP）数据

路的弯度：华阳奋斗足迹/

陈志源著 .—北京：企业管理出版社，2020.7

ISBN 978-7-5164-2103-1

Ⅰ.①路… Ⅱ.①陈… Ⅲ.①陈守全－先进事迹

Ⅳ.① K825.38

中国版本图书馆 CIP 数据核字 (2020) 第 095945 号

书　　名：	路的弯度：华阳奋斗足迹
作　　者：	陈志源
责任编辑：	于湘怡
书　　号：	ISBN 978-7-5164-2103-1
出版发行：	企业管理出版社
地　　址：	北京市海淀区紫竹院南路 17 号　　邮编：100048
网　　址：	http://www.emph.cn
电　　话：	编辑部 (010) 68701661　　发行部 (010) 68701816
电子信箱：	1502219688@qq.com
印　　刷：	三河市荣展印务有限公司
经　　销：	新华书店
规　　格：	700 毫米 × 1000 毫米　16 开本　17.5 印张　217 千字
版　　次：	2020 年 7 月 第 1 版　2020 年 7 月 第 1 次印刷
定　　价：	98.00 元

版权所有　翻印必究·印装有误　负责调换

作者用艺术的手法记载了我大半生的经历，描绘了我和华阳携手同行，在弯弯曲曲的道路上披荆斩棘、砥砺向前，在迷惘沮丧中拨云驱雾、勇往直前、发展壮大的波澜壮阔的创业蓝图和奋斗画卷。本书分为西出杨溪踏歌来、青春舞靓莫家沟、领军拨叉登高台、激流勇进树华阳和改制路上云飞扬五章。

—— 陈守全

代序

路

路、公路、乡间小路，还有那华山一条路……

地球上到底有多少条路，你知道吗？若你如实道来，你一定会说："不知道。"是，你不知道，我也不知道，他也不知道，地球上所有的人都不知道。没有人能够准确统计出来地球上到底有多少条路，就像无法数清一头牛身上的毛一样。

地球上的路多如牛毛。

人生的路同样多如牛毛。

不同的人走着不同的人生路。

同一个人在不同的时间段，走着不同的人生路。

《路的弯度——华阳奋斗足迹》传主陈守全初中毕业的时候，想要报考的是郧阳地区省重点高中——郧阳中学，凭他的成绩，有把握金榜题名。后来，与他成绩不相上下，甚至稍逊于他的同班同学，考上了郧阳中学，这也证明陈守全是有这个能力的。与大多数有志学子一样，陈守全的理想是，读完高中，上北大、清华……

这是陈守全给自己设计的人生路。

但由于家境清贫，兄弟姐妹多，父母不堪重负，陈守全作为长子，理所当然要为父母分忧解困。他毅然决然地放弃了自己设想的这条路，选择了另一条路——踏进郧县卫校……

卫校毕业前夕，陈守全在安阳镇卫生院实习，实习结束，院长想把他留下来。陈守全表态："等毕业分配，我再回来……"

可是，毕业时，只有少数几个同学被分配到卫生系统，陈守全等38名同学被分配到郧县风动工具厂……

你看，陈守全在人生道路上刚一开步，就遇到了多个十字路口。

人生道路几多个呀！

人生路上的一首首歌，节奏不尽相同，韵律迥异，但每首歌都是那么动听，都是那么充满激情，那么充满活力……

不是吗？

如果陈守全读高中，上大学，最终或者成为一名科技工作者，或者成为一名历史学家，或者成为一名文学家……

美不美？当然美！

如果郧县卫校毕业后，陈守全被分配到安阳镇卫生院，他会成为一名白衣天使，救死扶伤，像白求恩一样，成为一个高尚的人，一个纯粹的人，一个有道德的人，一个脱离了低级趣味的人，一个有益于人民的人……

美不美？当然美！

事实是，卫校毕业后，陈守全被分配到郧县风动工具厂，当了一名工人。凭着智慧和汗水，陈守全在人生路上高奏凯歌，30岁的时候，走上了领导岗位，被拔擢为郧县拨叉厂（风动工具厂此时更名为拨叉厂）的副厂长，38岁任厂长。陈守全担任厂长的当年，工厂的产值就由700万元飙升到1004万元，一个在亏损边缘徘徊的企业，从此走上了盈利的康庄大道。企业由县直辖跃升为地区直辖，由科级单位上升为处级单位，并且成为郧阳地区的龙头企业，成为郧阳地区工业战线的一面高高飘扬的旗帜。紧接着，陈守全带领3000多名职工，创造了华阳企业集团的灿烂辉煌，陈守全被中共湖北省委授予"优秀共产党员"称号，当选为湖北省企业管理协会常务理事、湖北省企业家协会常务理事,被湖北省机械工业厅授予"质量兴业优秀厂长(经理)"称号,被中共中央组织部授予"全国优秀党务工作者"称号。陈守全还被评为"全国劳动模范",获得"五一劳动奖章",成为媒体追逐报道的新闻人物……

美不美? 当然美!

地球上的路,每条路都是那么美,都有自己独特的风景,哪怕只是纵横交错的阡陌。

人生的路,同样如此,每条路都是那么美,都有自己独特的风景。时传祥掏大粪,宁肯一人脏,换来万户净,精神崇高;王进喜打油井打出震撼全国的铿锵的"铁人精神"……

不由得,想起被颂为"东方之星"的丁俊晖的斯诺克之路。

丁俊晖8岁半接触斯诺克台球,其父丁文君发现儿子有着非凡的台球天赋,决定让其专攻台球。丁俊晖不负所望,13岁获得亚洲邀请赛季军,从此"神童"称号不胫而走。2002年,15岁的丁俊晖为中国夺取首个亚洲锦标赛冠军,并成为最年轻的亚洲冠军。同年,丁俊晖获得世界青年斯诺克锦标赛冠军,成为中国第一个台球世界冠军。还是在同一年的亚运会上,丁俊晖又夺取台球男单冠军,改写了中国在亚运会台球项目上没有金牌的历史。2002年12月15日,中国台球协会向丁俊晖颁发了"中国台球特别贡献奖"。

丁俊晖的斯诺克成就,得益于父亲的慧眼识珠,也得益于父亲的胸怀坦荡,在给儿子选择人生道路的时候,没有随波逐流,亦步亦趋,要儿子往那座上高中考大学的独木桥上挤。

丁俊晖的斯诺克之路,是父亲给他选择的;陈守全的企业家之路,是他自己蹚出来的。家长代为选择也好,自己做主选择也罢,都必须要符合实际,人生之路是受主观和客观条件制约的,只有从实际出发选择人生之路，路才能越走越宽广，否则，就会走进死胡同。

丁俊晖打台球打出一路辉煌；陈守全办企业办出辉煌一路。走在不同的路上，走出同样的高度，咱们中国人，把这个叫作"殊途同归"，外国人则表述为"条条大路通罗马"。

条条大路通罗马，条条大路风景如画；然而，条条大路都布满了荆棘。

没有一条是笔直的，没有一条是平坦的。

扫尽阴霾，雨过天晴，陈守全哪里跌倒哪里爬起来。爬起来，又摔个跟斗。厂长任命的红头文件已经发到了厂里，只等组织部门来人在大会上宣读。岂料，几个月后，组织部门派人来宣读时，却是另一个人被任命为厂长，给了陈守全迎头一棒……

莫愁前路无知己，天下谁人不识君。"前度刘郎今又来"，经过前一番波折，陈守全终于名正言顺担任厂长，有红头文件，有组织部门庄重宣布。自陈守全担任厂长后，工厂几乎一年一个台阶地发展着。陈守全推出"延伸城市推进联合"的战略，旨在为工厂铺展更大的发展空间。真是心想事成，陈守全想"延伸城市推进联合"，真的就有人找上门来，要求与他们联合。于是，郧阳地区汽车拨叉厂与郧阳地区建筑工程公司合并，成立了郧阳地区华阳企业集团，陈守全的"延伸城市推进联合"战略得以实现。顺风顺水，美得很啊！就在陈守全使尽浑身解数，决心大干一番事业，率领郧阳地区华阳企业集团向纵深发展的时候，又横生枝节，这次联合最终失败，陈守全仰天长叹……

"推进联合"失败，"延伸城市"不能放弃。陈守全顽强地带领新的华阳企业集团公司，勇往直前。然而，企业改制过程中，又遭遇滑铁卢……

看！一路走来，既风光，又艰辛！每走一程，就会有一条沟壑，甚至一道天堑，生生挡住你的去路。

真可谓，路漫漫其修远兮……

"路漫漫其修远兮",这是屈原的诗句,接下来的一句是"吾将上下而求索",诗句告诉我们:我们要走的路,漫长而遥远,充满艰辛,我们必须不屈不挠,百折不回地追求、探索。

千年后,诗仙李白用他自己切身经历淬炼出《行路难》,对屈子精神做出了响亮的应和。

"金樽清酒斗十千,玉盘珍馐直万钱。停杯投箸不能食,拔剑四顾心茫然。欲渡黄河冰塞川,将登太行雪满山。闲来垂钓碧溪上,忽复乘舟梦日边。行路难,行路难,多歧路,今安在。长风破浪会有时,直挂云帆济沧海。"

人生遭遇致命打击之后,李白多么痛苦啊!好酒好菜摆在桌上,却毫无食欲。对自己的未来,茫然四顾,不知如何是好。想渡黄河,黄河被冰雪堵塞了;想登太行山,山被莽莽风雪覆盖了。在这世界上,行路难啊,行路难。总有一天,我会高挂云帆,在沧海中乘风破浪,长驱万里!

是的,行走在人生路上,不管有多难,只有义无反顾,怀揣"直挂云帆济沧海"的雄心壮志,才有希望到达光辉的彼岸。

从屈原的"吾将上下而求索"到李白的"直挂云帆济沧海",中华优秀传统文化铸造出民族之魂和大无畏的英雄主义气概。

陈守全的血液里,澎湃着中华优秀传统文化的基因,他有一种坚定的信念:只要往前走,再艰难的路也会消失在后头。不是吗!

家境贫寒,上不了高中,他另辟蹊径,路,越走越开阔……

"延伸城市推进联合"战略严重受挫,他坚持自己的选择,挺胸昂首,大踏步往前走……

企业改制,阻力重重,他带领企业,克难奋进,斩恶浪,闯险滩,迎来新的曙光……

陈守全有一身铿锵铁骨,有一腔火红热血,他睿智出众,谋略超群。他用坚实的脚步，蹚出一条绚丽多彩的人生路，他用豪迈的椽笔，谱写一曲激越雄壮的"大路歌"。他平凡而又出类拔萃的人生，他细腻而又光芒四射的精神，值得称颂敬佩，值得大书特书。

从这个意义上说，《路的弯度——华阳奋斗足迹》值得一读。

湖北省机电工程学会　会长

2019年4月于武汉

写在《路的弯度——华阳奋斗足迹》成稿之时

陈守全

我用了整整一周的时间读完了湖北省作家协会会员、年逾八旬的中学高级教师陈志源先生为我撰写的这部20多万字的传记《路的弯度——华阳奋斗足迹》。作者用艺术的手法记载了我大半生的经历，描绘了我和华阳携手同行，在弯弯曲曲的道路上披荆斩棘、砥砺向前，在迷惘沮丧中拨云驱雾、勇往直前、发展壮大的波澜壮阔的创业蓝图和奋斗画卷。

掩卷沉思，感慨万千。陈老师为了给我写这部传记几经周折，却坚定不移，可以说是累了心思白了头。受限于我的工作，他的采访只能断断续续、续续断断，时续时断。采访不能正常进行，写作也就只能写写停停，停停写写，有时一搁置就是两、三年，甚至四、五年，前后历经18个春秋方才完成了书稿。时间之漫长、过程之艰辛、写作之困苦、心灵之煎熬，是一般作家难以承受的。

我被评为"全国劳动模范"，获得"五一劳动奖章"，被中共中央组织部授予"全国优秀党务工作者"称号……我的事迹，从《人民日报》、中央电视台，到《十堰日报》《十堰晚报》，大大小小的媒体都有过报道。公司党群工作部部长党政军觉得这些报道零零散散，没能形成一个完整的体系，他想请作家为我写一本传记，对我的人生进行比较系统的、完整的、全面性的描绘。在武汉和十堰找了好几个作家和我见了面，他们都谈了具体的写作意向和出书方案，我感觉自己还没达到那个高度，所以，一直婉拒他们的好意。党政军是个热心人，后来又联系上陈志源老师。陈老师更是有心人，他说，早几年从中央电视台、《人民日报》《湖北日报》《十堰日报》《中国机电日报》《中国汽车报》《人物》等媒体上看到了我的事迹，觉得很了不起，值得写一部大一点的作品，立体反映一名优秀企业家的感人事迹，让优秀企业家的事迹和精神成为鼓舞后来者的力量，也可以成为后来者学习借鉴的经验和精神财富。

不知为什么，也许是志趣相投吧。陈志源老师对我的关注，改变了我的想法，觉得对自己的人生进行一下总结，还真有必要。这于自己可在今后的生活中扬长避短，更好地发挥自己的光和热；对企业也有个交代；对子女的成长或许还能起到警醒作用。我们也就达成了协议，开始了合作。没想到曲曲折折经历了18个年头，今天，《路的弯度——华阳奋斗足迹》终于要面世了。此刻，我要对为《路的弯度——华阳奋斗足迹》付出辛勤劳动的陈志源老师，以及在陈志源老师采访写作过程中，东西奔波、费心尽力的党政军同志，表示真诚的谢意，感谢他们为我送来了这么一份精神大餐。

我出生在一个贫寒的家庭，父亲是一个一年四季辛勤劳作在田间的农民，也许是因为为人厚道且公正不阿，他被大家推选为村长；母亲是一个勤劳善良的农村妇女。父亲常年在外带领村民为夺取农业丰收战天斗地，于是吃喝拉撒睡，一切家务都落在母亲一个人身上。母亲带着7个孩子，每天总是屋里屋外忙个不停，有时甚至通宵达旦不眠不休。父亲雷厉风行、任劳任怨的工作作风，给我的血液注入了积极向上的遗传因子；母亲勤劳朴实、持家节俭的品质，在我的心灵深处播下了与人为善的种子。父母的言行鼓舞着我，激励着我，使我从小就养成了不甘落后的良好品性。上中专我当班长，任学生会主席，任团委书记，还入了党。工作后我经历过被撤销一切职务，下放到铸造车间机电班当电工，那时心情灰暗到了极点，曾经一度失意彷徨。但倔强的性格使我没有就此沉沦，一蹶不振，而是痛定思痛，从内心深处不断反思。我不断加强理论学习，加强思想修养，反省自己，这使我的心灵得到净化，思想得到升华，我变得越来越成熟和稳健。同时，我认真学习电工技术理论，事业心、进取心和责任感越来越强，工作越来越有劲。

苍天不负苦心人，由于我正确对待挫折，工作更加积极主动，成绩比较突出，没过几年，我又重新得到重用，先在铸造车间担任副指导员，后又到"五七干校"学习。在"五七干校"学习期间，我接触到一大批有智慧有能力的领导干部，他们的思想和作风，让我的人生观和世界观获得重大洗礼，对人生价值取向的坐标图的制作也更加精细，很好促进了我往后的发展。回厂以后，我又被安排到规模比较大的金工车间任指导员。1978年，我刚满30岁，就被提拔为主管生产的副厂长。我感到使命光荣，责任重大，要趁着年轻为企业做出应有的贡献。

我扎根基层，深入生产第一线，和工人们一起攻克生产过程中出现的一道道难关，哪里有问题，我就出现在哪里；哪里有矛盾，我就解决到哪里；哪里有短板，我就盯到哪里，和大家打成一片，共度时艰。大家心往一处想，劲往一处使，当年工厂就摘掉戴了12年的亏损帽子。

1986年，我被正式任命为厂长。上任伊始，我就抓项目、上产品，抓技改、上能力，抓降废、上质量，抓降本、上效益，抓承包、增干劲，有力地推动了企业的发展，就像吃甘蔗上楼梯，步步高，节节甜，当年实现产值1004万元，超计划30.4%。经过5年的奋斗，到1991年，企业实现产值5480万元。1992年，乘着邓小平南方谈话的东风，我又带领企业从偏僻山沟挺进十堰市，与郧阳地区建筑工程公司合并，成立了华阳集团，拉开了企业纵深发展的帷幕。内引外联，引进技术、引进设备、引进资金，与英国和美国企业合资办厂，上项目、上产品、上质量、上管理、上效益，企业欣欣向荣，1995年，企业产值达到2.2亿元。

随着华阳的快速发展，企业和我本人获得国家和省市级的各种荣誉。企业被国家八部委批准认定为"国家大二型企业""湖北省先进企业""十堰市小型巨人企业"。我本人获得"全国优秀经营工作者""全国劳动模范""全国优秀党务工作者""建国六十周年十大杰出人物""中国企业管理终身成就奖"等一大批国字号、省字号、市字号荣誉，还是"全国五一劳动奖章"的获得者。

华阳顺风顺水，大踏步行走在快速发展之时，一场变故袭来……，不过，风雨过后，华阳集团仍以更加强壮的身姿、以独占鳌头的态势，昂首挺立在十堰工业战线的阵营里。

为了让华阳有更大的发展空间，经过一番艰难的运作，我带领华阳加入湖北省汽车集团，华阳成为省属企业，享受到省属企业的许多优惠政策。

国有企业的改制，势不可挡。而华阳作为省属企业，省里顾不上，市里又不管。在这关键时刻，我瞅准机会，果断出手，多方运作，申请企业回归市里。这上上下下，把许多人都看糊涂了。岂不知，这为企业的改制铺平了道路。

当企业真刀真枪进入改制，真是步步艰难，职工安置、专用车厂破产、金融打包还贷、资产重组，还有一个个官司……

一个个问题，一个个矛盾，宛如一座座大山，压在我的头上，压得我喘不过气、日不思食、夜不成寐。现在回想起那段经历，我都不禁要打冷战。也是那段经历，给了我一个深刻的启迪：什么叫拼搏？拼搏就是通过智慧把自己的潜能充分发挥出来，而一个人的潜能，其实连自己也是不能预估的。至今，我都难以讲清我是怎么化解那些矛盾的。

将矛盾一一解决的时候，我真的瘦了一圈，但看到企业改制的成果，心里不禁涌出喜悦的浪花。三千多名员工得到合理安置，一千多名职工又重新上岗。华阳旗下的10大分公司有效整合为6个分公司，6个分公司三大三小齐头并进，大的威武雄壮，小的灵巧活泼。变速系统公司率先上市新三板，已经完成了三次定增，募集资金六千多万元用于技术改造，壮大了企业的经济实力和市场竞争力，销售收入连续两年实现1.7亿多元，2019年将突破两个亿的销售收入。美驰华阳合资公司股权也被华阳全部买断，重新组建为华阳制动器公司，年收入接近2亿元，现在已经搬到白浪开发区的龙门工业园，突破了生产场地不足的瓶颈。华丰公司完成了人事调整，有思路、有干劲、善于开拓新局面的能人走上了领导岗位，已经对公司进行了有效整顿，正蓄势待发开拓新的局面。三小企业也得到了有效整合。目前的华阳，装备更新、产品更全、市场更宽、基础更牢、腰包更鼓、民心更顺、热情更高、干劲更大、信心更足，华阳的路更加宽广……

看着华阳蓬勃发展，为华阳的成功庆幸，也为所有华阳人找到发挥作用的平台、成为行业内的专家能手高兴。

写到这里，我突然想起一件事。在与英国企业合资办公司的谈判过程中，英国卢卡斯公司总裁奎恩对我说："我们愿意跟你打交道，是因为你这个人很讲究诚信。"是的，诚信是企业之本，也是做人的基本准则。

说了这么多，还是感到意犹未尽。《路的弯度——华阳奋斗足迹》写的是我的经历，作者陈志源老师付出了心血，只是我的经历或许并不能给别人带来多少感悟和启迪，但如果你读完本书后，认为陈守全一生，不是碌碌无为，而是踏踏实实干成了几件事，我便足矣。

目录

代 序 路
写在《路的弯度——华阳奋斗足迹》成稿之时

第一章 西出杨溪踏歌来 ———————————— 1
   一　岩岭村第一个中学生 ————————————— 1
   二　遭遇"夜壶队" —————————————— 5
   三　把爷爷的拐杖给扔了 ————————————— 9
   四　不识字的丈夫给妻子写信 ——————————— 12
   五　从三皇庙到花果山 ————————————— 15
   六　摔得鼻青脸肿 ——————————————— 19
   七　罚站，偷偷地逃跑了 ————————————— 22
   八　拄着拐棍的老师 —————————————— 26
   九　读书苦，苦读书、读苦书 ——————————— 29
   十　一个敏感的话题 —————————————— 33
  十一　郧县卫校，我来了 ————————————— 39
  十二　入党 ——————————————————— 42
  十三　实习期间的尴尬事 ————————————— 58

第二章 青春舞靓莫家沟 —— 63

- 十四　二汽落户十堰 —— 63
- 十五　莫家沟的福分 —— 68
- 十六　建厂初期的日子 —— 70
- 十七　奉命回厂 —— 72
- 十八　离奇落难 —— 76
- 十九　变压器上救险 —— 81
- 二十　红娘心理学 —— 83
- 二十一　入党转正 —— 90
- 二十二　溜达溜达溜回了红薯 —— 92
- 二十三　东山再起 —— 94
- 二十四　出任副厂长 —— 99
- 二十五　我们的队伍向太阳 —— 102
- 二十六　馅饼留给后来者 —— 105
- 二十七　机不可失 —— 108
- 二十八　任命书回到原点 —— 110

第三章 领军拨叉登高台 —— 115

- 二十九　第二次任命厂长 —— 115
- 三十　放水养鱼奔大海 —— 117
- 三十一　火红的1987年 —— 121
- 三十二　建立科学管理体系 —— 131
- 三十三　深圳大学进修归来 —— 135
- 三十四　十堰·罗马 —— 141
- 三十五　"洋媳妇"进了婆家门 —— 144

三十六　日本来客 ———————————————— 148

三十七　独到的用人哲学 ————————————— 153

三十八　"双三规划" ——————————————— 158

第四章　激流勇进树华阳 ———————————— 165

三十九　延伸城市，推进联合 ——————————— 165

四十　亲密握手，开启联合之门 —————————— 167

四十一　联合进入正式程序 ———————————— 171

四十二　"华阳"的由来 —————————————— 174

四十三　提交书面报告 —————————————— 176

四十四　准备讨论的书面材料 ——————————— 179

四十五　职工代表大会如期召开 —————————— 189

四十六　郧阳行署的批复 ————————————— 194

四十七　华阳剪彩 ———————————————— 196

四十八　华阳步履 ———————————————— 198

　1　小作坊的巨变 ———————————————— 198

　2　十堰第一家股份有限公司 ——————————— 199

　3　十堰第一家中外合资公司 ——————————— 201

　4　晨光曲 ——————————————————— 204

　5　收购啤酒厂 ————————————————— 205

四十九　灿烂华阳 ———————————————— 207

五十　风云骤起 ————————————————— 218

15

第五章 改制路上云飞扬 —— 221

五十一 办公楼曲线走向 —— 221

五十二 返回属地改制 —— 223

五十三 启航 —— 225

五十四 职工安置关 —— 228

五十五 司法关 —— 230

五十六 专用汽车厂破产关 —— 231

五十七 金融打包还贷关 —— 231

五十八 资产重组关 —— 232

五十九 两块牌子齐头并肩 —— 234

六十 2006年的阵痛 —— 236

六十一 华阳旗舰正远航 —— 238

六十二 深深的怀恋 —— 253

后记 —— 257

第一章 西出杨溪踏歌来

（1948—1967年）

一 岩岭村第一个中学生

纵使有蛇足之虞，还是应该先做一个注释，避免现实与历史的迥异所带来的混淆。我们的叙述，从湖北省十堰市郧县城关镇到杨溪镇这一路段着墨开篇，而这一路段及其两处旧址，40年前已被南水北调中线工程源头的丹江水库淹没。

水域茫茫，碧波浩渺，历史悠悠，往事如烟，我们只能撕开记忆的封条，踏入时间的隧道，慢慢追溯挖掘，舍弃那些细枝末节，在昔日烙下的印象中粗线条地再现当年的情景。

郧县城关镇和杨溪镇都濒临汉江北岸，城关镇在上游，杨溪镇在下游，也就是说，杨溪镇位于城关镇东边。这两处相隔十六、七里，那时没有公路，一条乡间人行路作为纽带，把两地连接在一起。这条路，不知是从哪朝哪代开始，人们沿着汉江边一面踩踏，一面修筑出来的，宽的地方不过一米，窄的地方仅有四、五十厘米，有些路段还是纤道，只能一个人行走，而且坎坷不平。

1962年8月的一天，一个农民模样的中年男子，挑着一副不算太重的担子，领着一个英俊少年，从岩岭村出发，经由杨溪镇，行走在这条路上，向西挺进。

这是一对父子，父亲叫陈大新，儿子叫陈守全。陈守全红榜提名，考上了郧县三皇庙中学，今天，陈大新兴高采烈地送儿子去学校报到。

三皇庙中学是今天郧县一中的前身。它创建于1940年，始称省立第八师范学校（1934年始，郧县属湖北省第八行政督查专员公署，所建的学校在省内也就被排在第八，再比如郧阳中学，曾经叫作湖北省第八高级中学，简称"八高"），后数度易名，先后称作郧县初级师范、郧县三皇庙中学、郧县城郊中学、郧县新城中学、郧县中学，1985年5月定名为郧县一中。学校自在城郊三皇庙创建之后，经过数次搬迁，1966年3月迁到城关解放路与城北路交汇处，直至今日。

1962年的时候，三皇庙中学是郧县唯一的一所普通初级中学。郧县被包裹在崇山峻岭之中，交通极其不便，没有公路通汽车，更没有铁路通火车，经济相当落后，时至今日，依然是国家级贫困县。教育受制于经济的发展，郧县教育的发展自然极其惨淡，1940年才创建了三皇庙中学的前身省立第八师范学校。

偌大一个县，仅一所中学，不难想象，进入这所学校读书，不是一件容易的事。一个高小毕业班往往只有几个同学能升入这所学校，升学率也就在10%左右。陈守全是在杨溪镇太山庙中心小学读的高小，所在的班级中，只有陈守全和另外一个非岩岭村的同学被这所学校录取。所以，当时有人把小学升初中的考试，戏称为古代的乡试。现在陈守全"乡试登科"，成了岩岭村的第一个中学生，在全村引起了强烈震动。

第一章　西出杨溪踏歌来

这是岩岭村的骄傲,更是陈家人的骄傲,当父亲的陈大新乐在心里,喜上眉梢,心里欢欣地描绘儿子的锦绣前程。

陈大新决定亲自送儿子去学校报到。儿子考上三皇庙中学,这是一件大喜事,得隆重一点,另外,去三皇庙中学,从岩岭村到杨溪镇有六、七里路,杨溪镇到县城十六、七里路,总共要走二十多里路,年少的儿子独自一个人走这么远的路,当家长的不放心,有大人护送就心无忧患了。再又,离家二十多里,去县城读书,不能走读,只能寄宿,可在学校里寄宿,费用太高,家里难以负担。所以,陈大新和家在县城近郊的孩子的三姨妈说好了,让儿子在他们家搭伙住宿。陈大新得亲自把儿子托付给这位远房姨姐,并当面再一次酬谢。儿子在姨妈家搭伙住宿,要带许多东西,吃的粮食、穿的衣服、盖的被褥、日常生活用品,以及文房四宝、书籍等。所有这些东西,加起来共有六七十斤,这样一副担子,儿子即使能挑起来,也挑不了那么远呀,作为父亲,有义务也有责任,给儿子送担。

二十多里的路程,在父子俩脚步"向前,向前"的过程中,一米一米地向后退去,与三皇庙中学的距离越来越近。此刻,陈大新心中的喜悦到了极致,脚步变得更轻快有力,担子在肩上颤颤悠悠,口中也不禁哼起了地方小调。

六七十斤的担子,对于一个从小肩膀就没有离开过担子的中年农民来说,不算重,但是,走远路挑这么重的担,还是有几分累。

炎热的三伏天,骄阳似火,大地被炙烤得直冒青烟,陈大新已经汗流浃背。他两手反掌托起扁担,一卟啷,把担子稍微往上一抛,身子轻轻一拧,换了个肩,感觉轻松了许多。这时,江面上送来阵阵东南风,沁人心脾,让他更有了丝丝凉爽,脚步加快了。

陈守全则一会儿蹦蹦跶跶,跑到父亲的前面;一会儿踢踢踏踏,又远远地落在父亲的后面；不时在路边薅下一根不知名的草或折下一根什么树枝，拿在手里当作马鞭把玩，口里断断续续地哼着《中国少年先锋队队歌》和《团结就是力量》，用二十多年后的一句歌词来说，这就是：少年壮志不言愁。

要说少年的陈守全有什么壮志，和许多少年一样，陈守全心里也充满了梦想：将来我长大了，要走出岩岭村，走出大山沟，去武汉看长江大桥的雄伟，去北京看天安门的壮丽，去杭州游西湖美景，去无锡赏太湖风光，去三山五岳……去许多许多地方，成为一个让人们羡慕的风风光光的人，我要改变我的家庭，让父母过上好的生活，不再受苦受累。我只有努力读书，学好本领，才能远走高飞，才能实现我一个一个的梦想。

现在，陈守全考上了三皇庙中学，走出了第一步，他并没有大喜过望。在他的心中，读完小学，就应该读中学，这是顺理成章的事。只是，他的脑子里冒出了许多问题：这三皇庙中学是怎样一所学校呢？校门是朝东还是朝西？校门是啥样子的呢？学校有楼房吗？我们是在楼上上课，还是在楼下上课呢？那些老师是不是都很有学问？在三皇庙中学读书的同学，是不是一个个都很厉害……

父子俩走着走着，踏上了纤道的路段。纤道离江边最近，陈守全从路上捡起一块薄薄的石片，打起了水漂。江面上荡开了一串串由大到小的圆圈状涟漪，然后，又一串串消失在远方。水声惊动了走在前面的陈大新，他回头一看，儿子在捡石头打水漂，他怕儿子不小心掉进江里，赶紧说："书娃（陈守全小名），快跟上。"

陈守全扔下手中的石片，跑了上来。他突然想到，父亲挑着担子走了这么远的路，一定很累了。于是说："爸爸，让我来挑一会儿吧。"陈大新心里甜丝丝的：儿子长大了，能体谅父亲了。可是他不能把担子交给儿子，就眯眯一笑说："你不能挑，你骨头太嫩，会压坏身子的。"普天下，父母对儿女情深意长的关怀，是最无私的。

　　父子俩先来到陈守全的三姨家。陈大新盘算好了，在孩子的姨妈家安顿好之后，吃了中午饭，就送儿子去学校报到。儿子报完到，他得赶回家，家里还有许多农活等他去干，而且村里也有许多事情等着他去处理。

二　遭遇"夜壶队"

　　陈守全的父亲陈大新，是个面朝黄土背朝天的农民，农历辛酉年正月初四，公历1921年2月11日出生在郧县杨溪镇岩岭村。

　　那个风飘飘、雨潇潇的年代，灾难重重的中国处于水深火热之中。帝国主义列强肆意践踏，军阀割据，混战不断，华夏大地，满目疮痍，饿殍遍野。

　　地处鄂西北的郧县杨溪镇岩岭村，更是于艰难竭蹶之中，存聊以卒岁之享。这是一片贫瘠的土地，贫瘠得不能种水稻，只能种玉米、红薯、高粱之类的杂粮。这片土地，北边的烧饼崖和南边的猴子崖两座山（因两座山陡峭兀立，只见石头，不见树木，所以不管它叫山，而称为崖），形成一个半圆，把岩岭村箍住。这片贫瘠的土地就这样被困在半封闭之中。外面世界又极不太平，岩岭村人生活之艰难，不言而喻。

　　出生在这片土地上的陈大新，似乎命中注定，从小就要和苦难泡在一起。烧饼崖下两间破破旧旧的土坯茅房，是这个家庭的住所，屋里除了用几块木板搭架起来的两张床，用从山里挖出来的树蔸子去掉棱棱角角做成的几条凳子，再没有别的什么家具。家里没有田地，没有耕牛，一家人靠租赁别人的土地和打零工维生。家里常常无米下锅，母亲就带着六、七岁的陈大新到外面乞讨。六、七岁正是读书的年龄，也是无忧无虑纵情玩耍的时节，但对处在饥寒交迫之中的陈大新来说，读书玩耍，无异于白日做梦，异想天开。

年少的陈大新跟着母亲远远地走出岩岭村，在一个一个陌生的地方，东家进，西家出。世上没有两片相同的树叶，也没有品性完全相同的人，有的人宽容，有的人狭隘，有的人大方，有的人吝啬，有的人……遇到宽容大方的人，或给碗饭、给些米，或给些钱，陈大新依照妈妈的吩咐，深深地鞠一躬，说声"谢谢"，高兴地离去；遇到狭隘吝啬的人，不但什么都不给，还要把他呵责一顿；更有心思不正者，还会戏谑他一顿。有一次，跟妈妈到一户人家乞讨，这家的女主人说："我们家也快没米啦，你到别处去讨吧。"说着，手一指，说："你们去那一家吧，那一家有钱又大方。"妈妈真带着大新去了那家，谁知那家的一个胖女人，扭着屁股从屋里走出来，板着一脸横肉，眼睛一瞪，凶神恶煞地把母子俩给轰了出来，还吆喝来一条黑狗，把陈大新吓得哇哇大哭。陈大新对妈妈说："我要回家，我不去讨米要饭了。"妈妈好说歹说，连哄带骗，陈大新才又跟着妈妈向另一家走去……

陈大新有一个姐姐，比他大三岁。陈大新十三四岁的时候，母亲就扔下一儿一女，过早地撒手西去，这对贫困的家庭来说，犹如雪上加霜，这个家陷入了低谷。

陈大新的父亲陈堰秋铮骨铿锵，妻子死了以后，他没有续弦，挺起腰板，承受着生活的超重负荷，用自己勤劳的双手，养育着一儿一女。但他始终摆脱不了困顿的窘境，在生活的道路上，步履沉重得完全失去了应有的节奏。在这种状况下，陈大新不得不在十五六岁的时候，就给富人家当雇工。

陈堰秋有骨气，也有心计，有板眼。陈大新的姐姐到了谈婚论嫁的年龄，陈堰秋给女儿找了一个比较理想的婆家。接着，陈大新21岁那一年，也就是1942年，陈堰秋又给儿子娶回了17岁的王桂荣为妻。把这些婆婆妈妈的事情处理得有条不紊，陈大新的爹、陈守全的爷——陈堰秋着实不容易！

姐姐出嫁后，家里就剩下父子俩，现在大新娶了媳妇，这个家生机盎然起来。

王桂荣的家，在汉江南岸的柳陂，位于杨溪镇上游，离岩岭村五、六十里。王桂荣家里的生活也十分拮据，穷人的孩子早当家，在苦水里长大的王桂荣，从小就懂得过日子不容易。她勤劳贤惠，嫁到陈家，虽然只有17岁，因没有了婆婆，她成了家庭的主妇，所有家务事都落在她身上，洗衣做饭，喂猪唤狗，房前屋后的打理，一切的一切。

一家三口，生活依然艰辛，却十分和睦融洽……

斗转星移，时间老人打开了1947年的大门，这一年的12月31日，郧县解放了！

解放区的天，是明朗的天。穷人翻身，当家做主了！

陈大新因为家里穷，没有上过一天学，"大字墨墨黑，细字不认得"，但他的口才挺好，这是从娘肚子带来的。

出身贫穷，口才好，人品又不错，在土改中，陈大新成了依靠对象，不久就被土改工作队任命为民兵连长。陈大新义不容辞担起了这副担子。

当新事物出现的时候，旧事物总是不甘心退出历史舞台。土改的时候，人民政权基础还不算牢实，除了反革命分子和地富分子虎视眈眈、伺机反扑外，旧社会的残渣余孽也心怀鬼胎、蠢蠢欲动。在郧县，被称作"夜壶队"的人马，就是这样一群乌合之众。

所谓"夜壶队"，需要解释一下。在任何社会形态中，总是存在着一些好逸恶劳、贪图享受、游手好闲的人，《水浒传》里不就有个牛二吗？现如今，我们有的地方管这种人叫"混子"或"二流子"。这些

"混子""二流子"既可怜又可恨，如果只是单独存在，对社会危害也许不会太大，但他们如果纠合在一起，就会形成一股恶势力，危害社会，威胁人民。

这些人不劳动，却想要享受优越的生活，怎么办？于是，他们大白天招摇撞骗，到处流窜；深更半夜潜入门户，或偷或抢，无恶不作，搞得人心不安，鸡犬不宁。这些人祸害百姓，总是在夜晚出没，而且乔装打扮，叫你认不出来。管这伙人叫"夜壶队"，倒也生动形象，名实相符。

很显然，"夜壶队"的存在，与人民希望有一个安定的社会环境相冲突，与人民政府要发展生产、巩固政权的主张相背离。瓦解铲除"夜壶队"，是政府和人民共同的要求。而"夜壶队"自然不会甘心就范，更不会束手就擒。

土改的时候，农村的民兵担当起维护社会治安的重任。"夜壶队"和民兵是对立的两方，民兵连长陈大新就成了"夜壶队"的眼中钉。

这天，陈大新获得情报，"夜壶队"要来村里滋衅闹事。陈大新赶紧召集村里的民兵，拿着梭镖，在一块平地上操练。傍晚时分，"夜壶队"真来了，有人拿着木棍，有人拿着柴刀，有人拿着铁棍，一路吆喝，一路高喊，歇斯底里，直扑向陈大新带领民兵操练的阵地。陈大新高高地举着一把铮亮的大马刀，一声令下，全体民兵扬起梭镖，迎着"夜壶队"冲过去。陈大新仔细一看，"夜壶队"里有人拿着土枪，他想，"不好，土枪能要人性命的。如果硬冲上去，对我们不利。"他把手里的大刀一挥，命令民兵们往烧饼崖跑，"夜壶队"在后面紧追不舍。民兵们登上了一个山头，居高临下，"夜壶队"也想往山上爬。陈大新指挥全体民兵，把山上的石头往下推。石头像雨点一样往下滚，"夜壶队"好几个成员都被砸伤倒下了。他们害怕了，终于作鸟兽散，逃之夭夭。

陈大新带领民兵从烧饼崖上跑下来，意欲继续追赶"夜壶队"，但不知"夜壶队"逃向了何方，只好作罢，大家往回撤。陈大新作为民兵连长走在最后面压阵，走着走着，突然从后面窜出一帮人，按倒陈大新，你抬胳膊，他抬腿，把陈大新架走了。民兵发现后，回头就追，无奈"夜壶队"有枪，只好后撤。

"夜壶队"抓到了陈大新，他们丧尽天良，把陈大新装进一个麻袋里，用绳子系住，抛入了汉江。陈大新也真是命大，他被一个打鱼的汉子发现，及时获救了。

这次平息"夜壶队"的滋事骚扰，人们对岩岭村的民兵连赞不绝口，对陈大新跷起大拇指连连称颂。岩岭村民兵连声望大震，民兵连长陈大新也因此进一步获得土改工作队的赏识。

三　把爷爷的拐杖给扔了

圆满地完成了儿子的婚姻大事，陈大新的父亲陈堰秋像卸下了一个沉重的包袱，轻松得筋舒骨爽。"想想吧，如果儿子找不到媳妇，打一辈子光棍，不仅说明我这个当父亲的无能，我也对不起死去的妻子，对不起儿子，更有负于先祖呀。"现在儿媳妇娶到了家，陈堰秋怎么不心欢意畅呢？

可是，又有个事儿又让陈堰秋犯了愁，甚至寝食不安。

陈大新成婚后，陈堰秋就盼望着抱孙子。然而，桃花开了又谢，谢了又开，熬了一年又一年，过了一春又一春，就是不见儿媳妇有喜。老爷子暗自胡猜，难道儿媳妇没有生育能力？或者是儿子患有不育症？就在这期间，已经出阁的女儿，也就是陈大新的姐姐，因与婆家发生激烈的矛盾冲突，采取极端手段，离开了人世，也没有留下儿女。如此一来，老爷子更是盼孙心切。

盼呀盼，结婚5年后，王桂荣终于有了身孕。农历戊子年二月二十五日，公历1948年4月4日，23岁的王桂荣，头一胎就给老爷子生了一个孙子。

老爷子心满意足，笑逐颜开。

老爷子字斟句酌给孙子取名，小名书娃，大名（书名）守全。

名字尽管只是一个符号，起名却体现出底蕴深厚的文化。你看，这"书娃"，就很有讲究：书香门第，书生意气，白面书生，万般皆下品，唯有读书高……一个地地道道的农民，心里装着书，这是对知识的亲近、追求与渴望，也是对多少年来积压在心中的没有文化带来的痛苦的尽情释放。再看这大名"守全"，同样可以诠释出很多内涵。或许是爷爷希望孙子守望神明，祈祷神明保佑，身心健康，陈家香火兴旺；或许是希望孙子守住陈家的全部传承，一代一代地延续下去；或许是希望孙子守住做人的全部道德标准，成为一个有用的全面发展的人；或许是因为，自古以来，世上没有十全十美的东西，而爷爷希望孙子，守住自己的信念，创造十全十美的奇迹；或许还有另一层意思，留守住对过早离世的妻子的全部记忆……爷爷已经去世，无法追问爷爷给孙子取名的真正含义，在世的时候，他也没有透露过，我们就只能从字面上做各种各样的猜测了。

1915年金秋季节，这天，陈堰秋在地里挖红薯，无意间抬头往前一看，一个衣衫褴褛、蓬头垢面的女人，领着两个男孩儿无精打采、步履沉重地向他走来。走到陈堰秋跟前，女人站住了，对陈堰秋乞求说："大哥，你能做做好事，给我两个红薯吗？我的俩娃两天没有吃东西了。"陈堰秋一听，恻隐之心油然而生，挑出几个肥硕的红薯，在旁边的池塘里洗干净，递给眼前的女人。女人接过红薯，千谢万谢，说："大哥，你是大好人，大善人，菩萨会保佑你全家平安。"说得陈堰秋心里辛酸难受，"全家全家，我哪有什么全家呀！全家就是我，我就是全家，我一个人饱全家不饿。父母早就亡故，我没有兄弟姐妹，我就一个人，30多岁了还是光棍一条。"心中的苦水，被眼前这个女人搅得直冒气泡。陈堰秋停下手中的活计，坐在路边的草地上，对女人说："你跟孩子坐下来歇歇呗。"女人真就席地而坐，和陈堰秋聊起来。她是郧县茶店人，姓严，丈夫姓江，两年前因病去世，她没有了生活来源，就带着两个孩子在外面乞讨。陈堰秋唉声叹气，表示同情，随后，也坦诚地道出了自己的真实情况。白居易诗曰：同是天涯沦落人，相逢何必曾相识。两个命运相近的人，萍水相逢，就这样走到了一起，成了夫妻。

严氏的大儿子叫江进娃，二儿子叫江高生，两个儿子随母亲来到陈家，成人后，哥俩另过，江高生较为灵活聪明，人长得也清秀，早于哥哥结婚，育有一男孩，取名黑子，可惜在孩子两岁的时候，江高生因瘟疫离世。他的妻子后来与他的哥哥江进娃结婚，黑子由陈家抚养。按辈分，黑子是陈守全的哥哥，这位哥哥可能遗传其父的基因比较多，有头脑、有胆识、敢作敢为。他18岁那一年就参加了解放军，参加过淮海战役，后来又参加了抗美援朝，在战争中多次立功，1956年转业，成了一名考古队队员，2008年病逝，享年80岁。

道完这段苦难的历史，再回到现实。常言道，父母疼幺儿，祖辈疼长孙。孙子生下来两、三个月，陈堰秋就抱着孙子到处溜达。不知是想叫孙子早早地饱览这大千世界的无限风光，还是想把自己当爷爷的兴奋心情展示给众人，释放在阳光下，换取更大的心灵慰藉。

一转眼，孙子学会了说话，学会了走路，也学会了淘气。

进入初冬，空气里滚动着阵阵寒意。这天，是个大晴天，一轮红日把它的热能均匀地铺洒在田野、村庄，铺洒在人们身上，铺洒在人们心窝。啊，暖洋洋的，好气象！老爷子抱着孙子守全到外面晒太阳，坐在一个高坎上。爷爷把孙子搂在怀里，时间长了，孙子守全觉得有些束缚，手足得不到尽情舒展，就从爷爷怀里滑出来，围着爷爷身前身后转。当他又一次转到爷爷身前的时候，突然看到爷爷杵在地下歪倒在怀里的手杖。手杖已经被磨得滑滑溜溜，在阳光的照射下，亮光闪闪，煞是夺人眼目。再一看，爷爷在温暖的太阳底下，迷迷糊糊睡着了。守全一把将手杖拿过来，胡乱地捋了捋，就扔到了坎下的坑里面。

"喊——哩——哐——噔"，响声惊醒了打瞌睡的爷爷。爷爷睁眼一看，孙子把自己的手杖扔进了坑里。老爷子不但没有生气，倒乐呵呵地说："你小子，将来不是拐得很，就是好得很。"老爷子从两米多高的坎上，绕道走下来，捡起手杖。陈守全以为爷爷会用手杖打他，撅着小屁股，重心不稳地摇摇晃晃走远了。老爷子怕孙子跌跤，想追上去扶住孙子。谁知你在后面追，他在前面跑，跑得哈哈大笑，孙子不时回头看看爷爷。祖孙俩玩了一出"猫捉老鼠"的游戏。

陈守全为什么要把他爷爷的手杖扔到坑里去，谁也说不明白，连陈守全自己也说不清楚。当时，陈守全才一岁多一点，在他童年的记忆里，压根儿就没有留下这个画面。倒是母亲王桂荣，把这件事牢牢地记在心中。

人有悲欢离合，月有阴晴圆缺，此事古难全。1950年，陈守全的爷爷去世，长眠于烧饼崖下的獾子沟。

疼爱自己的爷爷逝世了，如果陈守全成年了，一定会哭成泪人。可爷爷去世的时候，他才两岁多一点，他对爷爷也只有一个模糊的轮廓，没有太深的印象。

四 不识字的丈夫给妻子写信

王桂荣正在给孩子换尿湿的裤子，一位村干部满脸春风来到她跟前，

第一章　西出杨溪踏歌来

从中山装的口袋里掏出一件纸质的东西给她，说："大新妹子，你的信。"

王桂荣好像没听清，一脸惊讶地问："你说什么呀？"

"你的信！"对方加重语气，肯定地回答。

其实王桂荣第一次就已经听清楚了，是她的信，只是她不相信。谁会给她写信呢？她没有什么亲戚在远方。娘家就在柳陂，只有几十里路，娘家人有什么事，总是走过来当面说，或者有人从柳陂过来带个口信，从来不写什么信。这信是谁写的呢？她想了半天，心里暗自问，"会不会是丈夫寄来的呢？"村干部把信递给她，她说："我又不识字，你给我拆开，念念，看是谁给我写的信。"

村干部开始念信："妻子……"

果真是丈夫陈大新寄来的。

奇怪啦！陈大新不是"大字墨墨黑，细字不认的"，没有上过一天学吗？怎么又会写信了呢？这信是他请人代写的，还是他亲笔写的呢？

这信，是陈大新亲笔所写。

陈大新当上民兵连长后，经常要开会学习，在会议上，别的人都能认真记笔记，而他不识字，不会写字，只能凭耳朵听，记在心里。常言说得好"好记性不如烂笔头"，开会的时候倒是听得清清楚楚、明明白白，感觉已经记住了，会一散，回到家，有的就忘了。这对陈大新来说不啻是一种锥心的刺激，想到自己正值而立之年，来日方长，不识字生活上有很多不方便；尤其是将来也许有一天，要干点别的什么事情，不识字，不就只能干瞪眼了吗？再说，识了字，即使依旧当农民，也没有什么不好的，技多不压身。他决心学习文化，学会识字、写字。他见字就学，逢人就问，横竖点撇捺，一笔一画地学，一笔一画地模仿，一笔一画地写。世上无难事，只怕有心人，陈大新终于把"文盲"的帽子扔进了太平洋。

陈大新这种对文化的认识和追求，的确眼光长远。通过自己的努力，成了一个能识文断字有文化的人，人们对陈大新刮目相看，上级组织部门也认为陈大新可塑性大，可以雕琢成才，更加器重他，把他安排在离家好几十里的一个粮站工作。陈大新成了国家工作人员。他如鱼得水，在粮站一面努力工作，一面更加努力学习，进步很大。工作了一段时间，想念家里，他就给妻子王桂荣写了这封信。

王桂荣托人给丈夫陈大新写了一封回信，这封回信让陈大新毅然决然地放弃了这份人人羡慕的工作。

原来，陈家两间土坯房，经不起一场暴风骤雨的洗劫，"轰"的一声倒塌了。王桂荣只好带着孩子们借住在别人家里。

寄人篱下，那是何等尴尬啊！陈大新怎么能忍心让妻儿们过这种看人脸色的生活呢？何况，在粮站工作，每月工资只有十几块钱，除去伙食费加上吸烟零花，剩不了几个钱，还不如回家，和妻儿们同快乐，共患难。

回到家，第一件大事，就是拆了旧房盖新房。在乡亲们的帮助下，陈大新重新盖起了两间房，一家人住上了新屋，其乐融融，陈大新心里热乎乎的。后来又盖了两间，一共四间屋，外加一个偏厦，比原来宽敞多了。

回到村里后，陈大新被推上了村支部书记的位子。在这个位子上，陈大新一直干到过了花甲之年，那时已是20世纪80年代。

在担任村支部书记期间，陈大新最大的功劳，就是改写了岩岭村种不了水稻的历史，把几块较好的土地，改造成水田，并修建了排灌站，岩岭村生产出了大米。

不知什么原因，今日这个排灌站已不见了踪影。

五　从三皇庙到花果山

1965年，陈守全在三皇庙中学毕业的时候，面临着一次决定人生道路的选择。

这次选择，有两个层次。按照上下文衔接的写作原理来说，应该先说第二个层次；显然，这又违背了没有第一，就没有第二的逻辑法则。所以，还是从第一个层次说起比较妥帖。

陈守全初中升高中有两个选择：一是上郧阳中学；一是上郧县卫校。

郧阳中学有着400多年的历史，它的前身是郧山书院，始建于明朝嘉靖二十六年（1547年），1902年改办为中学。100多年来，郧阳中学为社会培养输送了一批又一批的人才。著名马克思主义哲学家、理论家、教育家杨献珍，南昌起义参加者、红八军党委书记、政治部主任何世昌，核物理专家马大道、罗德兴，炮兵专家史丁文，"两弹一星"功臣张树清，知名作家梅洁、王肇瀚等，都是从郧阳中学走出来的。

郧阳中学是一所省级重点中学，曾经被称为"湖北省第八高级中学"（为什么是第八，前面有过交代）。这所学校，是郧阳地区（现十堰市）有志青年日思夜想翘首仰望的求学圣地。从这所学校毕业的学生，即使没能考上大学，也能在社会的汪洋大海中找到理想的人生坐标，实现自己的人生价值。陈守全对郧阳中学心仪已久，凭着自己在初中阶段的学习成绩，考上郧阳中学，有足够的把握。然而，他权衡再三，反复考虑，最终没有填报这所学校。17岁的陈守全，似乎比同龄人显得成熟，对家的感悟也就更深刻。

王桂荣一共生育了9个儿女，5男4女，因为负担过重，生活窘迫，一个女孩送给了别人家，一个男孩因为脑膜炎夭折。7个小孩，也够王桂荣操劳的，最小的是个女孩，1968年出生。也就是说，陈守全初中毕业的时候，下面有3个弟弟，2个妹妹（最小的妹妹还没出生）。陈大新要承担一家9口人的生活，担子够重的了，而且他又是村长，还要管理村务——大到财务分配，小到鸡飞狗跳的琐事，这双重压力，常常压得他喘不过气来。妻子王桂荣体贴丈夫，关怀丈夫，为了减轻丈夫的压力，她不顾自己瘦小身体的承载力，白天黑夜超负荷地劳作着。她为了全家9口人，一日三餐，柴米油盐，穿衣戴帽，一应家务，忙里忙外，烈日下，还要下地干活，刨土、下种、浇水、施肥、除草、收割、入仓，昏暗的油灯下，穿针引线、裰衣服、纳鞋底，常常要到后半夜才能就寝，天还没亮又要起床，每天只睡三四个小时，一年四季，天天如此。在这种境况中，甚至生完孩子三天后，就不得不下地干活。父亲母亲实在太辛苦了，陈守全寻思，"我作为老大，分担父母的压力义不容辞。"

陈守全从小就懂得顾家，上学前就学会了做家务，做饭、烙红薯饼、上山捡柴、沙滩上挖柴（每逢汉江涨水，就会从上游漂下一些山上的枯枝干柴，在汹涌澎湃的浪涛中埋进沙滩的沙堆里）、沙滩上"淘金"（在阳光照耀下，往往能发现沙滩上有闪闪发光的东西，是小到拿在手里都很难有感觉的金属碎片，在沙滩上发现和挑拣这些金属碎片，是一件相当艰难的事，陈守全每次都会全神贯注地搜寻，一次能淘得10片，就算大收获了，他会兴高采烈到镇上卖掉，换来现金，交给母亲补贴家用）。一直到上初中，寒暑假，陈守全都会上山捡柴，沙里淘金……

如今初中毕业，要上高中了，如果报考郧阳中学的话，不但不能减轻父亲的压力，反而还会增加父亲的负担，这让陈守全情何以堪，心何以忍。所以，陈守全毅然决然地放弃了报考郧阳中学的打算，而报考了与自己心意相悖的郧县卫校。

郧县卫校，始建于1958年，1979年更名为郧阳地区卫生学校，2004年，经上级机关批准，正式更名为十堰市医药卫生学校。

第一章 西出杨溪踏歌来

1958年，郧县人民政府为了改变郧县人民缺医少药的落后状况，培养一支"养得起、留得住、能治病、有作为"的医疗卫生队伍，决定创建一所卫生学校，校址选在郧县县城武阳岭黑石窑。是年就竖起了牌子，开了一个班，专业为西医士，学制3年，在全县招收了58名高小毕业生。学生毕业后，拟分配到县、区卫生单位工作。

学校创建时，条件极其艰苦。租借物资局在徐家巷的仓库和食品公司的仓库，作为教室和学生生活用房，从原郧阳地区财校拉回100套架子床，课桌课凳是用砖块支起来的墩子，就这样因陋就简地开展教学工作。学生边上课边参加建校义务劳动，一年后，才建起了能基本满足教学需要的校舍。

1959年，学校又招收了150名高小毕业生，设2个西医士班，共98人，学制3年；设1个护理班，52人，学制3年。

学校于1960年停止招生，1963年又恢复招生。

1965年，武汉医学院响应毛泽东同志"把医疗卫生工作的重点放到农村去"的号召，在郧阳地区建立郧阳分院，郧县卫校校舍腾给了郧阳分院。卫校就从黑石窑搬迁到大堰花果山。当年招收150名初中毕业生，分别开设中西医班、兽医班和园艺班。陈守全是这150名学生中的一员，他从三皇庙来到了花果山。

陈守全被分在园艺班，后转到兽医班，最后进入中西医班。

1967年，武汉医学院郧阳分院搬迁到了十堰市城区，郧县卫校又从花果山搬回到黑石窑原址，直至今天。

在这里大篇幅地介绍郧县卫校艰难的创建过程，旨在告诉读者，陈守全当年选择报考这所刚刚起步且处在风雨飘摇之中的学校，是付出了怎样的牺牲。而这种牺牲，是为了分担家里的压力，减轻父母的生活重担。

如果陈守全当初报考郧阳中学，他生活的道路上，就会是另一番风景。

17

下面要讲的是决定陈守全人生道路选择的第二层,这第二层,严格说起来,选择权掌握在陈守全的父亲陈大新手中。

1965年,"四清运动"在全国范围内轰轰烈烈地展开。这一年陈守全正好初中毕业,升学考试之后,他回到家里等待消息。

1954年,毛主席发出过知识青年回乡建设新农村的号召。由此,每到寒暑假,初、高中学生回到家里,就被叫作回乡知识青年。当地政府总要借着回乡知识青年在家的机会,安排他们义务帮政府部门做各种形式的宣传工作,包括办黑板报、书写纸质标语和房屋墙头的标语,以及在山坡上用石灰浇筑标语等。陈守全作为岩岭村的第一个中学生,自然成了驻村四清工作队的好帮手。

陈守全遗传了父亲的基因,父亲口才好,陈守全青出于蓝而胜于蓝,口才更是超群出众。在四清工作队帮忙时,他不仅积极、热情,而且认真、踏实、能干,同时充分表现出了口才天赋和组织天赋,获得了四清工作队的青睐。工作队常常把一些正式工作队员才能做的工作交给他,实际上是有意考察他。这种考察,得到的结果往往是成功的。所以,四清工作队决定向上级组织部门推荐陈守全成为四清工作队的正式队员。

就在这时,陈守全接到了郧县卫校的录取通知书。

是去卫校读书,还是当四清工作队队员呢?

陈守全的父亲陈大新毫不犹豫地决定:上卫校读书。

有人对陈大新提出了善意的建议:你儿子还读什么书呀!当四清工作队队员多好呀!当干部,拿薪水,吃皇粮,多带劲!人家做梦都想得到这样的好机会却得不到,你儿子有这样的机会,还要白白地丢掉,多可惜!

面对好心的规劝,陈大新毫不动心,思想毫不动摇。

陈大新没有上过一天学,自己的父亲也是目不识丁,所以,他希望他的儿女们不要像父辈祖辈一样,应该要多读书。即使当不了科学家,多读些书总是会有用的，常言说"聪明书打底"。读书的用处，陈大新自己有切身体会，一个人不能鼠目寸光，只顾眼前利益，要看得远一点，看到将来。现在儿子靠自己的本事，得到了继续读书的机会，怎么能让他错过呢？

陈守全呢，当然希望自己能学到更多的知识，将来挑起更重的担子。不过就目前家庭的实际状况来说，还是不上学的好。父母负担太重，不读书，当四清工作队队员，正好可以减轻父母的负担，也不能不说是一种好的选择。但父亲做出了决定，别人好心奉劝，都劝不住，作为儿子，就只好听从父亲的安排了。

如果，陈大新当年主张儿子当四清工作队队员，不做出让儿子去卫校读书的决定，陈守全又遵照父亲的意愿行事，那么，陈守全的生活道路，又会是怎样呢？不同的人，会有不同的想象。其实，陈守全自己也无法给出一个肯定的准确的回答。因为，"如果"只是一种假设，实际与假设总是有着遥远的距离。

六　摔得鼻青脸肿

照例是笔、墨、纸、砚文房四宝；照例是地瓜、玉米、白面等每日三餐的食品；照例是被褥、衣服等日常生活用品，一应行头，准备就绪。

陈守全要出发了，再次踏上杨溪镇到郧县那条乡间小路，去郧县卫校报到，在求学的漫漫征途上，书写新的篇章。

还是三年前那条扁担，还是如三年前那样的包装，只是比三年前那副担子重了几许。陈守全的父亲陈大新双手掂了掂这副担子，看看有多重，心里好有个数。

"书娃儿，明天还是我送你。"陈大新说。

"不需您送了。又不是三年前，我只有14岁，挑不起来。现在我已经17岁了，也算个大人了，我自己挑得起来，还要您送啥？"陈守全回答。

"还是你爸送一下吧！像上一回，你自己挑，摔得鼻青脸肿。"陈守全的母亲王桂荣，怀里抱着女儿，在一旁劝说。

那是读初一的第二个学期，一个星期天，陈守全回家取粮食。父亲因为村里有要事，脱不开身，没有送他，他就自己挑着红薯、苞米等粮食上路了，担子大概有四、五十斤。一个14岁的少年，挑着这副担子，要走二十多里路，若没有经过长年累月的劳动锻炼和磨砺，是一桩很艰难的事。陈守全尽管家境不是很好，但他把全部的精力和时间都倾注在学习上，父母也希望他能走出一条"学而优则仕"的道路，为弟妹们做个榜样，家里很多活计不叫他干。所以，比起那些长期挑担走远路的同龄人，陈守全在这上面还是稍逊一筹。

刚从家里出来的时候，陈守全挑着担子还觉得挺轻松，心里还暗暗地想："这不重，没什么。"走着走着，慢慢地，就有点儿吃力了。

从家里到郧县有一段较长的山路。陈守全挑着担子走过一段山路，又要过一段山路的时候，爬上山岗后，累得筋疲力尽，气喘吁吁，两腿发软，难以支撑。休息了一会儿，继续往前走。下坡时，不小心绊着了一块石头，打了个趔趄，脚下刺溜一滑，重重地摔了一跤，因重心靠前，又是下坡，速度较快，叽里咕噜，人打了好几个滚，脸被摔得青一块、紫一块。陈守全坐在地下，四处张望，多么希望有人来帮他一把啊！可是路上连个人影也没有。年少的陈守全第一次品尝了"在家千日好，出门万事难"的滋味，他几乎要流出了眼泪。他无助地爬起来，忍着疼痛，捡起被摔得七零八落的、大大小小的、装着粮食的布袋子。还好，袋子没有摔破，要不，苞米、红薯洒满一地，怎么捡呀！陈守全重

第一章 西出杨溪踏歌来

新码好袋子，挑着担子，朝着学校，艰难地继续前行。

　　再回家的时候，陈守全跟母亲说起了这件事，王桂荣好心疼呀！她叮嘱丈夫陈大新，以后再也不能让书娃一个人挑东西去学校了。儿子挑担去学校，摔了一大跤，摔破了脸，做父亲的陈大新何尝不同样心疼呢！即使妻子不说，他也绝不能让儿子再次独自面对这样的困难。他想到就做到，此后，真的没有让陈守全一个人挑着担子去学校。现在，儿子虽然17岁了，但还是嫩骨头，正长身体的时候，不能掉以轻心。不怕一万，就怕万一，万一摔倒了，摔得重，破了相，那可就害了书娃一辈子呀！再说，儿子考上了卫校，读完卫校，就要参加工作了，他心里格外高兴，这担子，送得就更有兴头了。

　　就在陈大新和陈守全父子俩准备启程的时候，进驻村里的四清工作队李队长来到陈家。李队长是来给陈守全饯行的，陈守全在四清工作队帮忙的日子里，他对陈守全有着很不错的印象，认为这个英俊的小伙子将来一定会很有出息。也正是因为这样，才有了推荐陈守全做四清工作队正式队员的想法。陈守全的父亲想叫儿子多读些书，婉拒了这个推荐。现在陈守全要去卫校读书，他还真有点舍不得小伙子走呢。他送给了陈守全一个日记本，希望陈守全用这个日记本记下自己美好的青春，更希望陈守全将来有更大的成就。陈守全十分感动，羞涩地连连表示感谢。

　　陈大新挑着担儿走在前面，陈守全跟在后面。父子俩刚要走出村口，陈守全碰到了小学的同班同学张某，陈守全主动打了个招呼。张某一惊，惊讶地问："哎哟，陈守全，上卫校，你今天就去呀？"没等陈守全回答，他又继续说："还是你脑袋瓜聪明呀，我们班几十个同学，就你有出息，你都成了我们的楷模啦！"陈守全笑笑说："哪里哪里。"和张某同学寒暄了一会儿，道了别，迈开了前进的脚步。

七 罚站，偷偷地逃跑了

陈守全和这位小学同班同学张某一起读书的时候，曾演过一场在儿童剧里能经常看到的恶作剧。剧情呢，先卖个关子，回头来再详细介绍。

陈守全是1956年开始上学的，这年陈守全8岁了。8岁上学，以现在的眼光来看，是晚了点，然而彼时非此时。年轻人大概不会知道，20世纪50年代十二三岁发蒙上学，司空见惯，有的学生读初中时已经二十五、六岁，是有一、两个孩子的爸爸或妈妈了。这么说来，陈守全8岁上学便不算晚了。其实，陈守全大约6岁的时候，有天他在外面拾柴禾，看到村里的孩子背着书包一跳一蹦地走在上学的路上。他非常羡慕，暗自想："人家都去上学了，为什么不叫我上学呢？"回到家，他就问："妈妈，什么时候叫我上学呀？"陈守全的妈妈王桂荣无力地回答："再过两年吧。"陈守全有些不快，却又无可奈何。其实也有邻居劝过王桂荣："你们家的书娃儿，该上学了，为啥还不叫上呢？"陈守全的妈妈王桂荣自有她的难处。陈守全的父亲是村长，家里的事管得少，屋里屋外，全靠陈守全的妈妈一个人张罗操持。王桂荣操持家务，还带着孩子，每天忙个手脚不停，指望长子陈守全给她帮把手，减轻她的压力，也就没有让陈守全在该上学的时候去上学。父亲陈大新见多识广，思想开通，陈守全8岁这一年，他对妻子说："今年叫书娃儿上学。"这一句话，才把陈守全送进了学校的大门。

陈守全初小是在文笔峰小学读的，文笔峰小学离他家有三四里地。这所学校面朝滔滔不绝的汉江水，背靠青秀挺拔的文笔峰，倒是一处宝地。这座山为什么叫文笔峰，不得而知。文笔峰山顶上建有一座六层石塔，还有一座小庙。山下是一片凸起高于平地的开阔地，在这开阔地上，紧靠山脚，建有一座观，或者叫庙，或者叫庵堂，庵堂门前还有一条长约600米的神道，向前伸展，神道的端头是一个戏台，应该说，这也是一处颇具文化分量的古建筑。当然，它与相距几百里的武当山八宫、二观、三十六庵堂、七十二崖庙、十二祠、十二亭无关，不属于武当系列。那么为什么会在这里建这么一座建筑呢？宫观庙宇，遍及华夏大地，形成了独特的庙宇文化。文笔峰这座观，或者叫庙，或者叫庵堂的古建筑，便是在这种文化氛围中落地而生的。

它建成后，香客络绎不绝，香火缭绕不断。随着时间的流逝，它的功能也就发生了变化，成了方圆十来里范围内农副产品的集散地。作为观庙，香火渐渐萧条，而作为农副产品的集散地，长盛不衰，也便有人在这里办起了私塾。中华人民共和国成立前，私塾或者公立学堂，大多设立在庙宇里、祠堂里，或宗派的公屋里，这样就不需交房租，也不需地方或国家投资。有人在文笔峰办私塾，是与私塾教育一脉相承的。中华人民共和国成立后，政府就在这里建起了学校，沿袭历史，叫作文笔峰小学。

文笔峰曾是方圆十来里农副产品的集散地，建立学校后，生源同样来自这方圆十来里的区域，包括岩岭村、任家村、石榴村、刘塆村、清凉寺村。多个村的学生，汇集在一所学校里，学生就会自然形成以村为界限的派系，甚至发生冲突。陈守全和张某都来自岩岭村，按理说属于同一个派系，应该互帮互助。而许多事情往往是既在情理之中，又在情理之外，张某就没有按照同村人应该互帮互助这个法则行事。

一天放学后，几个别村的学生半路上把陈守全拦住，故意找碴挑衅。陈守全委屈难忍，还以口舌，对方便动起了拳脚，陈守全不是待宰的羊羔，还以颜色。但是，毕竟双手难敌四拳，陈守全一个人怎能打得过几个人呢！吃了亏，陈守全心里感到特别窝囊。尤其憋气的是，这几个家伙，陈守全平时与他们没有什么来往，也就没有什么瓜葛冤仇，无缘无故，他们为什么要合伙来欺负他呢？陈守全十分纳闷。第二天，有人告诉他，是张某使的坏，唆使那几个同学来欺负陈守全的。陈守全听了，十分生气，心想："姓张的，我像兄弟一样对待你，你不会写作业，不论什么时候问我，我都详详细细地告诉你，我们家的红薯，你也没少吃。我对你这么好，你为什么要恩将仇报，如此对待我呢？"陈守全十分不解，左思右想，想起了一件事。上次考算术，张某有一道题不会做，小声地要求陈守全打个"帕斯"（英语单词pass的音译，翻译成中文，是传递纸条的意思），陈守全没有答应。张某怄气了，不再和陈守全说话，见了陈守全就像见了仇人一样。陈守全想："肯定是因为这件事来报复我。这件事能怨我吗？我给你打'帕斯'，老师发现了，我的算术考试就是零分呀！这个你又不是不知道，考试之前，老师宣布过的，你怎么要我做老师不允许做的事呢？要我吃亏，算术打零分呢？就为了这件事，你就唆使一帮人来欺负我，既然你无情，别怪我无义。"

中午放学，在回家的路上，陈守全瞅准时机，把张某狠狠地揍了一顿。揍完后，陈守全不敢回家，就邀了几个同学在山上山下游玩，在汉江里游泳。饿了，就到山上的红薯地里偷挖红薯，在树林中捡些干柴，烧着火，烤红薯，煨红薯。啊！红薯的味道好香。渴了，就在汉江里掬两捧水，吃饱了，喝足了，该上学了，就回到学校。

陈守全把张某揍了一顿，出了一口恶气，却压根儿没有想到会产生什么样的骨牌效应。

张某被陈守全揍了一顿，岂能罢休呢？吃过午饭，他早早地来到学校，报告了老师，说陈守全打了他，打得挺狠。张某挺会保护自己，他唆使别人打陈守全的由头，只字不提。老师一看张某的脸，都打青了。这还了得！陈守全就被老师叫去询问。陈守全本想把事情的来龙去脉说个清楚，可因为心里有些害怕，不敢说，另外自己也没有足够的证据证

第一章　西出杨溪踏歌来

明打他的那几个外村同学是张某唆使的，要是张某不承认，自己还会被老师认为怀疑心重，污蔑别人。于是，陈守全干脆一声不吱。他越不吭声，老师越生气，就要陈守全在办公室罚站。

上课铃声响了，老师们走出了办公室，上课去了。办公室没有了人，陈守全乘机偷偷地逃跑了。

陈守全中午没回家吃饭，母亲心里一直在犯嘀咕："这孩子放学后跑哪儿去了呢？不回家吃饭，别把身子饿坏了呀！"傍晚，陈守全回来了，王桂荣这才放下心来。王桂荣问儿子："中午干什么去了？吃没吃饭？在哪儿吃的饭呀？"陈守全顺嘴回答说："我去同学家吃饭了。"王桂荣说："以后不能这样做了，第一，你不回家，叫家里担心；第二，吃了别人家的饭，等于欠了人家的情……"就在母子俩说话的时候，陈守全无意中朝门外一望，发现班主任老师在远远的庄稼地里，正朝着他家走来了。他心里暗自叫苦："不好！班主任要来家里告状了。"陈守全不禁打了个冷战，急中生智，对妈妈说："我要上厕所。"就悄悄地从屋后溜跑了。

天已擦黑，陈守全还不敢回家。等到夜幕完全把大地笼罩在怀抱里，陈守全才心惊胆战、悄无声息地回到家里。王桂荣没有大声呵斥儿子，只是用她虽然没有读过书，骨子里却懂得和为贵的平静心态，以纯朴的农村女性的口气说："以后不要和任何人打架，你把人家打坏了，不好，人家把你打坏了，更不好，不要无缘无故欺负别人。"母亲王桂荣说到这里，陈守全忍不住了，说："我没有欺负别人，我没有欺负别人，是别人欺负我。"接着就把事情的过程向母亲一一倾诉，说着说着，居然哭了起来。

后来，陈守全的母亲没有为这件事去找老师申辩，她根本就没有想过要去找老师。老师呢，觉得在家长面前告了一状，自己已经完成了任务,甚至认为已经达到了教育的目的,当然也就不会再找陈守全了。陈守全呢,心里却在恨着张某:"你为什么要唆使别人来欺负我?制造事端,让我连连受苦。"张某心里也在恨陈守全。不过,俗话说得好"小孩心无三日仇",后来,陈守全和张某和好如初。

八 拄着拐棍的老师

陈守全初小毕业后,顺利地升入了高小。

这里,先来解释初小和高小两个概念。

现在的小学是六年制,当年的小学也是六年制,不同的是,现在的小学六年学习生活是在同一所学校完成(个别偏远山区学校除外),当年小学六年的学习生活,一般都是在两所不同的学校完成的,一年级到四年级在一所学校,这所学校叫作初级小学,简称初小;五年级和六年级在另一所学校,这所学校叫作高级小学,简称高小。

现在的农村,一个村或者两三个村就有一所小学,而且,在这所小学里可以从一年级一直读到六年级。当年教育水平没有现在这么高,三四个村或者四五个村甚至六七个村才有一所初级小学,在这所学校里,只能从一年级读到四年级。一个乡甚至一个区才有一所高级小学。高级小学分两种:一种是设有初小的高级小学,叫作完全小学;有的高级小学没有设初小,就叫作高级小学。陈守全初小毕业升入的高小,是设在杨溪镇清凉寺沟,属于区里的一所学校,叫作太山庙完全小学。

当时经济不发达,处于落后状态,教育受其制约,发展也就滞后,教育水平低。一个区只有一所完全小学,这就不难想象,初小升入高小,要淘汰一大批学生。有的地方要淘汰一半,有的地方,要淘汰60%到

80%，甚至90%，如此高的淘汰率，初小毕业后能升入高小，是一件很不容易很幸运的事情。陈守全初小毕业，没有任何障碍，直接升入了高小，也说明他的成绩是比较优秀的。

初小毕业升高小，学生被淘汰出局，有各种各样的原因。有的是受家庭经济条件的限制，读不起书，自然淘汰；有的是学生本人，成绩不理想，没有考上高小。有不愿辍学的学生，就回校复读，第二年再考，有的复读两三年，有的考高小考了四五次，所以，那时读高小，有的学生都十七八岁了。

陈守全很珍惜这个来之不易的读书机会，这里有两层意思。第一，这个机会是通过自己勤奋努力获得的，不能随意挥霍；第二，家里经济条件不好，自己又是长子，父母指望他能为家里做出一些贡献，减轻一些负担，只因父母开明，想得通，豁出来供他读书，这样他不但不能为家里做贡献，为家里减轻负担，反而增加了家里的负担，那么自己就要对得住父母，不能辜负父母的期望。基于这种朴实的认识，他一方面努力读书，一方面勤俭生活。太山庙完全小学，离他家有七八里地，早晨上学，中午放学回家吃饭，每天来回要走四趟，折算起来，每天要走三十多里路，无疑鞋子的损耗是相当大的。陈守全就光着脚，或者只穿草鞋，冬天也穿草鞋，脚丫子冻得像红萝卜一样，就用手使劲搓。

在太山庙完全小学读书的时候，教陈守全语文的张老师，让12岁的陈守全朴实无华的思想认识获得了升华。

张老师叫什么名字，陈守全一直不得而知。但张老师的形象，至今仍清晰地印在陈守全的脑海里。张老师30来岁，脸庞清癯，身材瘦小，不知是因患小儿麻痹留下的后遗症还是别的什么原因，一条腿弯曲地耷拉着，不能着地，只能依靠拐棍走路。每次来上课，他都拄着拐棍，一开始，陈守全以为张老师是摔了一跤，扭了脚脖子，时间长了，才知道原来张老师的腿残疾了，于是产生了强烈的同情心理。张老师讲课从不因自己的腿不好使，就敷衍塞责，随便应付了事。相反，他比其他老师更认真，更有责任心。腿不好，他也从不坐着讲课，站着讲课，讲着讲着，常常是一身的汗，夏天，他的衣服常常被汗水湿透了。他的课讲得很生动，同学们都喜欢听。他常常根据课文的内容，联系实际，对同学们进行思想教育。他讲得最多的，是处在逆境中的人该如何面对现实，面对生活，如何从困难的包围圈中突出重围，杀出一条血路，开创理想的新天地。少年的陈守全居然很直接地揣测，老师的这番话，肯定是他自己的切身体会。陈守全想，"张老师今天之所以能当上老师，一定吃过不少苦头，经历过不少痛苦，付出了比别人不知多几倍的心血。"陈守全暗自下定决心："我一定要以张老师为榜样，努力奋斗，努力学习，改变我的现状，改变全家人的生活，甚至改变我们村里的落后面貌。"

于是，陈守全对张老师，除了同情之外，还生发出一种发自内心的虔诚的崇拜，他把张老师当作自己的偶像，用现在的话来讲，陈守全是张老师的"粉丝"。成了张老师的"粉丝"，就要好好关心张老师，于是乎，他想到，张老师腿不好，总是站着讲课，累得满头大汗，何不给张老师拿条凳子放在讲台上，让张老师坐着讲课呢？他就把教室里多余的椅子，摆放在讲台上。张老师对陈守全的一片心意，感到欣慰，真诚地道谢，但他还是站着讲课。他说："如果我坐着讲课，你们就看不到我的肢体语言，而老师讲课，要想取得好的效果，就要让同学们看到我的肢体语言，这是很重要的、不可忽视的一环，所以我不能坐着讲课。"陈守全心潮澎湃，真的好感动。

张老师对陈守全的影响相当深远，直到如今，不仅张老师的音容笑貌依然活跃在陈守全的眼前，回响在陈守全的耳旁，而且，陈守全回忆起来说："高小毕业几十年了，张老师在我的生活中，始终起着警醒和导航作用。"

九　读书苦、苦读书、读苦书

行文至此，我们需要回过头来，与开篇的"岩岭村第一个中学生"合榫。

陈守全第一次把自己的理想与现实生活做出了天衣无缝的契合，高小毕业，他如愿以偿考上了三皇庙中学。

1962年6月的一天，太山庙完全小学的一位老师，带领陈守全他们这个班的学生，来到郧县城关近郊的胡家洲完全小学，与另外几所学校的毕业生集中在一起参加升学考试。

胡家洲完全小学的校园里到处都是学生，叽叽喳喳，黑压压一片。陈守全第一次见到这种场面，也算是开了一次眼界，而让他惊讶和紧张的是："这么多人考试，他们是不是一个个都很厉害？我能考过他们吗？我能考上初中吗？"他感觉到心脏在"怦——怦"地跳。与此同时，他又默默地给自己打气："我一定能考上，一定要考上中学。"

录取通知书发下来了，陈守全考上了！岩岭村有5个学生在太山庙完全小学读书，全部参加了升学考试，只有陈守全一个人被录取了。陈守全喜出望外，长长地吁了一口气。但他没有张扬，继续暗暗地为自己鼓劲。

陈大新领着儿子陈守全到三皇庙中学报到，又陪儿子回到陈守全的三姨家。陈守全在三皇庙中学要读三年书，这三年都要住宿在三姨家，无疑将给三姨带来许多麻烦，增添不少负担。所以，陈大新带儿子报完到，他又返回来，再一次感谢这位姨妈，也好让儿子在三姨这里能得到尚好的照料。

这全都是因为家里经济拮据，家里经济状况只要稍微宽松一点，就会让儿子在学校住宿，不会让他住宿在三姨家。寄人篱下的生活，会造成孩子心理压抑，这一点陈大新是明白的，但是他心有余而力不足，只能采取这种权宜之计。

事实确是如此。14岁少年陈守全的心里，留下了莫名忧伤的痕迹。在别人家里长期住宿，再好的亲戚，关系再亲密，也不是个事儿，不像在自己家里那么随便自在，在别人家里，总是会缩手缩脚，总是会有各种各样的障碍。尤其是人家主人，天天要管你住，要管你吃，烦不烦呀！？何况，三姨还是一个远亲，平时来往又不多，这就更加多了一些障碍。陈守全小小年龄，思想却很成熟，可不是吗？古话说"久住令人贱，频来亲也疏"，又说"宁使人讶其不来，勿令人厌其不去"。何况吃喝拉撒睡，长期在别人家里，那就更招人烦了。怎么不烦呢？"一家十口乐融融，外来一人烂糟糟"，自己家里的人，哪怕是十个二十个，或者更多，聚在一起，也是其乐融融，而家里只要添得一个外来人，就会被搞得烂糟糟。但有什么办法呢？家庭条件决定，陈守全别无选择。幸亏还有这个远房亲戚住在城关镇，否则这书能不能读成，还是个问题。

忧伤归忧伤，陈守全没有因为家里穷而有什么埋怨。埋怨谁呢？埋怨父母？家里穷，是父母造成的吗？村里有几个不穷的？我们整个国家，都是一穷二白。

穷，是事实，是现实，我们要承认，要面对，不能回避，我们要通过自己的努力来改变它。改变的办法千差万别，你有你的办法，我有我的办法，大人有大人的办法，小孩有小孩的办法。陈守全的办法是，勤劳工作增加家里的收入，极尽节约减少家里的开支。

一天，班上一个叫张某某的女同学，发现陈守全蹲在学校远处一个偏僻的旮旯里，全神贯注地在地下抠挖什么，她记不清这是第三次还是第四次发现他这样。她十分好奇,想弄个究竟,就走了过去,原来陈守全在挖蝎子。张某某见到蝎子就恶心,浑身起鸡皮疙瘩,而陈守全却偏偏喜欢挖这种令人讨厌的东西,这让她不可思议,便问:"你挖蝎子干什么?这么难看的东西。"

"卖钱呀!"陈守全毫无隐讳,坦诚地回答。

"卖钱!?这蝎子还能卖钱吗?"张某某觉得陈守全在欺骗她,半信半疑。

"难怪老人们都说,头发长,见识短。这蝎子是重要的中药材,据老人们说,它可以治抽搐痉挛、中风口歪、半身不遂、破伤风、风湿顽痹、偏正头痛等好多伤病,所有的中药铺都大量收购。"其实张某某比陈守全还大一岁,这会儿倒过来了,陈守全成了张某某的老师。

张某某不吱声了,静静地、默默地,在想什么,不一会,她的眼睛闪着钦佩的亮光,钦佩地说:"陈守全,你将来肯定能成为一个有用的人,年龄这么小,就这么懂事。上次你捡烟盒子,我问你做什么用,你说做草稿纸。我真佩服你。"

"怎么办呢?谁叫俺家里穷呢,家里要是富裕,我就用不着做这些了。穷人嘛,总有穷人的办法。"

陈守全这么一说,张某某责备自己不该触及陈守全的痛处,心里涌出阵阵惭愧,情不自禁蹲下来和陈守全一起抠挖蝎子。

寒暑假,回到家里,陈守全积极出工,什么活都干,刨地、薅草、施肥、收割……尽量多挣些工分,这样年终生产队分红,家里就可以多分得一些钱。

为了讨得三姨的欢心,陈守全在三姨家,坚持做到:手勤,勤扫地,勤擦桌抹椅,一应家务事,主动做;脚勤,打个酱油买瓶醋,或者和左邻右舍联系个什么事,有令必行;口勤,每天上学前告诉三姨"我上学去了",放学回来,要告诉三姨"我回来了",每天"三姨,三姨"叫个不停。除此之外,他还经常到附近的山上拾柴火。有时放学回来,见到路上有一根高粱秆或玉米秆,他都要捡起来,带回三姨家。

可是,正如陈守全自己分析过的,长期住在别人家里,不是个事儿。况且,三姨已经话中有话地暗示过了,希望陈守全能尽快搬走。

陈守全虽然年少,还是能设身处地地理解三姨。你想想,自己从家里背来的大多是红薯、苞米面、高粱面之类的杂粮,很少有大米和白面,而三姨是城里人,吃大米吃白面习惯了,可背来的这些杂粮,他们又不能不吃。一开始,也许还觉得挺新鲜,时间长了,当然就吃不惯了。毕竟,红薯、苞米面、高粱面没有大米、白面好吃。再说了,自己拿来的是杂粮,却把人家的大米白面给吃了,人家心里能舒服吗?是的,陈守全自己心里也不是个滋味,过意不去。

另外,三姨家的生活也不是很好,三姨的丈夫新中国成立前夕去了台湾,撇下三姨和一个儿子。三姨在县城一家鞋厂做临时工,每个月只有十几块钱。三姨的孩子,比陈守全大两岁,也正在读书,十几块钱,供养两个人,经济上是拮据的。

最重要的是,那时,谁家有人在台湾,谁家就会被"海外关系"这个紧箍咒困扰。三姨就被"海外关系"这块石头长期压得喘不过气来,整天提心吊胆。而陈守全的爸爸是大队的党支部书记,这让三姨在情感上有点排斥,陈守全当然也就很难进入远房三姨的心中了。

在三姨家住宿了两个学期,初中二年级上学期,陈守全婉转而巧妙地对三姨说,三姨家离学校太远,不利于学习,他在学校附近找了个地方,谢谢三姨一年来无微不至的关心,就从三姨家搬出来了,与另一个同学一起,寄宿在一个独居的老爷子那里。

初三下学期,要毕业了,事关重大,不能掉以轻心。第一,要以优异的成绩毕业；第二，要以优异的成绩考上高中。要做到这两条，这个学期就要全力以赴地冲刺，迎接决定人生道路的两次考试。

为了抓紧时间学习，陈守全和寄宿在独居老爷子那里的同学，一起搬到了学校住宿。

十　一个敏感的话题

当陈守全和女同学张某某一前一后，走进教室的时候，教室里骤然变得静悄悄的，鸦雀无声，同学们一个个正襟危坐，而投向陈守全和张某某的目光是游移的、诡谲的，那不约而同、几乎是一致的肢体语言流淌出来的分明是心中的慌乱。陈守全和张某某感觉到这异于平常的气氛，这是从什么地方刮来的什么风呢？无缘无故的。

下了课，班主任王荣生老师把陈守全叫到办公室。办公室里，有的老师在认真备课，有的老师在批改作业，也许，一怕影响老师办公，二怕谈话不方便，王老师就把陈守全带到了操场的一个犄角。陈守全心里七上八下，一阵阵地紧张，他还从来没有经历过这些，老师找他谈话，如此神秘兮兮，好像做地下工作似的。以前最多是因为班上发生了什么事情，老师找他了解情况，或者老师要布置工作，需要他在班里去开展什么事情。今天，显然都不是为了这些，那么到底是什么事呢？

"陈守全同学，我问你一件事，希望你能和我说实话。"王老师看着陈守全。

"今天王老师咋啦？要问一件事，就直截了当地问呗，还先来个铺垫，来个申明，做一下思想动员。"这让陈守全心里一片茫然，眼前一团雾水。但面对王老师，他并不害怕。这不仅因为王老师和蔼可亲，平易近人，更因为自陈守全来三皇庙中学报到的那一天开始，王老师就不惜心血地培育着陈守全这根好苗子。第一学期，他就让陈守全当班长。许多同学都不服，尤其是城关镇的几个同学，更是和陈守全公开对着干，还奚落陈守全："你一个乡下土娃子，有什么资格来管我们城里人。"陈守全受了一肚子委屈，想打退堂鼓，觉得自己费力不讨好，不值得，一心一意搞好学习比什么都好。王老师苦口婆心地劝导他："你要注意方法，想要同学们信服你，就要和同学们交朋友，加深培养同学间的感情，当同学们实实在在地发现你身上的确有许多值得他们学习的优点，你再去管他们，他们就会信服你了。平时你跟人家像陌路人似的，一旦有了什么事，动辄就把人家训一顿，吼一顿，人家怎么会服你呢？"陈守全心里一亮，默默地点点头，他有点奇怪："怎么王老师讲得这么准呢？都讲到我心里去了，我平时正是这样啊。"从此，陈守全真就注意和全班同学搞好团结，加强交流，尤其是注意和城关镇那几个同学拉近关系，他们学习上有什么问题，他都真心实意地帮助。这么一来，他的班长真就当得顺风顺水了。

在王老师的栽培下，初二上学期，陈守全就加入了共青团，下学期就担任了全校学生团支部书记。王荣生老师不仅在学习上授业解惑，在思想上、政治上也不遗余力地给予陈守全具体的帮助和指点，陈守全受益匪浅。他把王老师当作恩师，对王老师感激不尽，这种感激，一直延续到陈守全成家立业，这是后话。

这会儿，面对王老师，陈守全由衷地回答："王老师，你是我的恩师，我一直把你当作我的亲人，我从来没有和谁说过假话，更不会对你说假话。你问吧，什么事？只要是我知道的，我绝对会一五一十地告诉你。"

"有你这种态度，我就放心了。"王老师停顿了一下，他的目光在陈守全脸上绕了一个圈，单刀直入地说，"你和张某某同学是不是在谈恋爱？"

陈守全不由一怔，倒吸了一口凉气，啊，原来是这么回事呀。难怪刚才同学们是那样一种怪怪的表情！

"王老师，我可以向你保证，向你发誓，这完全是无中生有。"陈守全说，"我和张某某的关系的确不错，但我们是正常的同学关系。王老师，请你相信我，我说的是实话。"

"我相信你说的是实话，我想你绝不会欺骗我。不过，我还是希望你要好好把握住自己的未来。"王老师语重心长地说。

女同学张某某是个孤儿。可能是在孤儿院长大，她不论做什么事情都规规矩矩，从不越雷池一步。比如上课，坐在椅子上，挺直身子，端端正正，从来没有看见过她东倒西歪。下课出教室门，上课进教室门，同学们往往是一窝蜂地乱挤，她总是站在一旁，让大家先走了，她再走。学校和班级的各种规章制度，她都严格遵守，学习成绩又好，老师便让她担任班长兼学习委员。

张某某可能是从小就失去父母，渴望情感，因此喜欢和同学们交往。在与同学们的交往中，她珍惜每一个同学的每一句温暖的话，珍惜每一份真挚的感情，所以，她和每个同学都相处得十分友好。她学习成绩相当不错，尤其是俄语，转舌音转得十分标准地道，同学们无不为她这种天赋感到惊讶，光凭这转舌音，她就在同学中树立了不少威信。

陈守全对张某某的印象也很好。起初两个人交往并不深。自从陈守全担任全校学生团支部书记后，他的班长职位就由张某某接任，一个是团支部书记，一个是班长，两个人的接触就多了。接触得多，陈守全进一步在张某某身上发现了更多值得学习的优点。尤其是张某某帮他挖蝎子，这让他对张某某的印象更好了。

初三下学期，陈守全搬到学校住宿，张某某则从初一起就一直吃住在学校里，现在两个人都住在学校里，早自习，晚自习，再加上下午放学后的自由时间，两个人在一起的时间就更多了。两个人在一起，大多是复习功课。初三毕业，既要准备毕业考试，又要准备升学考试，必须得抓紧时间好好复习。两个人在一起复习功课，常常是你提问，我来答，或者我提问，你来答，抑或是我不懂的地方，你给我讲，你不懂的地方，我给你讲。他们都觉得，两个人在一起复习，比单独一个人复习效率要高得多，效果要好得多。这种高得多的效率和好得多的效果，在两个人都决心要考出好成绩的信念中，变成了一种内在的动力，驱使他们常常不由自主地走到一起。当然两个人在一起，有时候也会谈到其他事情。

尽管陈守全觉得张某某很不错，但他从来没有想过要和张某某谈恋爱，更没有想过将来要找张某某做伴侣。他才十五、六岁，年龄还小，再说了，他现在所思所想的是怎样搞好学习，圆满地完成毕业与升学两大考试，其他的，想得不多。至于张某某怎么想的，陈守全不得而知。有一点是能够向苍天发誓的，他们在一起的时候，从来没有谈情说爱。

诚然，两个异性同学经常长时间在一起，又都是处在青春的萌动期，这样敏感的事情，引起别人的怀疑，不足为怪。令陈守全难以忍受的是，究竟是谁在没有弄清楚事情真相之前，就不顾后果毛毛糙糙地向老师反映呢？这与无中生有、造谣中伤，有什么两样呢？陈守全想："我要是知道了是哪一个向老师反映的，非得狠狠地揍他一顿不可，也好好出出这口窝囊气。"

陈守全终于知道了，是杨远方向老师反映的。给陈守全传这话的同学，信誓旦旦地说："我的消息千真万确。"千真万确的消息怎么得来的呢？下文自有交代。

获得消息后，陈守全苦苦地想了一个下午，要不要和杨远方拼一场？杨远方这个同学，其实还是挺不错的，陈守全与他相处得也很好。如果捏紧拳头兴师问罪于杨远方，势必把两个人的关系推向悬崖。再有，杨远方长得高大，真打起来，陈守全能不能打得过，还不好说。另外，陈守全想："我作为学生团支部书记，和同学打架会不会被学校当作典型，受到严厉的纪律处分呢？要毕业了，背个处分离开学校可是功亏一篑呀。"

反复想，反复掂量，也没有掂量出个斤两。

这天吃过晚饭，陈守全照例和张某某在学校后面的一个小山包的树林里复习功课，远远地看到杨远方在山下向另一个山头上走去。真的是仇人相见，分外眼红，陈守全一时兴起，一下跳起来，冲到山下，扑到杨远方前面，二话不说，当胸就给了杨远方两拳。杨远方一开始糊里糊涂，还不知道是怎么回事，当看清楚是陈守全之后，才反应过来。陈守全为什么斜刺里给他两拳，他心中自有数。也许是觉得自己理亏，也许是觉得真对不起陈守全，也许……他竟只摸摸自己的胸脯，没有还手，一声不吭地径直走了。

历史的必然和偶然，总是那么出人意料。杨远方完成学业后，踏上社会，工作单位几经变动，最后，辗转到了陈守全领导的华阳集团做采购员。同在一个单位，一个是单位的总经理，一个是基层员工，职位的悬殊，领导与被领导的关系，并没有淹没老同学之间的情谊。闲暇时候，两人经常在一起摆龙门阵，话题无所不及。陈守全问过杨远方："为什么要告暗状？"杨远方说："我看到你和张某某在一起，就嫉妒，就浑身不自在。我和另一个同学商量好了，编造说你们两个在谈恋爱，反映给王老师。结果，走到半途，那个同学开溜了，我只好一个人去，谁知道，那个家伙把我出卖了，向你告了密。"

如今，杨远方已经退休，前不久，又来找陈守全摆龙门阵。摆着摆着，再次谈起这件事，两个人不禁哈哈大笑起来。

在这里，把话题展开些许，联系到眼下教育界经常谈到的中学生早恋问题。无疑这是一个不容回避的现实问题，值得关注。中学生是不能谈恋爱的，这毋庸置疑。但是，在关注这个问题的时候，可得把握好分寸，不能一片好心，闹得大家都不欢心。更不能过度敏感地对男女同学之间的正常往来横加指责，肆意干预。一旦重演陈守全与张某某所谓谈恋爱的闹剧，如果无关大局，倒也罢了，如果出现意外，那损失就大了。

　　王荣生老师找陈守全谈过话之后，又找张某某谈了话。分别与两个人的谈话，互为佐证，他们真的不是在谈恋爱。仅仅通过和他们两个人的谈话就判定他们不是在谈恋爱，是不是有点草率呢？他们两个如果真的是在谈恋爱，他们会承认吗？怎么就能轻易相信呢？其实，王老师在与陈守全和张某某谈话的时候，从他们两个人的神情、语言、形态以及一颦一笑的蛛丝马迹中，他是能窥出究竟的，这点洞察力王老师还是有的。更重要的是，对人的了解主要在于平时。王老师一直觉得陈守全这个来自农村穷苦人家的孩子，有志气、有理想、有智慧，做事稳重，心底坦荡，从不乱章法。正是因为这样，王老师去年喜得贵子，才要陈守全帮他家去报喜，作为老师，这实际上，是对学生最大的信任。陈守全报完喜，王老师的母亲也对陈守全赞不绝口。

　　陈守全兴高采烈地接受了帮王老师家报喜的重托，一口气跑了十几里路，来到王老师家。王老师的母亲日思夜想当奶奶，今天儿子的学生跑来报喜，说儿媳生了个男娃子，她心里乐开了花，忙不迭地给陈守全又是拿瓜子花生，又是拿糖果，又是煮鸡蛋，还留陈守全吃饭。临走，送给陈守全一个红包，里面包了5角钱（那时事业单位的一个单身员工，在食堂吃饭一个月的伙食费一般是10元钱左右，5角钱相当于现在多少钱，自可折算出来）。陈守全不要，老太太硬是塞在陈守全的兜里。回校后，陈守全要把红包交给王老师，被笑眯眯的王老师拒绝了。后来，王老师回家的时候，他的母亲多次提起来给他们家报喜的陈守全，说这个孩子天庭饱满，一脸福相，将来一定能有出息。还夸奖儿子有眼力，挑了这么一个将来有出息的英俊小伙子来报喜,能给家里带来喜气,带来吉祥。说得王老师都有点不好意思了。

再说,就算他们两个真的在谈恋爱,没完没了地纠缠,又能解决什么问题呢?作为老师只能是引导,做思想工作,说明利害关系,最终解决问题还得靠学生自己。王老师觉得,对这事儿的关注,他只能到此为止。

而陈守全和张某某则一如既往,照常在一起复习功课。

张某某以优异的成绩考取了郧阳中学,可惜的是,她只读了一年,就不读了,后来到郧县化工厂当工人。三年或者四年后,张某某投河自尽,有人说是因为感情问题,有人说因为工作问题,有人说因为主动辍学而懊悔,到底是什么原因,已无法查证,总之是个悲剧。陈守全听到这个噩耗,深感惋惜,并为其祈祷,愿她在九泉之下安息。

十一 郧县卫校,我来了

在三皇庙中学读书的时候,陈守全的成绩和张某某不相上下,张某某考上了郧阳中学,是意料中的事,陈守全考上郧阳中学也不会有什么问题。问题在于,如前所述,陈守全家里的经济条件不允许他上高中(张某某是孤儿,她的生活费、学费都由政府负担)。于是陈守全选择报考郧县卫校。当然,如果他横下一条心,坚持要上高中,并且考上郧阳中学,父母看他是一块读书的料,也不会放弃,那是砸锅卖铁也要供儿子上学的。陈守全则有他自己的想法:"我底下有三个弟弟两个妹妹,我要是读书读到二十几岁,弟弟妹妹还读不读书了?读的话,谁来出他们的学费?靠父母?父母累死累活也供不起这么多,就算供得起,我心里过意得去吗?上中专,不要家里掏钱,三年毕业后,就可参加工作挣钱了。到那时,我吃'皇粮',拿工资,弟弟妹妹们上学,就由我来供。"

陈守全豪情满怀地踏进郧县卫校的大门,扑面而来的是让他不知所措的陌生。校园里的一草一木,也在瞪着眼睛打量这位来自乡下的新生。陈守全并没有胆怯,没有被眼前的陌生挡住心中涌动的万丈激情。郧县卫校,我来了,西出杨溪踏歌而来。我会接受你的锤炼,接受你的洗礼,依偎在你的怀里,踏踏实实吸吮你的乳汁,增长知识,让自己成为一个能纵横驰骋、翱翔于卫生蓝天的白衣战士。

躯体内藏有一颗强烈的进取心,灵魂深处传来太山庙完全小学那位挂拐杖的张老师的激励,思想政治上由三皇庙中学王荣生老师像指南针一样核定方向,这种种因素让陈守全自然而然地成了学校的活跃分子。这种活跃,不是在东边屋里搞个恶作剧,在西边墙上捅个大窟窿的顽劣,不是油头滑脑、摇唇鼓舌的阴损,不是不务正业、专事歪斜的霸道,而是凭着自己的魅力,和同学们广泛交流,海纳百川。陈守全见到同学,总是主动打招呼,见到不太熟悉的同学,在主动介绍自己之后,会善意地问人家叫什么名字,来自什么地方,家里有什么人,兄弟姐妹几个……他喜欢帮助人,发现同学吵嘴或者打架,他就会站在两人中间,几句开解的话,就把双方劝开了;见到同学们有不良行为,也愿意伸手纠正。有一次,他看见初中班苗圃专业的一位小男生贴着教学楼后墙尿尿,他走过去,批评了这位同学,小男生提着裤子就跑了。这么一来,陈守全在校园里特别显眼,好多同学都认识他,他认识的同学也比别人多。

在同学们的心目中,陈守全是一个值得自己学习的好伙伴;而在老师们的心目中,陈守全是一个品学兼优的好学生。一个星期天,陈守全和一个同学想到城里去玩玩。从学生宿舍里出来,看见一位年过半百的老师在打蜂窝煤，打得很吃力，打完一个，就用双手撑着煤模子，哈下腰，喘喘气，歇歇。陈守全看在眼里，就和这位同学商量，不去城里了，帮这位老师打蜂窝煤吧。这位同学欣然同意，两个人一起帮这位老师把蜂窝煤打完，老师感激不尽，硬要留他们吃午饭。

第二学期，学校成立新的学生会，陈守全以压倒性票数当选为学生会主席，接着又被推举为团委副书记（团委书记由老师担任）。

只上了一个学期，陈守全还算是一名新生，新生当选为学生会主席和团委副书记，真是出人意料。诚然，这里面有客观原因。陈守全进校以前，学校招收的全是初中班，从陈守全这一届开始才招高中班。就读于高中班的陈守全，较之初中班的学生，优势自然不言而喻。尽管有这种客观因素，主观认同还是起决定作用。这一届一共招收了中西医、兽医和园艺三个高中班，共计150名学生，在150名同学中，如果不是佼佼者，焉能脱颖而出呢？

陈守全当选为学生会主席和团委副书记，引起了班上一个叫吴士莲的女同学的关注，她心海里泛起层层涟漪。暗自想，"这个陈守全咋这么有能耐呢？在同学当中怎么会有这么高的威信呢？他是用的什么办法打动了同学们的心？莫非他有什么魔力？或者使用了《水浒传》里说的'蒙汗药'？"吴士莲不知是出于羡慕，还是出于嫉妒，产生了这样一连串的奇思怪想，其实，她手中的那一票，也是投给了陈守全。如果她要把自己的想法和同学们交流交流，那么，别的同学也会问她，"你为什么要投陈守全一票？是不是陈守全给你吃了'蒙汗药'？"

没有人能预料到，几年后，吴士莲很坦诚地做出了回答，而且是亲口向陈守全述说的。既然是几年后的述说，那么，她到底是怎么说的，也就只能是在几年后的那个时间点上才能给大家解开这个谜题。

十二 入党

学校教学楼大厅的左边墙上，贴着一张对开大红纸写的喜报，喜报的内容如下。

根据个人申请，经学校党支部认真讨论，批准陈守全同学为中国共产党预备党员。预备期从1966年9月21日起。

特此布告。

郧县卫校党支部　1966年10月16日

这是一个爆炸性新闻，惊动了整个校园。师生们里三层外三层，围在喜报前默默地阅读，站在后面的，有的踮起脚尖，有的伸长脖子。一名个子矮小的同学，像泥鳅一样，灵活地从人群中钻过站到了前面，看完喜报内容之后，不胜惊讶："啊？陈守全入党啦？"

个子矮小的同学从人群里退出来，恰好碰上陈守全从楼上走下来，矮个同学对陈守全说："祝贺你入党啦，你该买喜糖给我们吃。"陈守全嘿嘿一笑，拍拍矮个同学的肩膀，说："革命不是请客吃饭。"说完就从口袋里掏出一颗水果糖给了矮个同学。这颗糖是工宣队李师傅给他的，他放在兜里，没舍得吃。

喜报贴出之前，也就是陈守全从北京回到学校的第三天，学校党支部书记找他谈话，告诉他："你的入党申请已经获得批准，9月21日党支部通过了决议，你的党龄，也就从这一天开始算起。希望你再接再厉，继续努力。"

"我终于成了一名共产党员，"陈守全的脸上流露出难以抑制的喜悦，"啊，党龄从9月21日开始算，那就是说，9月23日我去北京的时候，我已经是党员了，只不过是组织上还没有正式通知我。"陈守全是1948年4月4日出生，到1966年9月21日，已满18岁，准确地说，还差13天18周岁半。这个年龄就入党了，而且是以学生身份入党，的确让人自豪，也特别令人羡慕。

继学校党支部书记找陈守全谈话之后，工宣队李师傅又找他谈话，话题当然还是从陈守全入党切入，涉及的内容比较广泛，其中谈到上次夜奔山林送文件的事儿。李师傅告诉陈守全，那其实是党组织对他的一次秘密考验。说着，他从抽屉里拿出一个信封，递给陈守全，说："这就是你当时送的那封秘密文件，你现在可以看了。"

陈守全战战兢兢地从信封里掏出信笺，默默地阅读。

工宣队总部：

给你们来送信的小伙子，是郧县卫校的学生陈守全，他是杨溪镇岩岭村村长陈大新的儿子，出身贫寒，思想健康，政治进步，尊敬老师，团结同学，成绩优秀。该同学去年递交了入党申请书，经过一年多的考察，我们认为，符合入党要求。今晚送文件，是我们有意设计的对他的一次严峻考验。希望总部接待，今晚安排陈守全同学的住宿，让他明天早晨再返回学校。

陈守全这才恍然大悟："难怪我把信送到总部的时候，杨队长看完信，对我神秘一笑。接到机密文件，应该很认真严肃，怎么会诡异一笑呢？我当时觉得这里面就有文章。另外，杨队长认识我父亲，他不认识我呀，怎么知道我是陈大新的儿子呢？啊，原来'秘密文件'里泄露了我的'秘密'。今天终于知道了事情的真相。"

李师傅还告诉他，送信的那天晚上，为了怕发生什么意外，还派了一名工宣队队员和一位老师,一直悄悄地跟在陈守全的后面,保护陈守全。陈守全安全到达工宣队总部,工宣队队员和老师才返回学校。

陈守全一听,深受感动,久久地注视着李师傅,半天说不出话来。心里波翻浪滚,溅起簇簇水花:"学校党支部和工宣队对我的培养,实在是费尽心血,不知道该怎么报答他们。我只有戒骄戒躁,继续努力,搞好学习,做好学生会主席和团委副书记的工作,不能让他们花在我身上的心血,付诸东流。"

当叙述向前推进的时候,有些话题免不了要交叉折返。现在,我们的叙述就要退回到1965年。陈守全初中毕业返乡,在家等待郧县卫校录取通知的这一段时间,积极参加四清工作队的义务宣传工作,表现相当突出。有关方面意欲吸纳他为正式的四清工作队队员,遂让他参加了杨溪镇的"四清工作队员培训班"的培训。就是这次培训,他的政治意识在潜移默化中上升了一个层次,他萌生了加入中国共产党的念头。后来郧县卫校的录取通知书寄来了,父亲极力主张儿子继续读书,陈守全听从了父亲的决定,成为郧县卫校的一名学生。虽然没有成为四清工作队的正式队员,但入党的愿望已经深深地植根在他的心中。到卫校后,这个愿望非但没有因学业而忘却,反而一天天强烈起来。他想和班主任谈谈入党申请的事,但班主任不是党员,不好谈,想找党员老师谈,教他们课的老师都不是党员,是党员的老师又没有教他们课,加上学生与老师之间存在着一道天然的看不见的隔墙,陈守全不敢去找没有教他们课的老师谈入党的事儿。心中的话,向谁倾吐呢?

学校勤工俭学的活动,其中有一项是"帮厨"。学校为了减少支出,压缩了食堂炊事员的编制,炊事员人手不够,就需要学生轮流到食堂帮忙,是谓"帮厨"。陈守全身为学生会主席和学校团委副书记,轮到自己帮厨的时候,全力以赴,没有轮到的时候,只要有空儿,也会去食堂帮着择菜切菜、洗刷锅碗瓢盆,日子久了,就和炊事班班长何师傅接触多了，交谈多了，渐渐地变得亲密无间。何师傅是从部队转业的共产党员，陈守全就对何师傅直陈自己想要入党的心愿。何师傅非常惊讶：一个学生居然有如此强烈的入党愿望。同时他也为陈守全能向自己吐露心声感到很欣慰。他觉得，"陈守全是一名很出色的学生干部，人品不错，学习成绩优秀，党组织应该吸纳这样的好青年，现在，陈守全向我打开了心扉，作为一名党员我有义务协助党组织帮助这位青年实现入党的心愿。"他给陈守全讲雷锋的故事，讲刘胡兰的故事，讲江姐的故事，指导陈守全写入党申请书。

这是几十年前的事情，几经周折，我们找到了陈守全当年写的入党申请书。下面是这份入党申请书的复印件。

申请书

敬爱的四清工作党支部：

我们陈家全家住在湖北省襄阳地区襄阳县关营人民公社军一大队第一生产队。家庭成成份，共有八口人，姐家和一个妹妹在队里干活，两个弟弟和一个妹妹在家读书，一个弟弟在放牛。母亲是共产党员，47年时参加干部，48年加入中国共产党。在该队一直是任党支书工作。到65年四清工作动我家乡，来发同志们给他提了意见他都接受，认为了这么多年的工作，对人对自己反感几大。因此家革命意志衰退，不把为大家服务，思想不很积极。有些较严重的个人主义观念。听这种思思念不严重，对党有很大的危害，幸亏在这次四清期间经党干部对他进行教育，这种通过工作的反复教育又通过这次文化大革命运动使他受到教育，给他个好领导他学习毛主席著作，现在他学习表现比较积极，给群众说话提出意见开会一件走致试，身对对周围党思想爱护，所发现，所以说他小四银。有一个家庭中做说我把他的把无分子当作地方务道，当时我母亲批说，这是国家的财产，我们不能多占应还给国家。结果这论了知识，所以说我父亲在这为中的错误是很严重。我决心要使他认识思想，走到争取入党一起来帮助他，使他改正错误思想，重新做人，使他更好地为党工作，当好人民的勤务员，做个毛主席的好战士。我个人在学校读书，受到党的无微不至的关怀，党教我学习毛主席著作，取得了一些成绩，在65年光荣培养我加入了中国共产主义青年团。现在我以后我决定要

年　月　日

第一章 西出杨溪踏歌来

读毛主席著作，用毛泽东思想改造思想，争取加入更大的无产阶级——中国共产党。

我们志愿加入中国共产党，在党内努力工作。因为中国共产党是中国工人阶级的先进部队，是中国工人阶级组织的最高形式。它的目的是在中国实现社会主义和共产主义。又因为中国共产党以马克思列宁主义、毛泽东思想作为自己行动的指南。只有马克思列宁主义、毛泽东思想作为行动的指南才正确地说明社会主义发展的规律，正确地指引实现社会主义和共产主义的路道。党坚持马克思列宁主义的辩证唯物主义和历史唯物主义的世界观。马克思列宁主义、毛泽东思想要求我们在实现社会主义和共产主义的斗争中从实际出发，是活地、创造性地运用马克思列宁主义、毛泽东思想的原理解决实际斗争中的各种问题，使党的理论不断发展。要在自己活动中坚持把马克思列宁主义的普遍真理同中国革命的具体实践结合的原则，反对一切教条主义经验主义。

加入中国共产党是我的迫切要求。根据上述理由，我愿意加入中国共产党，我一定承认党的纲领与党的章程，努力学习毛泽东思想，忠心全心全意为人民服务的正确人生观和世界观。要有一个毫不利己专门利人的共产党人的革命精神，象雷锋、王杰那样不为名、不为利、不怕死、不怕苦，一心为人民，一心为革命。在平时不断学习毛泽东思想，用毛泽东思想改造自己的头脑，不断地提高自己的觉悟，积极地为党为人民工作，做一个真正的革命者。同时我要求党对我进行考验。

年　月　日

我一定经得起党对我的任何考验，对自己严格要求，坚决服从党的一切教导。加入中国女如道，坚决拥护，代表来为人民服务，采取正确的办法，把没产生或所有制的经济分次变为全民所有制，把个体劳动者所有制的残余部分改变为劳动群众集体所有制，彻底消灭剥削制，并且杜绝产生剥削制度的根源。在建设社会主义的过程中逐步实现"各尽所能，按劳取酬"的原则。对于一切剥削都应在平等的道路上把他们改造成为自食其力的劳动者。时刻处处注意从紧济面、政治和思想方面克服资本主义的因素和影响，同时要动员和团结一切力量，以争取伟大的社会主义事业的完全胜利。有计划地发展国民经济，尽可能迅速地实现国家工业化，有系统、有步骤地进行国民经济的技术改造，使中国有现代化的工业、现代化的农业、现代化的交通运输业和现代化的国防，促进我国的科学、文化、技术的进步，在这方面赶上世界水平，最大限度地满足人民的物质生活和文化生活的需要，逐步不断地改善人民生活，特别是努力提高少数民族的地位，团结他们，实现各民族团结平等，坚决反对大民族主义和地方民族主义倾向，巩固工人和农民的兄弟联盟，防止帝国主义和反革命残余分子是要破坏我国人民的事业，觉提高革命警惕性，同危害我国独立和安全的反革命分子进行异常的斗争。同伙一起解放台湾，并同情世界上一切反对帝国主义和反对殖民主义的斗争。在群众中做之任，善会从民居随来，到群众中去的工作方法，实行民主集中制，全心全意地为人民服务。许愿谨

年　月　日

第一章 西出杨溪踏歌来

保留地把我个人的一切献身革命，为大多数人民的事生，永对党尽心全意的为人民服务，为党工作的忠心，当好人民的勤务员，自对自己的一切错误都要进行自我批评，作无情斗争，用毛泽东思想去战胜自己的错误思想。事事处处按照共产党员先锋队的发标准要求自己，成为一个毛泽东思想武装起来的真正的共产党员。

当然我们水准对自己的要求更是如此。共因为没有标准而表示，如果我将用什么样来对进步是假的，觉我一辈子也不能让吸收我加入组织。我个人还要加强改造，学习毛泽东思想，改造自己的一切本人的杂念，把党和国家的利益，人民的利益，摆在个人利益之上，打掉永摆亦一切的心杂念，全人意为的人民服务，向群众学习，虚心听取群众意见，要作人民的勤务员。对于任何错误思想要不适行的实行批评与自我批评，要对自己思想上的一切缺点和错误，进行毫不留情面的斗争。对自己的一切错误思想、缺点毫不隐瞒的面讬出来，请大家进行批评帮助。对党忠减老实，同时随时要求党对自己进行一切批评和考验。同时我希望党对我进行多帮助，提高阶级觉悟，认清敌我，坚决不因没能入准而不夹鞋，不做执锑党工作，还是决心好好的学习毛泽东思想积极进行改造。在平时和在党的一切运动中，特别是毛主席这次亲自发手搞的文化大革命运动中要积极创造条件，更进一步对自己严格要求。

年　月　日

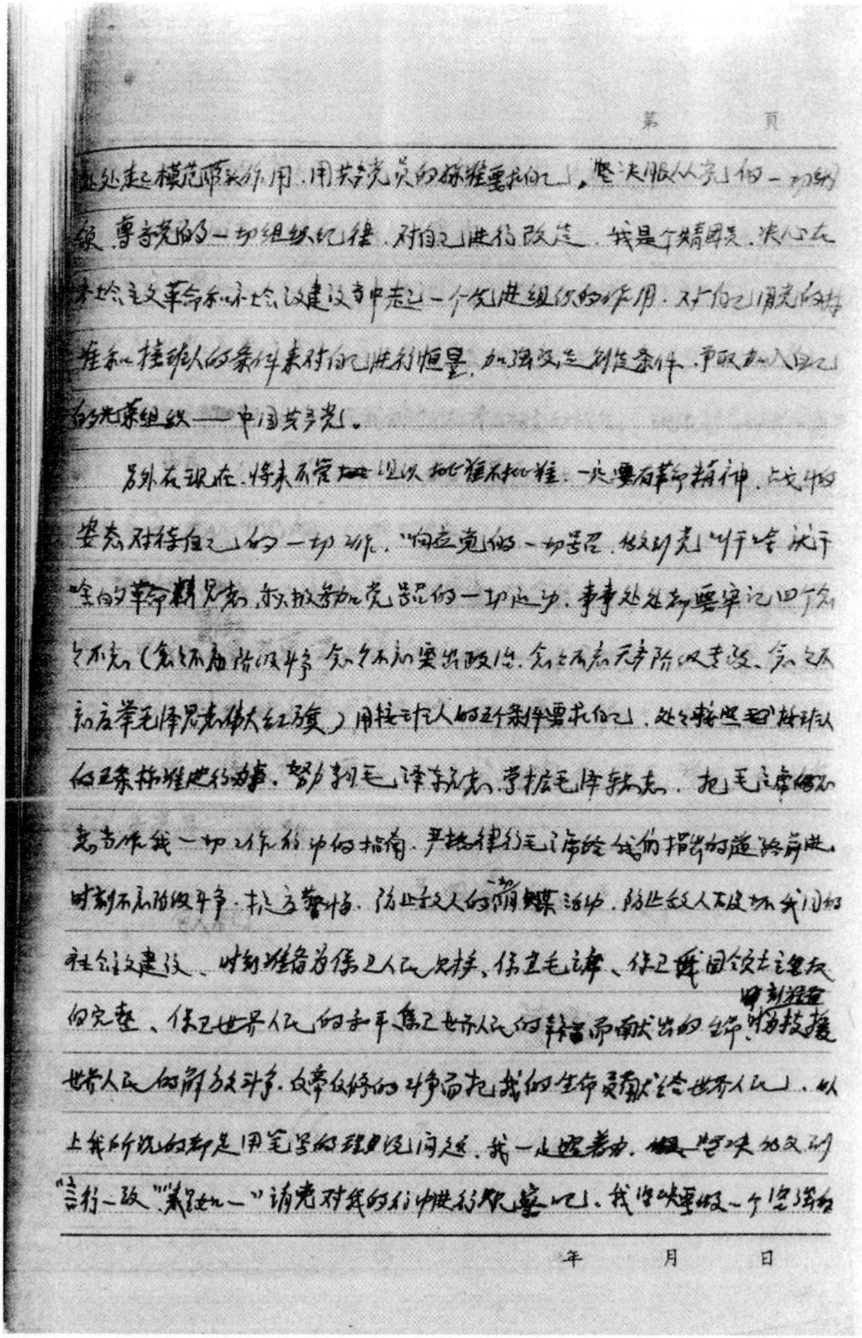

第　　页

处处起模范带头作用，用共产党员的标准要求自己，坚决服从党的一切决级，遵守党的一切组织纪律，对自己进行改造，我是个共青团员，决心在社会主义革命和社会主义建设当中起一个先进组织的作用，对自己用党的标准和接班人的条件来对自己进行衡量，加强改造，创造条件，争取加入自己的先锋组织——中国共产党。

另外在现在、将来不管组织批准不批准，一定要有革命精神，战斗的姿态对待自己的一切工作，响应党的一切号召，做到党叫干啥就干啥的革命精神，积极参加党号召的一切运动，事事处处都要牢记四个念念不忘（念念不忘阶级斗争，念念不忘突出政治，念念不忘无产阶级专政，念念不忘高举毛泽东思想伟大红旗）用接班人的五个条件要求自己，处处按照接班人的五条标准进行办事，努力学习毛泽东著作，掌握毛泽东思想，把毛主席著作当作我一切工作行动的指南，严格执行毛主席给我们指出的道路前进，时刻不忘阶级斗争，提高警惕，防止敌人的颠覆活动，防止敌人破坏我们的社会主义建设，时刻准备为保卫人民财产、保卫毛主席、保卫祖国领土主权的完整、保卫世界人民的和平、为了世界人民的革命献出自己的一切，时刻准备援助世界人民的解放斗争，反帝反修的斗争而把我的生命贡献给世界人民。以上我所说的都是用笔写的理论问题，我一定要落实到行动，坚决做到"言行一致""表里如一"，请党对我的行动进行考察吧。我坚决要做一个忠诚的

年　　月　　日

革命派，做一个毛泽东思想武装起来的无产阶级接班人。

我现在所剩下重要的社会关系是舅家，贫农成分，小舅儿兄长，生冬以大小舅担任儿凤队长。在运动中正不断的给予以启同道，大部大哀贫护，压倒几个坡家，贫农工瑶部尽贫戈派庭。其他关系我认为都不似情关，也不成危胁我在运动中的……情况。现在我的情况我已故的校告之。现在请党对我们情进行一切审查。如果情况有反复我查，请允许我进行化们除克分。我头三病忘言，虚心听党的一切指挥事。

亲爱的党，我这次申请是共党进行审查，结合我的条件。如条件成熟希望党批准我加入最光荣，最正确的组织，——中国共产党。如果不够条件我请党对我进行准要的考验，进行更好帮助。加深对自己我的改造，将成为一个更好地、更坚强地、养臭有毛泽东思家的优秀党员。此致

敬礼　　　　　　呈四清工作队党支部.

　　　　　　　　申请人 滕□全

　　　　　　　　　66. 7. 24.

第一章　西出杨溪踏歌来

为了方便阅读，通过键盘把它誊正。

申 请 书

亲爱的四清工作（队）党支部：

兹有陈守全家住湖北省杨溪区任家公社岩岭大队一生产队，家庭贫农成分，共有八口人，母亲和一个妹子在队里干活，两个弟弟和一个妹子在家玩，一个弟弟在放牛。父亲是共产党员，47年开始当干部，48年加入中国共产党，在党内一直任党支书工作。到了65年四清工作到了我家乡，社员同志们给他提了意见，他不接受，认为干这多年的工作，别人对自己还有意见，因此就革命意志后退，不想为大家服务，有较严重的个人主义思想，由于这种思想太严重，对党有很大的危害，所以在运动后期改选干部时，他落了选，这种通过工作的反复教育，生产队领导学习毛主席著作，现在在生产队表现比较积极，给生产队队长提出合理化的一件建议。对于国家财产也能爱护，四个人挖出了四斤银，有一个富裕中农说自己挖的，把它分了，谁也不知道，当时我母亲就说这是国家的财产，我们不能多占，要给国家，结果送给了国家。当然我父亲在运动中错误是很严重，我决心要对他的思想进行斗争和党一起帮助他，使他改正错误思想，重新做人，使他将更好地为党工作，当好人民的勤务员，做个毛主席的好战士。我个人在学校读书，受到党的无微不至的关怀，党号召我学习毛主席著作，取得了一些成绩，并在65年党培养我加入了中国共产主义青年团，以后我决定努力学习毛主席著作，用毛泽东思想改造思想，争取加入更高的光荣组织——中国共产党。

我个人志愿加入中国共产党，在党内学习工作，因为中国共产党是中国工人阶级的先进部队，是中国工人阶级组织的最高形式，它的目的是中国实现社会主义和共产主义。因为中国共产党以马克思列宁主义、毛泽东思想作自己行动的指南。只有马克思列宁主义、毛泽东思想才正确的说明了社会主义发展的规律，正确地指出了实现社会主义和共产主义的道路。党坚持马克思列宁主义的辩证唯物主义和历史唯物主义的世界观，马克思列宁主义的普遍真理与中国革命斗争的具体实践密切结合的原则，反对一切教条和经验论。加入中国共产党是我的迫切要求，根据上述理由，我愿加入共产党，我一定承认党的纲领与党的章程，努力学习毛泽东思想，树立全心全意为人民服务的正确人生观和世界观，有一个毫不利己、专门利人的共产主义精神，像雷锋、王杰那样不为名、不为利、不怕死、不怕苦，一心为人民，一心为革命。在平时不断学习毛泽东思想，用毛泽东思想改造自己的头脑，不断地提高自己的觉悟，积极为党为人民工作，做一个真正的革命者，同时我要求党对我进行一切考验。我一定经得起党对我的任何考验，对自己严格要求，坚决服从党的一切领导。加入了中国共产党，坚决按党任务来为人民服务，采取正确的方法，把资本家所有制的残余部分改变为全民所有制，把个体劳动者所有制的残余部分改变为劳动群众集体所有制，彻底消灭剥削制，并且杜绝产生剥削制度的根源，在建设社会主义的过程中，逐步实现"各尽其能、按劳取酬"的原则，对于一切剥削都应在和平道路上把他们改造成为自食其力的劳动者，时时处处注意从经济方面、政治和思想方面克服资本主义的因素和影响，同时要动员和团结一切积极力量，以争取伟大的社会主义事业的完全胜利，并有计划地发展国民经济，尽可能迅速实现国家工业化，有系统、有步骤地进行国民经济的技术改造，使中国具有强大的现代化的工业、现代化的农业、现代化的交通运输业和现代化的国防，促进我国的科学、文化、技术的进步，在这方面赶上世界水平，最大限度地满足人民的物质生活和文化生活的需要，逐步和不断改善人民生活，特别是努力提高少数民族的地位，团结他们、实现全民族平等，坚决反对大民族主义及地方民族主义倾向。巩固工人和农民的兄弟联盟，防止帝国主义和反革命残余分子是要破坏我国人民的事业，提高革命警惕性，同危害我国独立和安全的反革命分子进行严肃的斗争，并同情世界上一切反对帝国主义和反对殖民主义的斗争，在群众中做工作，全心全意地为人民服务，谦虚谨慎，戒骄戒躁。遵守党的一切组织纪律，巩固党的领导，不容许任何对党的分裂，对于缺点和错误进行严格的批评和自我批评，严格要求自己，坚持任何原则斗争，把党和人民的利益放在第一位，勤勤恳恳，老老实实，努力学习，艰苦奋斗，团结广大群众战胜一切困难，建设先进的社会主义，并且实现人类的最高理想——共产主义。我决心为党工作一辈子，为了党的工作、为了人民我愿意把青春献出来，牺牲我的一切，牺牲我的生命。现在我申请党对我进行审检，如果条件成熟，请党组织批准我加入自己最伟大、最光荣、最先进的组织——中国共产党，加入了党我一定履行党的一切任务，在党内生活，处处以毛主席思想改造自己世界观，树立全心全意为人民服务的思想，去掉一切私心杂念，把自己的一切工作做好，用毛主席提出的接班人条件来改造自己，做一个毛主席的好儿子——共产党员，为保卫毛主席、保卫人民的利益、保卫世界和平、支援一切被压迫人民的革命斗争而奋斗终生。时时处处对自己严格要求，发扬好的，改正错的，决心相信群众，走群众路线，处处看到别人的优点，和自己的不足之处相比而进行改造。入了党我一定谦虚谨慎，戒骄戒躁，团结群众做好工作，做一个名副其实的共产党员，在党内进行改造。当然，加入中国共产党这并不是我的所达到的目的，也不是为了个人名义、地位、报酬和享受，不是有利则来，不利则去，而是参加共产党就是意味着无条件无保留把我个人的一切献身于革命，献身于党和人民的事业，树立全心全意地为人民服务，为党工作的思想，当好人民的勤务员，对自己的一切错误都要进行自我批评，作无情斗争，用毛泽东思想去战胜自己的错误思想。时时处处按照共产党员先锋队的标准要求自己，成为一个毛泽东思想武装起来的真正的共产党员。

  当然如不批准对自己的要求更是如此，若因为没有被批准而丧气，如果这样那么我就对要求进步是假的，我一辈子也不能让党吸收我加入组织，我个人还要加强改造，学学毛泽东思想，改造自己的一切私心杂念，把党和国家的利益、人民的利益摆在个人利益之上，打掉和摆开一切私心杂念，全心全意地为人民服务、向群众学习，虚心听取群众意见和要求，做群众的朋友，对于任何错误思想要不断地实行批评与自我批评，暴露自己思想上的一切缺点和错误进行毫无情面的斗争，对于自己的一切错误思想观点毫不隐瞒的挖出来，请大家进行批评帮助。对党忠诚老实，随时要求党对自己进行一切批评和考验。同时我希望党对我多帮助，提高阶级觉悟，认清敌我，我决不因没被批准而不想革命，不为党和人民工作了，还是决心好好地学习毛泽东思想，积极进行改造，更进一步对自己严格要求，处处起模范带头作用，用共产党员的标准要求自己。坚决服从党的一切纲领，遵守党的一切组织纪律，对自己进行改造，我是个共青团员，决心在社会主义革命和社会主义建设当中起一个先进组织的作用，对自己用党的标准和接班人的条件来对自己进行恒量，加强改造创造条件，争取加入自己的光荣组织——中国共产党。

  另外在现在将来不管组织批准不批准，一定要有革命精神，战斗的姿态对待自己的一切工作，响应党的一切号召，做到党叫干啥就干啥的革命思想，积极参加党号召的一切运动，时时处处都要牢记四个念念不忘（念念不忘阶级斗争、念念不忘突出政治、念念不忘阶级专政、念念不忘高举毛泽东伟大红旗），用接班人的五个条件要求自己，处处按照接班人的五条标准进行办事。努力学习毛泽东思想，掌握毛泽东思想，把毛泽东思想当作我一切工作运动的指南，严格履行毛主席给我们指出的道路前进。时刻不忘阶级斗争，提高警惕，防止敌人破坏我国的社会主义建设，时刻准备为保卫人民财产，保卫毛主席，保卫我国领土的完整，保卫世界人民的和平，保卫世界人民的幸福而献出生命，时刻准备为支援世界人民的解放斗争，反帝反修的斗争而把我的生命贡献给世界人民。以上我所说的都是用笔写的理论问题，我一定照着办，坚决做到"言行一致，表里如一"，请党对我的行动进行观察吧，我坚决要做一个坚强的革命派，做一个毛泽东思想武装起来的红色革命接班人。

我现在了解我主要的社会关系是舅家，贫农成分，小舅是党员，生产队长，小舅母是队员，在运动中还不了解他们有没有问题，大舅在家劳动，还有几个姨娘，都是贫农家庭。现在我的情况已切实报告了，现在请党对我的情况进行一切审查，如果情况不真实，请党对我进行任何处分都行，我绝没有怨言，虚心听党的一切指导。

亲爱的党，我这次申请要求党进行审查，结合我的行动，如果条件成熟，请党批准我加入最伟大、最光荣、最正确的组织——中国共产党，如果不够条件，我请党对我进行更严重的考验，进行更好帮助，加强对我的改造，将成为一个更好地、更坚强、更坚决地，并且有毛泽东思想武装的优秀党员。此致

敬礼

呈四清工作队党支部

申请人：陈守全

66.7.24

这份3600余字的入党申请书，不用说更多年后，就是今天，也彰显

了它的价值。我们分明读出了孕育它的那个时代政治、文化、思想以及人文风貌独有的特性。

为了保持申请书的原汁原味，誊正时，内容上没有做任何修改，文字上也没做任何订正。保持申请书的原貌，就是把书写申请书的人，从历史的过去真实地还原到今天的现实中，这不是更具体，更生动，更形象吗？这或许是传记文学所要遵循的创作原则吧。

十三 实习期间的尴尬事

陈守全他们这一届的三个高中班学制是两年，第一学年已经胜利结束，欢声笑语中又迎来了第二学年。按照教学计划，第二学年的11月份开始实习。西医班和中医班，一共100名同学分别安排在县内各个乡镇的卫生院实习。陈守全和同班的杨恒城、刘连娣、章子敏、张盛学、赵文邦、马明印等11名男同学，组成一个实习小组，被分在安阳镇卫生院，陈守全任组长。

11名同学，怀揣着各自的梦想、憧憬和期盼，庄重得有些拘谨，鱼贯走进安阳镇卫生院肖院长的办公室。肖院长一抬头，一群毛头小伙齐刷刷站在眼前，他立即想起几天前，县卫生局局长老红军丁在贞给他打的一个电话："卫校有十来个学生要来你们卫生院实习，到时候你具体安排一下。"

担任实习组长的陈守全，机灵地拿出学校的介绍信，递给院长，说："这是我们的介绍信，请您过目。"

肖院长接过介绍信，按照介绍信上名字的先后，笑眯眯地问："你叫陈守全？"

第一章　西出杨溪踏歌来

陈守全回答："是，我叫陈守全。"接着他给院长一一介绍其他同学："他叫杨恒城，他叫刘连娣，他叫章子敏、他叫……"

肖院长高兴而谦虚地说："欢迎你们来我院实习，不过，我院条件不太好，需要你们包涵。"接着就带11名同学去了住处。

肖院长在接到丁在贞局长的电话后，有点犯愁，卫生院的宿舍本来就紧张，如今一声吆喝又要来十多个实习生，让他们住哪里呢？肖院长就求助与卫生院只一院之隔的供销社，请他们帮忙，供销社满口应承，肖院长这才松了一口气。此刻，他高高兴兴地领着11名实习生往供销社走。

第二天，11名同学就被分配在内科、外科、中医、针灸、妇产科等科室上班实习。11名学生在这些科室里实习，一个星期轮换一次。

轮到陈守全去妇产科实习了。陈守全身穿白大褂，头戴白帽子，俨然一个意气风发忠于职守的专业大夫，胸有成竹地等待着就诊的患者。

一个农民模样二十四五岁的年轻人走了进来，后面跟着一个腆着大肚子的年轻妇女，两个人手牵手。不用说，这是一对年轻夫妻。孕妇哈着腰，右手使劲按住腹部，可能有些疼痛，迫不及待地在靠墙的一条长条椅子上坐了下来，不时地呻吟着。丈夫走到陈守全跟前，语气有些急促地问："请问，妇产科的大夫呢？"

陈守全心里说，"这间屋的门框上挂着妇产科的牌子，我坐在这里，不就是妇产科的大夫吗？"陈守全笑眯眯地说："我就是妇产科的大夫。"

只见年轻男子张着大嘴，瞪着大眼睛，好像见到了大怪物，木呆呆地盯着陈守全，惶恐不安的眼神里，飞出一个个问号："你不是一个大男人吗？""而且还是一个嘴上尚未长毛的男人，你怎么会是妇产科的大夫呢？""你可不要吓唬我！"

机灵的陈守全当然读懂了这位年轻男子眼神里的意思，平静而耐心地对年轻男子说："我确实是这里的妇产科大夫，我不会骗你。这位女同志是你的爱人吧，是不是已过了预产期呢？看她的样子，好像快生了呢！"说着就走近坐在长条椅子上的孕妇，一面用手想去搀扶她，一面对她说："来，到里屋床上做一下产前检查。"

年轻男子赶紧上去挡住陈守全，护住自己的妻子，大声说："不！我们去县人民医院，不在这里检查了。"

陈守全急了，说："这里去县人民医院有十多里路，又没有车，走着去，有危险的。"

正说着，卫生院里妇产科女大夫徐大夫来了。她弄清楚了年轻男子思想上存在着旧观念、旧意识，不想要男医生给妻子做产前检查，便对他进行耐心的说服教育。徐医生告诉他，许多医院的妇产科主任都是男的。她还举例说，当年延安中央医院妇产科主任就是一位男医生，叫作金茂岳，他接生了3000多个孩子。

徐大夫指着陈守全对年轻男子说："我们这位年青的妇产科大夫，还是一名共产党员呢，你尽管放心吧！"

经徐大夫这么一解释，年轻男子紧绷着的神经松弛了，同意陈守全给他的妻子做产前检查，徐大夫在一旁指导。

第二天，这位孕妇顺产了一个男婴，陈守全接的生，徐大夫是助产士，当然，她首先是一位指导老师。徐大夫给年轻男子报喜，恭喜他做了爸爸，得了个胖小子。年轻男子欢天喜地，不停对陈守全表示感谢。

陈守全轮到去针灸科实习，他有些得意，针灸是他的强项。班上的同学在操作针灸的时候，大多胆小害怕不敢下手，动作迟疑缓慢，结果患者不仅不易产生温热、麻木、蚁爬的灸感，反而会有疼痛难忍的感觉。陈守全呢，手捏银针，看准穴位，稳定而恰到好处地一使劲，银针就一步到位，陈守全再缓缓地旋转两三下，患者短时间内就会产生良好灸感。陈守全的针灸技术让安阳卫生院的大夫们都备感惊讶，啧啧称赞。

第一章 西出杨溪踏歌来

陈守全是刚来卫生院的实习生，外人对他的针灸技术知之甚少。这天，来了一位40多岁的妇女，称腰痛难受，主治大夫建议她先针灸试试看。她没有针灸的经历，没有见过针灸的针，原来这针这么长呀，她一看，吓得脸都变色了。而且给她扎针的是一个看起来不到20岁的年轻人，她心里更加没底。常言道"老中医，少裁缝"，一般中医大夫年龄越大医术越高明，这个学生娃，怕不会有高明的医术。陈守全看她神情紧张，就说："你是不是看见这么长的针有点害怕呀？别看针这么长，扎进去并不痛，真的，一点也不痛。你瞧，我扎给你看。"说罢，撸起自己的裤腿，一针扎在膝盖部位。患者被吓得"啊"的一声，闭着眼睛，不敢看。却又恰恰是这一针，把她给征服了，乖乖地躺在针灸床上，接受陈守全的针灸治疗。

实习的生活丰富多彩，既有收获工作的成就感，又有从指导老师那里获取知识的满足和喜悦，还有青春年少稚气未脱的天真烂漫。下了班，吃过晚饭，11个同学，三五成群，从安阳镇街头溜达到街尾，谈实习的体会，谈今后的打算。谈着谈着，就嬉闹起来，我在你背上插一根枯草，你在我头上撒一撮纸屑……

真快！4个月的实习时间，一眨眼就过去了。

安阳镇卫生院有意留下陈守全。卫生院有三名共产党员，把陈守全留下来，多了一名党员，更能壮大卫生院的党员队伍；另外，陈守全的针灸技术再深造一下，将来也许能提升卫生院的声誉。对此，陈守全深深地表示感谢，说："等毕业分配，我再回来。"

实习结束，1967年3月，陈守全回到学校。

3月，正是姹紫嫣红、鸟语花香的阳春季节。然而，郧县卫校的校园里却是一派肃杀、满眼落寞，没有了琅琅的读书声，没有了欢乐的脚步声，没有了叽叽喳喳的吵闹声，教室里的课桌椅横七竖八，窗户和门框上挂满了蜘蛛网……

此时许多工厂已处于停产或半停产状态，许多学校的教学楼里空空如也，停止了上课。

经过一番周折，陈守全他们这一届中医和西医两个班100名同学，有12名留在卫生局，被分到了各乡镇卫生院，4名分在郧县造纸厂，陈守全等33名男同学，5名女同学，共38人分配到郧县风动工具厂。

第二章 青春舞靓莫家沟

（1967—1986年）

十四 二汽落户十堰

细心的读者不难发现，上一节的内容里隐含着一个话题：郧县要建五个工厂。这是1967年国家一机部对郧阳地区辖下的郧县下达的指令性建设任务。

五家工厂包括郧县风动工具厂、郧县造纸厂、郧县小五金厂、郧县水泥厂和郧县家具厂，其中投资规模最大的是郧县风动工具厂。

一机部为什么在这个时候，给地处鄂西北山区、国家级贫困县郧县下达如此任务，一下子建五个工厂呢？这与二汽（现名东风汽车公司）落户十堰有着直接的因果关系。

二汽建设经历了"两下三上"。

第二汽车制造厂，也称"二汽"，我们先来回顾一下历史，建设二汽是怎么提出来的。

1950年2月，毛主席访问苏联，就苏联对中国社会主义建设的援助与斯大林进行会谈。会谈中谈到建汽车厂，中方表示先建一个，再考虑建设第二汽车制造厂。

1952年11月，由中财部、计委组织了一个代表团，周总理带队，（成员有李富春、宋劭文、沈鸿，陈祖涛当翻译）去莫斯科谈判关于苏联援助中国建设由141个项目增加到156个项目的事宜以及一汽几年建成的问题，谈判中，沈鸿提出来建二汽。

1953年2月，开始二汽的筹建工作。

一汽建在长春，中央决定二汽建在中南区。1954年4月，正式成立了建设二汽的筹备处领导班子，时任湖北省委第一副书记的刘西尧调任筹备处主任。二汽建设第一次上马。

二汽在武汉选厂址，先后选在汉阳、青山、关山，最后确定在东湖的水果湖。据说定在这里还有个由头，当年施洋、林祥谦是在这个地方英勇就义的，为了纪念这两位烈士，在这里建了一座小石庙，叫答王庙，在这里建设二汽，也算是对施洋、林祥谦两位烈士的敬重。

厂址确定后，苏联专家提出，武汉有个长江大桥，遇有战争比较危险，汽车厂也容易受到袭击。国家对这个意见很重视，于是厂址的选择，由湖北武汉转移到了四川成都、德阳一带。

1956年7月和8月间，经济建设投资过大，石油紧缺，好多项目都下马了，厂址都没有最后确定的二汽，也在其列。

1958年6月和7月间，又提出二汽上马。这年秋天，援朝的志愿军要回国，考虑部队的安排问题，准备调一个师去湖南建设二汽。有关部门就指派陈祖涛带人到湖南选厂址。因为决定建在湖南，是毛主席的故乡，所以取名毛泽东汽车厂。

厂址选在离长沙30多公里的椰梨，经考虑，不够理想，在长沙近郊选址，没有选到合适的地方。又到常德选址，因不通铁路，放弃了。之后又到岳阳、湘阴选址。选来选去，到1959年，一机部和农机部分开，二汽选址工作也就停下。二汽建设于1958年7月第二次上马，到1959年上半年下马，不到一年。

1964年，又提出建二汽。这是二汽的第三次上马。沿着第二次上马的方案，依然在湖南选厂址。这时，国家要建设川汉铁路，从武汉经湖南到四川，二汽厂址准备沿川汉铁路选，于是就决定在湖南沅江地区选。

1965年11月，国家改变了建设川汉铁路的走向，不经湖南，而是直接从湖北入川，名称改为襄渝铁路。没有了经过湖南的川汉铁路，二汽在湖南选厂址的方案也就放弃了，改为沿着襄渝铁路选，于是，选厂址的队伍到了湖北。1966年3月，选厂址小组进驻当时由丹江口市管辖的老营（现在叫武当山镇）。

老营会议决定了二汽与十堰结缘。

沿着襄渝铁路选厂址，迢迢数千公里，具体选在哪一路段？

在负责人饶斌的主持下，经初步踏勘，确定在十堰至安康一带选址，又经过反复踏勘比较，范围再次缩小，在十堰到将军河86公里的范围内选厂址。

长达86公里、带状的地形，并且山沟一个接一个，在这样一个范围内选厂址，可以设计出各有千秋的方案。

有的方案是把主机厂布置在堵河以西。堵河以西，山高沟狭，虽然隐蔽条件较好，但平地少，如陈庄、小河，只是山冲，地形狭长，没有开阔地，布置厂房困难。再说，山陡沟长，平时干旱，雨季水患成灾，沟口两岸陡峭，公路都难以修筑，何以建厂房？可是持这种方案的人，总是用"山、散、隐"作为理由，寸步不让。还有人以"五七指示"为依据，提出工厂建设农村化，把厂房化小，厂房面积不要超过2000平方米。二汽100多万平方米的厂房，就要设置1000个建筑物！这将需要一个

65

多么大的厂区呀！又要增加多少投资呀！有的方案，居然让车身厂、车架厂、总装厂分开建设，不连在一起。有人甚至提出，十堰缺少金木水火土，不宜建厂，坚持要求把厂址定在谷城、安康或庙滩一带。

林林总总，加起来有24个方案，这24个方案，以堵河为分界线，分为两个方案，即"东方案"和"西方案"。两种方案各有各的理由，谁也说服不了谁，这就是多年以后还为人们津津乐道的"东西方案"之争。

"东西方案"之争，传到了一机部。

按照一机部部长段君毅的指示，10月份在老营召开设计方案审查现场会，这就是老营厂址方案会议（简称老营会议）。参加会议的有国家计委、一机部、汽车局、省计委、省建委、郧阳地区、均县的相关领导，以及全国支援二汽建设所属单位的领导机关代表，全国17个设计院的领导和工程技术人员。

会议期间，与会者对各方案提出来要建厂房的区域，进行了历时两个星期的踏勘。

会议从10月7日开到26日，为期20天。经过大会、小会的反复分析、比较，大家一致认为东方案优于西方案，具体地段定为东不出六里坪，西不过堵河，北不过东沟。

在确定东方案后，又对东方案的几个子方案进行比较，最后把厂址确定在从白浪到花果，沿着老白公路25公里的范围内（这是现今十堰市城区的基本范围）。

从1953年算起，经过14年的周折，二汽总算选定厂址，落户十堰。

老营会议讨论出来的方案，经党中央和国务院批准，二汽厂址确定在十堰。二汽建设筹备处于1966年11月15日，从老营搬到十堰。

筹备处在十堰正式挂牌办公，那时的组织机构对外名称是东风机械厂筹备处。

第二章 青春舞靓莫家沟

十堰深藏在秦巴山脉的莽莽群山之中,一个现代化的大工厂投身荒山野岭中,这是贯彻落实三线建设战略决策的具体选择。

从1964年开始,我国在中西部的十三个省、自治区进行了一场以战备为指导思想的大规模国防、科技、工业和交通基本设施建设,称为三线建设。这一决策有它的由来。1964年8月17日,毛泽东在中央书记处会议上指出,要准备帝国主义可能发动侵略战争。现在工厂都集中在大城市和沿海地区,不利于备战。会议确定了建设三线的战略决策。

所谓"三线",就是由沿海、边疆地区向内地收缩,划分出三道线。一线指位于沿海和边疆的前线地区。三线指甘肃乌鞘岭以东、京广铁路以西、山西雁门关以南、广东韶关以北。三线位于我国腹地,离海岸线最近的在700公里以上,距西面国土边界上千公里,加之四面分别有青藏高原、云贵高原、太行山、大别山、贺兰山、吕梁山等天然屏障,在准备打仗的特定形势下,是较理想的战略后方,它包括四川、贵州、云南、陕西、甘肃、宁夏、青海等西部省区及山西、河南、湖南、湖北、广东、广西等省区的后方地区。二线指介于一线和三线之间的中间地带。

根据三线的划分,地处鄂豫陕交界地带有秦头楚尾之称的十堰属于三线,所以说二汽选在十堰正是三线建设的选择。

一个当时计划年产10万辆汽车的现代化工厂,建在一个只有手工业没有现代工业,连农业也极其落后的苍莽山区,即使在和平环境中,生产和生活也会出现许多不便,所以,必须要就地建设一批配套的工厂。

于是,便有了1967年一机部责成郧县建设五个工厂的指令。风动工具厂于当年3月成立了筹备委员会,开始筹建。

之所以在这里大篇幅地介绍二汽建设的前前后后,又述及三线建设,除了旨在把郧县建设五个工厂的大背景交代清楚,也是想传递一个概念——机遇是由很多因素巧妙组合而成。从这点出发，我们就不难认识到，一个人生活轨迹的确定，存在着许许多多不以个人意志为转移的客观因素。陈守全卫校毕业后，分到郧县风动工具厂不就是一个鲜活的事例吗？

十五　莫家沟的福分

　　郧县风动工具厂厂址的选择，同二汽选厂址一样，曲曲折折，来来回回。当然范围没有二汽那么辽阔，二汽是在全国选，风动工具厂是在郧县境内选。

　　1968年3月，由曾光全、刘尊庆、陈士达、王永胜、詹健等人组成厂址勘察小分队。大家一致认为，郧县东郊地势平坦，人口稠密，是建厂的好地方。但省厅不同意，指示要建在江南（郧县东郊在长江北）。这个指示有它的正确性。因为二汽在江南，与之配套的风动工具厂建在江南，就不会与二汽隔河相望。俗话说"隔河千里"，风动工具厂建在江北的话，将来与二汽联系不方便。小分队跋山涉水，爬坡越岭，走柳陂、跑黄龙、奔茶店，经过反复论证，将厂址选在蓝家沟。但这个方案依然没有获得批准。理由是，蓝家沟过于狭窄，没有发展前途。从备战备荒为人民的角度来说，一旦战争打起来，沈阳风动工具厂要撤退到蓝家沟，沟小无法容纳。

　　小分队只好继续选厂址，七选八选，最后，莫家沟中标。

　　莫家沟，三面环山，一面濒水，这水就是流淌了几千年的汉江。莫家沟在江南，距汉江只有3公里，江北就是郧县城关。按理说，离城这么近，离水这么近，应该是个好地方，居住的人家肯定少不了。是的，俗话说"近水好为渔,近城好为商"。但实际上,莫家沟在中华人民共和国成立前根本就无人居住。莫家沟的含义不是"莫姓人家之沟",而是"莫在这里安家落户之沟"。因为,每遇大雨倾盆,江水暴涨,轮渡停运,莫家沟背靠大山无退路,前面的水上交通被阻隔,莫家沟便成了与外界切断联系的孤僻之乡。更让人望而生畏的是这里的地质构成,专业术语叫作"砂卵石层",石顽土硬,砂卵石层积不住水,阳坡上长的茅草,牛羊不食,阴坡上长的蕨菜,猪亦不啃,植被中最高大的要数浑身是刺的刺槐,但也不过一人来高。莫家沟不宜居住,成了个荒山秃岭之沟。人不能居住,倒是野狼成群,盗匪云集。

莫家沟周边的村庄,还流传着关于莫家沟的一些传说。一天夜里,有人从莫家沟一座山头上路过,看到一阵阵旋风从沟底忽地腾起,卷起一道弯弯扭扭的金光,撒向夜空,刹那间,又收回到沟底。此人吓得倒退三步,再定眼一瞧,发现沟的深处闪烁着金碧辉煌的亮光,壮着胆儿往里探索,居然发现了一座金矿。消息不胫而走,传遍山山岭岭,人们从四面八方涌进莫家沟挖掘金矿。挖呀挖,金矿没有挖着,挖出来的是一座座坟冢和一堆堆白骨,吓得挖金矿的人落荒而逃。

一个无人居住、布满坟冢的荒野山沟,无疑藏着几分深邃、几分神秘,人们对它也就充满了好奇与想象,所以有人编出故事,也就不足为怪。而这个故事,更说明人们视莫家沟为魍魉之地。

想不到,一座现代化的工厂,即将在这里拔地而起!

从打下第一个水准桩开始,风动工具厂就准备陆续招工人。郧县人朝思暮想自己能成为风动工具厂的一员,尤其青年人更是梦寐以求。要知道风动工具厂是一家地方国营厂,进国营厂当工人在那时可是无限荣光,不仅能给家庭带来荣耀,而且能实实在在改变家庭的命运。

陈守全等38人,被分配进了国营厂,能不喜笑颜开,心满意足吗?

十六　建厂初期的日子

陈守全等38名学生分配到风动工具厂之前，工厂里的干部工人加在一起只有20多人，现在一下子增加了38个人，厂领导格外高兴。队伍扩大了，力量增强了，但也感到压力增大了，一下子增加这么多人，生活安排成了一个大难题。

首先是住。陈守全他们来报到的时候，风动工具厂只有一个干打垒的二层小楼房，那是办公室，宿舍全是芦席棚。

好在陈守全等人不是同一天来报到，而是陆陆续续来的，这样就给搭建芦席棚留下了充分的时间。今天来5个，搭建一个芦席棚，明天来5个，再搭建一个芦席棚。

住的问题解决了，吃呢？有一份材料记录当时风动工具厂的食宿状况：建厂初期，条件十分艰苦，住的工棚，冬天像个大冰窖，冻得人瑟瑟发抖，就在棚顶上铺上厚厚的草，夏天像个大蒸笼，烤得人喘不过气来，就在棚顶上不断地泼水。吃的是苞谷，菜蔬主要是红薯叶和咸菜，能有萝卜白菜就是打牙祭，这萝卜白菜是从十多里的地方买回来的，每人每月四两油。几个小伙子熬不住了，相约上山狩猎，居然打了几只野狼，大家美餐了一顿。

俗话说"人是铁，饭是钢"，伙食差，每天的劳动强度却大。

在山沟里建厂，山是最大的障碍。要把厂建好，就要把山搬开，谈何容易！没有开凿机，没有推土机，打眼放炮，全凭钢钎铁锤。没有道路，没有汽车，运石运砂运各种材料，就用板车拉，用肩膀挑。干完一天的活，浑身就像散了架一样，酸疼酸疼的，躺下就不想坐，坐下就不想站起来。

刚刚走出校门，还不到20岁的姑娘小伙能吃得消，能挺得住吗？厂领导们免不了有些担心。

这种担心还真的不是杞人忧天，卫校分来的学生，就出现了思想波动。有人说："我们太天真了，原来想着分到国有工厂最幸运，现在看来根本不是这么回事。"有人说："还不如分到乡镇卫生院呢，穿着白大褂，干干净净，轻轻松松，多舒服呀！现在倒好，累死累活，脏兮兮的，搞得灰头土脑，生活还这么差！"有人甚至打起退堂鼓。

当然，所有的怨言牢骚，都是私下的，要庆幸的是没有人告密。

这种情况下，陈守全还是像大哥哥一样，安抚大家，鼓励大家，工余时间，围坐在芦席棚里，他就给大家讲起了故事。

"从前有一只母羊，生了三只小羊，母羊看着三只小羊长大了，就要它们各自盖座房子独立生活。老大好吃懒做，不想吃苦，随随便便盖了个草房；老二稍微强一点，盖了个木板房……"

"老三最能吃苦，盖了个水泥砖房。"有人抢过陈守全的话茬。

又有人说："陈守全，你把三只小猪改成三只小羊，你擅自篡改人家的作品，该当何罪！"

陈守全嬉笑说："猪，多难听，蠢猪蠢猪，羊，多可爱呀，咩咩地叫，像唱歌一样。以后呀，我们就把三只小猪的故事改成三只小羊的故事。"

不管是三只小猪还是三只小羊，故事结束之后，陈守全半真半假发起了议论："古话说得好，要想过上幸福生活，'必先苦其心志，劳其筋骨，饿其体肤，空乏其身，行拂乱其所为，所以动心忍性，曾益其所不能。'万事开头难，风动工具厂现在处于创业阶段，当然是艰苦的。等到厂房盖起来了，机器买回来了，进行正式生产了，我们的生活就有声有色了。我们今天吃苦，是为了明天的甜。让我们盼望明天吧！"

"陈守全是一个理想主义者。"

"不，陈守全是一个演说家。"

"不，陈守全是一个政治家。"

......

一场嘻嘻哈哈，倒也消解了不少大家身心上的疲劳。

第二天，大家照样吃着苞谷，照样开山放炮。

十七　奉命回厂

为了让新招收来的工人尽快真正认识了解工厂，具有一定的工业知识，掌握一定的工业生产技能，厂里派人去沈阳风动工具厂、天水风动工具厂、武汉重型机器厂联系培训事宜。从1968年开始，陈守全被分去武汉重型机器厂培训。

1969年8月的一天，一纸电报意外地落到陈守全手里："速回厂，另有要务。"

这是一份炙手可热的电报。"另有要务"，就是说厂里另外有很重要的任务让陈守全承担。陈守全喜上眉梢，又不免左思右想："这说明厂领导要重用我。能得到领导的重用，这是一件无限荣光的事情呀！厂领导为什么会重用我呢？我又没有做出什么突出的成绩，又没有什么突出的表现。再说了，厂里现在主要是在搞基建，有什么重要的事情，重要的任务呢？怎么就非得要我回去不可呢？厂里还有不少人嘛。"陈守全的心情变得复杂起来，他无法知道厂里到底有什么事，他也无法知道厂里为什么叫他回去。

他自己问自己："不会是渑池会吧！"这种疑窦，来自他一直为一件事情忐忑不安和忧心忡忡。就是上次王桂玲被奚落骚扰后，他叫了几个伙计把那个奚落骚扰王桂玲的家伙狠狠地教训了一顿。他觉得这件事

第二章 青春舞靓莫家沟

做得有点鲁莽，尤其自己作为带队的，更不应该亲自参与，只怪自己太不冷静，太血性，太感情用事，太个人意气了。为这件事，他常常自责，懊悔不已，而且常常告诫自己："以后做事情要镇静，要有运筹帷幄决战千里的大将风度。"

"那么，是不是有人秘密写信给厂里的领导，告我的状呢？厂里的领导怕我在这里再惹出大事来，觉得我不适合在这里带队，才把我急急地召回去呢？"想到这里，陈守全不禁一阵心惊。"是祸，逃不脱，是福，推不掉，凶多吉少也罢，吉多凶少也好，厂里既然召我回去，我也不能不回去。"

第二天，陈守全就登上了由武汉开往襄樊的列车。

回到厂里，才明白了事情的原委。

这里需要把话题拉远一点。1968年底，国务院责成武汉军区组成二汽建设总指挥部，武汉军区副司令员孔庆德成了常驻二汽的军代表负责人。郧县风动工具厂是二汽的配套厂，孔庆德对风动工具厂自然也给予了一定的关注。这天他来到郧县风动工具厂，一方面视察厂里的情况，也好心中有数；另一方面，他此行的主要目的，就是交给风动工具厂一项紧急任务：到明年，即1970年的10月1日前，完成三台凿岩机的生产任务。

当时的风动工具厂，既无厂房又无设备，既无资金又无技术。不用说生产凿岩机这样技术难度比较高的机器，就是生产比凿岩机技术难度低得多的机器，也是心有余而力不足。可是这凿岩机是孔庆德副司令员亲自交给风动工具厂的任务，而且，孔副司令员还反复交代，必须完成。那么，即使是上刀山，下火海，也不能说这个任务完不成。何况那时的政治气候和今天不能同日而语，谁敢对上级布置下来的任务说半个不字呢？

任务接受了，承诺也许下了，立下了军令状，到时候是绝对不能交白卷的。怎么办呢？厂领导班子研究讨论决定成立一个"凿岩机攻关小组"。这攻关小组成员的确定，颇费了一番周章。首先，组长人选就是一个大难题。有人说张三合适，有人说李四比张三强，又有人说王五最适合。比较来，比较去，最后大家一致同意陈守全担任凿岩机攻关小组组长一职，副组长一职由元老詹健担任，他是从郧县工业局调到风动工具厂的。

为此，风动工具厂紧急把陈守全从武重召回。

这完全出乎陈守全的意料，一件从来没有想过的事，突然清清楚楚地摆在面前，而且是一件很体面、令人心花怒放的事情，这叫陈守全心里怎么能不甜甜蜜蜜呢？这种甜蜜是纯净的，不掺任何杂质的。但是想想厂里无厂房、无设备、无资金、无技术的现实状况，以及权衡自己在机械加工方面的技术能力，要完成这样的任务，比关公过五关斩六将还要难。陈守全犹豫了，想婉拒，但经过一番思想斗争，最终他还是决定担任凿岩机攻关小组的组长。

陈守全知道自己有几斤几两。且不说一个来自贫穷山区的娃子，没见过什么世面，只说卫校毕业，学的是医学方面的知识，与工业生产不搭边。分到风动工具厂当工人，而风动工具厂目前只是一个基建工地，只有挖土机、推土机、搅拌机，还见不到工业生产的模样，工人们还不懂得工业生产的概念。后来做"大六角"车工，去武重培训，陈守全才知道工厂是什么样子，这才懂得什么是车间，什么是卡尺，什么叫车铣刨磨，这才慢慢学会看图纸。可仅仅两三个月的时间，只是学到了一点皮毛。第二次去武重培训，陈守全又改成维修电工，远离了机加工的技术，复杂一点的图纸就看不懂。这样的技术水平，如何能组织凿岩机的生产呢？

好在副组长詹健懂得技术，他原是郧县工业局副局长、郧县机械厂

第二章　青春舞靓莫家沟

副厂长，这给陈守全壮了胆。当然，不是说有了副组长詹健作技术保障，组长陈守全就可以当甩手掌柜了。副组长是个内行，组长是外行，组长就更需要抓紧学习。陈守全首先细细研读凿岩机的加工图纸和装配图纸。这是一件很艰难的事情，大大小小的图纸摞起来有几尺高，很多复杂的图纸陈守全根本就看不懂。但陈守全硬是静静地坐下来，一点一点地啃，啃不动的就问，边看边学，边学边看，可真是"摸着石头过河"。当把所有的图纸读懂以后，陈守全长吁了一口气，心里也踏实了许多。

厂里没有设备，向上级请示汇报，写申请书，经过九曲十八弯，车铣刨磨一批机加设备运进了风动工具厂。

武汉大桥局下属一家机械厂，设备齐全，长江大桥建成后，这家机械厂慢慢地被弃用了，厂里的各类设备闲置得都锈迹斑斑，再闲置下去，将成为一堆废铁。那时，全国各单位都实行了军管，武汉大桥局这家机械厂也驻有武汉军区派去的军代表，这位军代表把大桥局机械厂闲置设备的情况反映给了副司令员孔庆德。这时，机械工业部副部长杨某某正在大桥局机械厂做现场办公，孔副司令就和杨某某联系，于是，大桥局机械厂闲置的设备就运进了郧县风动工具厂。

有了设备，没有原材料，还是没法加工。人的智慧有时是逼出来的，陈守全一拍脑袋，想出个点子。凿岩机上有小零件，有大部件，小零件的原材料好搞，可以自己加工，大部件的原材料不好搞，就到别处加工。到哪儿去加工呢？厂里不是有人分别在沈阳风动工具厂和天水风动工具厂培训吗？就把大部件的生产任务交给他们去完成。这个主意得到了厂领导班子的认可。陈守全就北上沈阳，西走天水，把任务布置到了这两个点上。两个点的培训人员真的如期交付了加工的大部件。

第一台凿岩机如期交货，郧县风动工具厂获得了表彰，陈守全在风动工具厂立了大功。

　　有道是论功行赏，陈守全立下了汗马功劳，应该得到嘉奖吧，至少，也应该在全厂大会上受到表扬。然而，等待陈守全的，并不是表扬，更不是奖励，那么，会是什么呢？

十八　离奇落难

　　1970年1月31日，中共中央发出《关于打击反革命破坏活动的指示》，这个《指示》是根据当时国内外形势提出的。2月5日，中共中央又发出《关于反对铺张浪费的通知》和《关于反对贪污盗窃、投机倒把的指示》两个文件。三个文件下达后，一个打击反革命破坏活动、反对贪污盗窃、反对投机倒把和反对铺张浪费的"一打三反"运动在全国展开了。

　　而陈守全，竟然成了"一打三反"运动的打击对象，真是有点匪夷所思。

　　大清早，陈守全起来小解，无意间看见干打垒房子外墙上贴着一条大字块的标语"打倒陈守全"，"陈守全"三个字还分别用红墨水打上了大大的叉叉（大字块标语，就是每一张对开或四开白纸上只写一个字，把字连起来读，成为一句话）。陈守全不禁打了个寒战："昨天晚上我睡觉的时候，没有看见这条标语，睡了一夜，这大清早起来一看，怎么就出现了这么一条标语呢？好吓人呀！要打倒我！这是谁跟我开这么大的玩笑呢？这种玩笑能开吗？这事关一个人的政治前途、政治生命啊。"陈守全怕把问题搞大，影响不好，意欲把这条大字块标语撕掉。走近前，还有大字报呢！题目是《把反革命分子陈守全揪出来》，洋洋洒洒总有两千余字，列出了诸如"反革命分子""反党反社会主义"等五大罪状。看来，这不是在开玩笑，陈守全张着嘴，瞪着眼睛，自己问自己："我陈守全怎么的啦？是反革命分子！？我怎么成了反革命分子呢？"。他不寒而栗，心里咚咚直跳，脑血管已经膨胀到了快要爆炸的程度。他揉揉惺忪的眼睛，心里骂道："为什么平白无故说我是反革命？你写大字报，为什么不敢署真名？你站出来，跟我面对面地论论理。"陈守全在愤怒中寻找自我安慰："管它呢，说我是反革命，我就是反革命呀？"陈守全慌慌走开，尽管他自己给自己壮胆，但从他软塌塌失去节奏的脚步声中，听得出他已经乱了方寸。

怎能不叫他方寸大乱呢？从岩岭村走出来，读中学，上卫校，当学生会主席和团委副书记，18岁成为中国共产党的预备党员，继而分到风动工具厂当工人，被选为革委会副主任，接着，被从武汉急召回厂任凿岩机攻关小组组长，一路走来，顺风顺水，风光无限。组织上器重，同事们羡慕，他正顺着这条向前延伸的康庄大道开创灿烂的未来。可现在呢？成了反革命分子，这360度的大逆转，让描绘在心中的美好蓝图，眨眼间灰飞烟灭。

陈守全独自爬上莫家沟后面的那座山，坐在一块石头上，静静地思考："我做了什么反党反社会主义的事呢？我为什么无缘无敌成了反革命分子呢？"不知坐了多久，也不知是什么时分了。当他走下山回到厂里。赫！大字块标语和大字报，已经贴满了所有房屋的墙壁，用一个词来形容，叫作铺天盖地。陈守全不敢抬头走路，而且不敢正眼看这一切。当他偶尔把视线向外扫描，发现从他身边走过的人，通通是用一种异样的目光警觉而神秘地瞟他一眼，然后快速地收回。没有一个人与他打招呼，所有的人形同陌路。陈守全感到了一种无形的强大的压力，一个巨大的紧箍，把他全身箍得没有一点透气的地方，他喘不过气了，他几乎绝望了。他想呼叫，他想呐喊："这是怎么啦？昨天我身上还是光芒四射，今天咋就成了魔鬼呢？"可是，他叫不出声，呐喊不起来。他唯一得到的就是歧视和精神折磨，而自己却束手无策，不知怎么应对……

羞辱不仅限于批斗会上。

批斗完了，"一打三反"领导小组的成员，勒令脖子上依然挂着牌子的陈守全，站在外面的水泥地上。

火辣的阳光，在头顶上炙烤着，四周的热气像蒸笼一样把陈守全裹挟着。陈守全浑身衣服已经全部湿透了，头发也像在水里泡过，脸上的汗直往下淌，脚下积蓄成了一个水氹。

汗水流进了陈守全的眼睛，他不敢擦，胸前背后的汗水，像无数条蚯蚓在爬行，他不敢用手去抓挠。他渴得口里快要冒烟了，他不敢说"我要喝水"，当然也没有人想到要问他"喝不喝水？"

吴士莲倒是想要给陈守全送上一杯水，但，她不敢。

吴士莲是谁？还记得吗？她就是在卫校读书的时候，对陈守全当选学生会主席和团委副书记给予极大关注的那位女同学。

陈守全与吴士莲的恋情已经在灿烂阳光下放射着夺目的异彩，让少男少女们艳羡不已。至于这个罗曼蒂克故事的发展过程，权且留作后话。

陈守全蒙难后，吴士莲表面上装着若无其事，但是心如刀绞，眼泪只能往肚里流。

在一次批斗会上，有人检举揭发：陈守全玩弄群众，欺骗群众，公开对抗"一打三反"运动，不要说对自己的反革命罪行有深刻认识，连丁点儿认识也没有；批斗会上他假惺惺地装老实，批斗会一结束，他就我行我素，原形毕露；每天吃完晚饭，就兴高采烈地与他的女朋友在一起，嘻嘻哈哈，有说有笑，完全是资产阶级那一套生活方式。检举揭发

第二章　青春舞靓莫家沟

之后，此人就领头喊起了口号……

一浪高过一浪的口号声，吓得吴士莲浑身哆嗦。她完全没有想到两个人在一起，会给陈守全加罪一条，"陈守全心情不好，我和他谈谈心，安慰安慰他，让他心放宽，为什么连这一点都不允许呢？不容许在一起，就不在一起好啦！"从此，她不再和陈守全约会。同在一个单位，两个人又免不了不期而遇，这时，两个人就装得像仇人一样，彼此身子一侧，脖子一拧，溜过去了。两个人心里苦，半天都缓不过来。

吴士莲是个格外机敏、格外本分的人。她能歌善舞，是厂文艺宣传队的成员，深得领导们的赏识。厂里小卖部，让她一个人打理，她也不辱使命，把小卖部打理得井井有条。

一天，陈守全在小卖部买了一支中华牙膏，刚走不一会，又来了一个人，要买中华牙膏。吴士莲说："中华牙膏没有了。"来人说："刚才还有人买了中华牙膏，怎么我来买就没有了呢？"吴士莲说："刚才陈守全的确买了一支中华牙膏，那是最后一支。"吴士莲又补充说："今天下午我要去进货，你明天来买吧。"来人不理不睬，悻悻地走了。

在第二天批斗陈守全的大会上，这个人重炮轰击：反革命分子陈守全，特别狡猾，与人狼狈为奸。厂里小卖部的好东西，都叫他买走了，别人想买也买不着。

吴士莲想哭，哭不出来，想笑，笑不出来。暗忖："这也成了一条罪呀？"

从此，陈守全再也不去小卖部买东西了，实在要买，就把钱交给好心人，请人代劳。

陈守全被困在谜团里："我为什么会掉入这次政治运动的泥淖中呢？假如我真的是反革命分子，那无话可说，然而批斗会上，所揭发出来的那些所谓反革命罪行，都是工作、生活上的一些琐事。我没有干过

79

什么有负于人的勾当,也没有什么不共戴天的仇人,那么,为什么会有人要这样做呢?"

陈守全当选为厂革委会副主任,尤其是当了凿岩机攻关小组组长后,不经意间,他也能感受来自某些人的嫉妒。

厂政工组组长、"一打三反"领导小组成员孙惕警,可以说是陈守全虎落平阳后的精神支柱。

孙惕警,当时二十七、八岁,是一位南下干部的儿子,他父亲时任郧西县委书记。孙惕警为人豪爽,正气浩然,做事胆大心细,陈守全原本和他只是工作关系,见面点点头,有时寒暄几句,没有什么私交。经过"一打三反",两人成了芝兰之交。

给陈守全扣上反革命帽子的第一张大字报贴出来之后,孙惕警就断定,这是有人要陷害陈守全。他知道陈守全和吴士莲的关系,所以,到小卖部买烟,顺便悄悄地对吴士莲说,大字报上所列举的五条罪状,没有一条可以立罪,都是些鸡毛蒜皮的事儿,叫陈守全挺住,不要怕。

后来事情的发展,大有要把陈守全打倒。孙警惕不愧是厂政工组组长、"一打三反"领导小组成员,他敏锐地觉察到,这场闹剧是个别居心不良的人导演出来的。孙惕警暗暗地观察动向,了解情况,种种迹象表明:厂革委会有个姓古的委员,觊觎革委会副主任这个香饽饽,想取陈守全而代之,于是暗暗地唆使几个人贴出大字报。

孙惕警想保护陈守全。几番批斗下来,进入自我检查阶段了。孙惕警为陈守全写了一份题为《解剖我的灵魂》的反省书,通过吴士莲,交给了陈守全。没想到,陈守全在批斗大会上读完后,不但没有获得通过,反而激起了一些人的强烈不满,说陈守全对自己的罪行根本没有认识。逼得孙惕警不得不精心修改反省书。第二次依然没有通过。孙惕警偷偷地把陈守全叫到一个隐蔽的地方,对陈守全说:"你在读的时候,不要那么满怀激情，高声大气，速度放缓慢一点，声音放低沉一点，带着一种伤悲、悔改的情感，甚至可以流出几滴眼泪。"第三次，陈守全按孙惕警所嘱一字一句慢慢地读下来，真的就通过了。

孙惕警之于陈守全的这种帮扶精神，应了《菜根谭》中的一句话"己之困辱宜忍，而人则不可忍"，将它翻译成白话，大概意思是"自己受到屈辱的时候，最好尽可能忍受；当别人遭受屈辱的时候，就应该挺身而出，设法帮助他清除消解屈辱"。孙惕警自己受没受到过屈辱，如果受到过忍没忍受住姑且不论；当陈守全遭受屈辱的时候，他确实做到了冲锋陷阵，使尽浑身解数，帮助陈守全清除消解屈辱。

《解剖我的灵魂》通过之后，令人窒息的批斗结束了，陈守全总算可以松一口气了。

至此，陈守全的名字，从凿岩机攻关小组的花名册中剔出，组长一职也就另易其人。陈守全被调到由机电、热处理、铸造合并为一个车间的机电班当电工，厂革命委员会副主任的职务，也不了了之。

陈守全的遭遇，在全国范围内来说，只不过是一朵小小浪花中的一滴小水珠。

十九　变压器上救险

由机电、热处理、铸造合并为一个车间的机电班，是维修钳工和维修电工合并在一起的一个班组。陈守全每天在这个班组里上班，心情自有几分郁闷、压抑，甚至感到空落落的。常言说，人往高处走，水往低处流，从厂部直接领导的与车间主任平级的凿岩机攻关小组组长到车间工人自然是有落差的，这个落差对陈守全打击之沉重，也是不言而喻的。而由此产生的骨牌效应，更加成倍地加重陈守全的心理负荷。人们用躲躲闪闪的眼光斜视着陈守全，这种眼光的背后，包藏着极其复杂的心理杂音："陈守全不是反革命吗？怎么放到我们机电班来了呢？应该发配到农场去劳动改造。"有的人则是同情和怜悯："陈守全好好的一个人才，眼看前途无量，眨眼工夫沦落到这等地步，真可惜。"

落井下石也好，幸灾乐祸也罢，陈守全不用说已经没有了回手之力，连招架之功也没有了，只能默默地承受，不予理睬。

在险恶的环境里，要发泄愤慨，要消解郁结在心中的孤独与无助，不同的人会采取不同的形式和手段。陈守全是通过全身心投入到工作中，以寻求慰藉，寻求快乐，寻求生活的本色。

除了有活抢着干、不怕脏、不怕累之外，常常是别人都下班了，他还在车间里转转，车间外溜溜，这里瞧瞧，那里瞅瞅，检查检查，看线路存不存在安全隐患。把安全事故消除在事故发生之前，这样才算是真正做到了安全生产。

这天，陈守全照例去检查车间外面的变压器。刚走出车间，就听到呼救声，陈守全循声望去，只见变压器旁站着一个小孩，小孩的一只手抓着电线——他已经触电了！危险！！陈守全吓出一身冷汗，他三步并作两步跑过去，飞身拽住小孩的裤腿，使劲往下拉。小孩掉下来，陈守全双手把小孩接住。还好，只是受了点轻伤，烧伤一只胳膊，没有酿成悲剧。

这个小孩是食堂炊事班班长范明星的3岁儿子范常学，小孩淘气，吃完饭一个人在外面玩耍，好奇心驱使他爬上变压器。至今，范常学的手上还留着一个疤痕。

当陈守全把范常学送回家的时候，范明星夫妇感激不尽。

如果陈守全破罐破摔，就不会在人们下班后，还留在车间检查线路；如果陈守全不是电工，不懂得在变压器上救险的技巧，他会与小孩一并触电,那后果是双双罹难;如果……

这许多"如果",通通被陈守全化解成值得钦佩的义举,一场足以让一个家庭崩溃的惨剧,变得有惊无险。

二十　红娘心理学

一个风轻云淡的日子,晚饭后,陈守全独自一人在郧县通往十堰的公路上散步。他心里想的全是关于凿岩机零部件的尺寸,以及生产、安装的过程。第一台凿岩机已经交付甲方使用,按说应该紧接着生产第二台。可是直到今天,原材料还没有着落。巧媳妇难为无米之炊,没有原材料,零件加工只能是纸上谈兵。再加上沈阳方面来函,说连杆的生产受阻。内外交困,第二台凿岩机的生产步履艰难。如何突破重围,克难攻坚,取得这场战役的胜利呢?陈守全感觉到了前所未有的压力。他低着头,缓慢地在公路边上挪动着脚步。那时郧十公路还是一条泥沙路,他下意识地用脚尖踢起路边一块小石子。前面一对年轻的夫妻也在散步,小石子飞到了女士的脚下。女士回头一看,惊异地喊起来:"是你呀,陈守全!"陈守全一抬头,啊,是厂里食堂的事务长陈良芬,便随声应道:"哎呀,陈姐,是你呀。"陈良芬比陈守全大七八岁,都姓陈,所以,陈守全就管陈良芬叫陈姐。

陈良芬和丈夫耳语了几句,丈夫独自步入公路边上的一条小路,陈良芬则迎着陈守全走了过来。

陈守全敏感地意识到,陈良芬找他有事要说。

陈良芬似乎不急着道出她的真实意图,她从凿岩机的生产进度问到陈守全父母的身体状况,又问陈守全当年为什么报考卫校。谈着谈着,话语一步步切入主题。

陈良芬装着突然想到的样子说:"对了,吴士莲也是卫校毕业的,那你和她不是同学吗?"

"对呀,是同学。"陈守全回答。

"你对她的印象怎么样?"陈良芬问。

陈守全摸了摸头,眯眯一笑。

"是不是挺好呀?"

"差不多吧!"陈守全脸上泛起了些许羞涩,他已经猜到了陈良芬的意图了。

"我给你介绍介绍,拉根线,怎么样?"

"介绍什么呢?"陈守全装糊涂。

"你要我说穿?好,就说穿。给你介绍吴士莲,做你的对象,你同不同意?"

"谁知她同不同意?"

"你甭管人家同不同意,你先回答我,你同不同意?"

陈守全吐出一串绕口令:"光我同意,她不同意,没有用;光她同意,我不同意,没有用可以变成有用;我同意,她也同意,才真正有用。"

"陈守全呀陈守全,你还有这两下子呀!我算认识你了。"陈良芬说,"那我回去问问吴士莲。"

当陈良芬征询吴士莲的意见时,吴士莲的回答与陈守全的回答,惊人地如出一辙:"光我同意有啥用呀!要看他同不同意。"

听话听音,锣鼓听声,听两个人的口气,是说只要对方同意我就同意,那好啦,就让他俩当面锣,对面鼓,彼此问个明白,问个清楚。

于是,在陈良芬的撮合下,陈守全和吴士莲第一次牵手,漫步在柔润的月色下,尽情地倾吐着心事。

第二章 青春舞靓莫家沟

陈良芬对自己第一次当红娘就大功告成很是欣慰。是呀，不少人想成人之美，给人介绍对象，介绍一个不成一个，介绍一个不成一个，陈良芬初次涉足红娘舞台，就旗开得胜，她手中是不是有定海神针呢？

陈良芬读的是幼儿师范，她获得成功的定海神针，是把儿童心理学转换成了红娘心理学。

陈良芬每次去小卖部买东西，和吴士莲闲聊时，吴士莲总喜欢聊她在卫校的那段生活，聊这段生活的时候，谈得最多的是陈守全。比如陈守全在同学们中如何有威信，老师们如何看重他，陈守全如何助人为乐，诸如此类。

有一次，吴士莲买了一件红褐色的确良衬衫，喜洋洋地穿给陈良芬看，问好不好看。陈良芬押押衣摆，拽拽衣襟，看看前面，看看后面，连连赞美："好看，好看，特别合身。"这时，正碰上陈守全路过，他搭一句话："这件衣服的颜色不适合你，你要穿乳白色。"第二天，吴士莲就真的又买了一件乳白色的衬衫。

吴士莲心中装着陈守全，她买第二件衬衫，分明是为了赢得陈守全的欣赏。

陈良芬无意中了解了吴士莲心中的秘密，同时也在无意中把握住了陈守全的心思。有一次，在食堂吃饭，陈良芬和她的丈夫在东头的一个饭桌上，不一会，陈守全加入这桌。陈良芬发现陈守全端着饭碗，往嘴里扒拉饭的时候，眼睛不看饭碗，而一直看着食堂西头。陈良芬跟着往西头一瞄，嗨，原来是吴士莲在西头的桌上吃饭。

"你吃饭也精神不集中，都把饭粒扒拉到地上了。"陈良芬本是一句玩笑，却把陈守全说得满脸通红，一支筷子还掉到了地上。

陈良芬对陈守全和吴士莲两个人做了比较，觉得两个人真是天造地设的一对。现在两个人都对对方有好感，而两个人又都没有恋爱对象，何不搭把手，把他俩牵在一起呢？

情节需要折返，回到陈守全在安阳镇卫生院实习的那段时光。

大清早起床后，陈守全到院内西边如厕，一只喜鹊从头顶飞过，落在一棵槐树上，对着陈守全喳喳喳地叫个不停。

真别说，这只喜鹊还"喳"来一个特大喜信：陈守全上午接到了一封信。

信封上的字迹太熟悉了！寄信地址是梅铺镇卫生院，陈守全把握十足地判定了这封信是谁寄来的。拆开一看，果真是她！

陈守全同学：

你好，见字如面。

你写给大伙的信接到了……

你的同学 吴士莲

一个班50多个人，朝夕在一起，"唰"地一下，各奔东西，你在这个卫生院，他在那个卫生院，彼此相隔几十里甚至上百里，陈守全一下子有点不适应，尤其是想起吴士莲这位女同学，心里更有一种无法填补的落寞。其实，他和吴士莲并不存在超出一般同学关系的特殊关系，甚至有时三五天都说不了一句话，尽管如此，陈守全还是喜欢天天能看到吴士莲的身影。

这是为什么，陈守全自己也说不清楚。现在，吴士莲在梅铺镇卫生院实习，陈守全在安阳镇卫生院实习，一个在县城西边，一个在县城东边，见不上面，陈守全就想着写封信给吴士莲。写着写着，手里的笔僵住了："吴士莲接到我的信会高兴吗？她看完信，会给我回信吗？她若是不高兴，不给我回信，我岂不是自讨没趣？更可怕的是，她若是为了抬高自己的身价,把事情抖搂出去,同学们知道了,就会耻笑我呀。"

怎么办?这信,是写,还是不写?写吧,怕引出笑话,留人话柄,不写吧,心里又痒痒的。

陈守全最终想出了一个高招:信要写,但不是写给吴士莲一个人的,而是写给在梅铺镇卫生院实习的6位同学,收信人就叫作"梅铺镇实习小组全体同学"。

说实话,信寄出去,陈守全没有指望有人给他回信,更没有想到吴士莲会回信。结果,吴士莲回信了!

其他5个同学都没有回信,只有吴士莲回了信,陈守全最希望达到的目的达到了,他被自己的高招陶醉了!

短短的两个月实习时间,陈守全和吴士莲就有四五次书信往来。同学们发现他们频繁的书来信往,都认为陈守全和吴士莲在谈恋爱。其实,在书信中,两个人都没有直接或间接表达过"我爱你"之类的意思,也没有或明或暗隐喻过"我们携手一生"之类的心迹。

实习结束,回到学校,陈守全和吴士莲依然保持实习前的关系,两个人从来没有出双入对过。

读初中时和张某某谈恋爱的那场传闻,在陈守全心里留下抹不去的阴影,他怕重蹈覆辙,所以不敢向吴士莲示意,这是其一。其二,他怕吴士莲拒绝,怕吴士莲拒绝后又把事情捅出去,把他搞得没面子。其三,自己的家庭状况不好,也让陈守全缺乏大胆往前走的底气,自信心不强。

吴士莲则有吴士莲的障碍。吴士莲是梅铺镇龙潭村人,她有一个哥哥,两个弟弟,一个妹妹。吴士莲还没有出生的时候,家里就找算命先生抽了一签:如果生个男娃,吉祥之星降至贵府,潭第多福;如果是个女娃子,那是一个灾星,祸害将至。后来真的生了个女娃,一落地,就被家人抛到了荒野的草丛里。吴士莲的母亲心痛自己的骨肉,第二天,她又把孩子抱回了家。这是荒唐的迷信思想造成的一段令人心酸的往事。在很长一段时间里，吴士莲困顿在由这件往事造成的自卑心理中。虽然，她明知"灾星说"荒诞无稽，但"灾星说"是由来已久的一种根深蒂固的观念，很难从人们的认识中彻底根除。比如，村里的人一方面对吴士莲死里逃生表示庆幸，另一方面又总觉得她身上有一股秽气，生怕给他们带来什么灾难，总是离她远远的。吴士莲就是在这样的环境中长大成人的，现在要是和陈守全谈恋爱，说出了这件事，他会不会同样嫌弃呢？因此，她不敢向陈守全表白。吴士莲的第二个障碍是，她比陈守全大3岁，习俗上女的比男的大，往往会成为人们议论的话题。另外，女孩在异性面前总要表现出矜持、自重、自尊。

还有一个重要的原因，但公布在这里，无助于故事的发展，留作下文交代。

两个人彼此爱恋着，又各自封闭着，那种情感上的冲撞，是自己折磨自己。如果最终没有哪一方能冲破自己设置的障碍，一场美好的罗曼蒂克，就只能永远埋藏在两个人的心底。

好在陈良芬洞察秋毫，在恰当的时刻，为两人搭起了鹊桥。一段姻缘，终成正果。

陈守全和吴士莲于1971年3月正式牵手，在莫家沟风动工具厂的礼堂里举行了结婚仪式。婚礼由厂革委会主任陈士达主持。

陈守全和吴士莲举行婚礼时没有摆酒席，只买了些烟和糖果，但这在当时来说算是颇具规模了，在厂里引起了轰动，因而创造了三个第一。厂里双职工结婚，这是第一对；厂里职工的婚礼在厂里举行，并由厂里的一把手主持婚礼，这是第一次；双方亲属都不在场，免除了三拜天地的礼仪，两个新人表演节目，吴士莲在前面跳，尽显才艺，观者不断喝彩，陈守全跟在后面，毫无节奏、动作僵硬地手舞足蹈，令大家捧腹大笑,这在风动工具厂开创了一代新风。

结婚第二年,俩人就有了爱情的结晶,是一个女孩。可惜的是,这孩子不到半岁就夭折了,最后也没有确诊是什么病症。

1973年农历十一月十七日第二胎出生,是个男孩,小名叫小龙。1980年上学的时候,陈守全给儿子取名陈敬平。这年,邓小平设计的改革开放的蓝图正在全国铺展,全国人民欢欣鼓舞。给儿子取名"敬平",不难看出陈守全对邓小平的敬爱之情。

1975年农历七月初七,正是牛郎织女相会的这一天,吴士莲又生了一个女孩,取名陈颖。

陈守全儿女双全。

到了白霜悄悄爬上鬓边的岁月,一次,陈守全与吴士莲手牵手在马路上散步,与蒋某某夫妇邂逅。这一邂逅,启开了尘封的记忆,让他们重新回到了浪漫而单纯的卫校学生时代。

一见面,蒋某某就当胸给陈守全一拳,说:"老陈,好啊,你不要,给我?"

陈守全懵怔了,问:"什么呀?你说的什么呀?"

蒋某某指着他的老婆谢某某说:"你要她说,全是她告诉我的,我说不清。"

在卫校读书的期间,谢某某对陈守全一片痴情,却没有一个圆满的结局。其实,谢某某有班花之誉,但以当时的评判标准看,她的出身不好。陈守全能够领悟到谢某某的心思,他几次想和谢某某约会,终究止步于谢某某的出身。现在已经是市里某局副局长的蒋某某,不知为什么,心血来潮,提起这件往事。现在都是过来人了,酸辣苦甜,都不在乎,更重要的是,同学们在一起,嘻嘻哈哈,回忆回忆过去的趣事,正可以放松放松神经。

吴士莲呢？她不仅知道谢某某曾追求过陈守全，还知道班里另外两个女同学也追求过陈守全。那年，冬天特别冷，雪下得很大很大，路上的积雪已经没过了脚踝。快过年了，放假在家的吴士莲，或许是离开了学校这个集体心里有些孤独，或许是对朝夕相处的同学有隐隐的牵挂，尤其是对陈守全的思念叫她茶饭不思。大年三十，她走出家门，冒着冷冽的寒风，顶着铺天盖地的大雪，直奔岩岭村。走进陈守全的家，陈守全感到很意外，又高兴得慌了手脚。看到吴士莲满身是雪，赶紧拿来毛巾……

年三十，家里来了客人，这是吉利之兆，又是女同学来找自己的儿子，陈守全的母亲喜上眉梢，笑得合不拢嘴，忙前忙后，又是沏茶，又是拿糖。中午，一家人美美地吃一顿团圆年饭，吴士莲成了座上宾。

吴士莲有个性，但，最终陈守全属于她，她成了陈守全的终身伴侣。

二十一　入党转正

陈守全是1966年9月21日在郧县卫校读书的时候被中国共产党接受为预备党员的，直到1971年9月10日，陈守全已经成为郧县风动工具厂的职工整整三年了，才递交入党转正申请书，时间跨越了五个年头。

我们来看看陈守全的这份入党转正申请书。

入党转正申请书

党支部：

我于66年9月21日成为伟大、光荣、正确的中国共产党预备党员至今，在党组织的积极帮助下，努力学习毛泽东思想，进行革命的觉悟有了很大提高，给了我一次极其深刻的思想和政治路线方面的教育，使我

第二章 青春舞靓莫家沟

真正地从思想上认识到伟大领袖毛主席领导的伟大、光荣、正确的中国共产党是无产阶级的政党,是全中国人民的唯一领导核心。只有把毛泽东思想作为思想灵魂,才能为解放全人类,为实现共产主义奋斗终生。为此,我真正从思想上愿意加入中国共产党,特此申请渴望转为正式党员。

大海航行靠舵手,干革命靠的是毛泽东思想。毛泽东思想是我们一切工作的最高指导思想。从三大革命运动的实践、阶级斗争风浪中更进一步证明紧跟毛主席就胜利,就前进,一旦违背毛主席教导就后退,就犯错误个真理。通过学习党章和毛主席的各项指示,回顾自己入党后就是如此,学习党的基本路线,党组织的热情帮助,总结出了几次挫折的深刻教训,关键就是对毛泽东思想的学习、理解、落实、紧跟不够,认识了,又有了反面教材,这次党对我极大地关怀和爱护,为报答党的恩情,我决心时刻用"五个五"严格要求自己,不断斗私批修,努力从思想上完完全全入党,跟党干一辈子革命,为共产主义事业奋斗终生。

这次申请若是党组织批准,这是党对我提出了更高的要求,是我继续革命的新起点,决心用共产党员先进分子"先进"二字严格要求,努力学习新党章,学习毛主席著作,做一个无限忠于毛主席的好党员,为共产主义事业英勇奋斗。

申请批不准,这说明自己思想革命化不够,存在着错误缺点,还应更进一步努力活学活用毛泽东思想,提高阶级斗争、路线斗争、继续革命的觉悟,接受党的严峻考验,积极创造条件,努力从思想上真正入党,不泄气、不气馁,继续前进,一直奋斗到共产主义。

申请人:陈守全
71.9.10

二十二　溜达溜达溜回了红薯

"一打三反"打得陈守全狼狈不堪。尽管组织上最后并没有认定陈守全反革命，与此相反，还批准了陈守全预备党员转正的申请，但陈守全心里总有一道深深的裂痕，有一种强烈的失落感，他觉得自己在政治前途方面很难再开创出一片光明的天地。然而，他才20多岁，不能就这样消沉下去，政治上不能有什么大的发展，就另辟蹊径，从技术上拼搏，实现自己的抱负。

于是，他埋头钻研技术书籍。《车工》《钳工》《机械制图》《电工学》……从基础学起，由浅入深，从易到难，从简单到复杂。每天下班回到家，哪儿也不去，窝在家里，认认真真地读书。

此刻，他正全神贯注，决意百厘清《电工学》里一个复杂的线路图。妻子吴士莲理解自己的丈夫，她知道丈夫受了委屈，心里憋着一口气。但整天憋在家里闷头看书，会憋出病来的，她轻声地对陈守全说："你整天整天坐在书桌前，对身体无益，也该到外面溜达溜达，散散心呀。"

陈守全顺从地合上书本，伸了个懒腰，离开书桌，走出了家门。

"一打三反"总是在纠缠他，陈守全一面溜达，一面思索："为什么人家没有受到冲击，我却被搞得这么惨呢？"他从自身寻找原因，倏忽之间，他似乎明白了许多。从考上中学以来，10年的生活道路，不论是在学校里，还是在工厂里，他都顺顺当当，几乎没有受到过什么挫折，自己确实有点春风得意，有点飘飘然翘尾巴。再加上工作方法简单粗暴，又总是自以为是，好大喜功，伤害了一些人的自尊心，伤害了一些人的感情，这些人平时不好当面说，窝在心里，趁着这次运动，爆发出来了。

吃一堑，长一智。以后不论做什么事，真要学会谦虚一点，谨慎一点。这么一想,陈守全心情好像轻松了许多。一抬头,他看见路旁偌大一片地里,散满了横七竖八的红薯杆,意味着红薯已经收获走了。陈守全就想起儿时溜红薯的事来。红薯收获完了,地里总还会掩埋着一些红薯,能把这些被掩埋的红薯翻出来,它们就属于你的了,这叫作溜红薯。现在,眼前这片红薯地,收获完了,那就可以溜红薯了。陈守全兴致勃勃地步入了这片红薯地蹲下,用一根小棍子扒拉了几下松软的土,就扒拉出了两个红薯。他兴致陡然升起,一点一点扒拉,一点一点地向红薯地深处推进,红薯越溜越多,衣服的口袋装不下了,他就把外裤脱下来,用野草扎住两个裤脚口,不一会儿,就溜了满满两裤腿红薯。

陈守全把装红薯的裤子搭在肩膀上,左边一腿,右边一腿,两手抱着裤腿,一颤一颤哼着歌儿回到家里。

妻子吴士莲好不兴奋呀,连蹦带跳地说:"叫你到外面去溜达溜达,你倒溜回来了红薯,你真行呀!妈,你快来看。"

陈守全的母亲抱着孙子,乐颠颠地出来了,看到陈守全溜回来这么多红薯,乐开了怀,笑得合不拢嘴。

吴士莲生了小孩之后,因为两口子都要上班,没有时间照看小孩,所以,陈守全就把母亲接来了。

那时整个社会生活水平都很低,风动工具厂条件更差,家属宿舍只有三栋平房,一家只能分到一间,不足20平方米。陈守全结婚后,分得一间,刚开始,两口子住,还怪美的,生了小孩,母亲来了,就拥挤了。陈守全用木板子把房间从中间隔开,变成了两间房,陈守全两口子住里面一间,外面一间母亲带着孙子住,兼做厨房。

房间拥挤压抑,生活也极其清苦。每人每月的工资只有20多块钱,两口子加起来才52块钱,所以生活上必须紧缩开支,勤俭持家。就这样,经济上还常常捉襟见肘。在这样一种生活境况中,不用花一分钱,光明正大从地里溜回来这些红薯，怎么不叫人高兴呢！

　　为了减少生活支出，陈守全不仅溜红薯，星期天，还跑出十几二十里路，到汉江及一些沟堰塘里捕鱼捞虾，每次都不会空手而归，因此，家里鱼虾总是不断。有一次，捕到了一条一斤多重的鲶鱼，熬了一大锅汤，一家人美餐了一顿。

　　那时做饭，烧的是蜂窝煤，这就必须要有柴火。陈守全就到山上去捡柴火，捡松球，甚至工厂丢弃的泡沫和破牛毛毡都捡回来做引火柴。

　　陈守全从小就养成了勤劳节俭的思想，前文我们就讲述过陈守全读书的时候，为了节约，不穿鞋子，光着脚丫子上学；读中学，在三姨家寄宿的时候，为了讨得三姨的喜欢，放学路上看见一根高粱秸秆也要捡回去当柴火烧；为了减轻父母亲的负担，在野地里挖蝎子……

　　这些行为，与他溜达溜达溜回了红薯，实属一脉相承，这就是艰苦奋斗。

　　艰苦奋斗，不仅是中华民族的优良传统，也是全人类共同的最原始的本色。一个人要保持这种原始的本色很难。在艰苦的生存环境中，不艰苦也不行，没有别的选择，只能艰苦奋斗，保持本色；一旦生活条件优裕了，艰苦奋斗好像意义不大了，有人也就不再坚持了。陈守全现在的生活环境固然还是艰苦，但是与他年少时候的生活比起来，不知要优裕多少倍了，但他依然保持这种本色，确是难能可贵。

二十三　东山再起

　　1972年的春天，似乎特别温暖。

　　陈守全下班后，神情欢畅地回到家，兴冲冲对他的爱人说："士莲，告诉你一个特大喜讯。"

"啥好事让你高兴成了这个样子呀？"吴士莲见他喜形于色，像一个小孩似的，心里不免有几分哂笑。但是，许久没有看到过丈夫如此开怀，一定真的有什么喜事，她心里也十分高兴。

"厂里书记找我谈话了，要我担任车间副指导员。"陈守全如实道来。（那时学习解放军，许多单位的编制也学解放军，车间叫作"连"，车间主任叫作"连长"，党支部书记叫作"指导员"，副指导员即党支部副书记）

"啊？！"喜悦中的吴士莲发出一声惊诧的尖叫。这个消息来得太突然了，她的眼眶里滚动着晶莹的泪珠。陈守全也被感染得眼睛湿润了，同舟共济、心心相印的两口子紧紧地抱在一起。

如此惊诧，如此喜极而泣，远非仅仅因为消息来得太突然，这里面饱含着不可言状的辛酸和苦楚。

人世间，最大的痛苦莫过于不白之冤。陈守全和吴士莲就在这种最大的痛苦中度过了几载岁月。人们常说，时间是抚平伤口的最好良药，然而，随着时间的推移，人们那种若即若离的目光，总是让你心生不安，让你举手投足都处在一种极不自然的状态中。

现在，陈守全被组织上任命为副指导员，说明他头上那顶莫须有的反革命帽子从此被彻底摘除了。

从1972年12月7日开始，郧县风动工具厂归属郧阳地区直属厂，次年2月5日，启用了湖北省郧阳地区风动工具厂的印章。工厂由科级单位升至县级单位，党支部升为党委，所属各车间升至科级单位。这样一来，整个人事编制需要重新调整，干部队伍需要重新配备。

就是在这样的大前提下，党委领导核心成员经过研究决定由陈守全出任机电、热处理、铸造三合一车间副指导员一职。

车间主任是詹健，就是陈守全当凿岩机攻关小组组长时当副组长的詹健。现在两个人的职位掉转过来了，詹健是车间主任，陈守全连副主任都不是，仅仅是个副指导员，副指导员是不脱产的。对此，陈守全没有任何思想包袱和障碍。能东山再起当上副指导员，实属意外的惊喜，已经让他不胜感慨了。陈守全又想："何况我当学生的时候，人家詹健已经是县里工业局副局长、县机械厂副厂长了，可以说是我的前辈，我有什么不服的呢？更不能去攀比、去嫉妒、去排挤。"陈守全对詹健十分尊重。

不但如此，副指导员不脱产，他在一如既往地努力做好维修电工本职工作的前提下，全力以赴帮助指导员做好政治思想工作，帮助车间主任詹健做好车间生产和人事的管理工作。

在工作中，诚如陈守全自己反思过的，"以后不论做什么事，我真要学会谦虚一点、谨慎一点。"他确实履行自己的承诺，讲究工作方法，注重工作策略，注意与群众交心，注意有事和别人商量。他比"一打三反"运动前成熟多了。

被任命为副指导员之后，陈守全对变电站维修电工的本职工作更加专心，更加精益求精了。他用自己的聪明智慧和精湛技术，果断地诊断出6个隐患，为车间的安全生产做出了突出贡献，得到了领导和员工们的好评，也获得了大家的认可和尊重。1972年、1973年连续两年被评为厂里先进个人代表，轰动全厂。

1974年，陈守全擢升为机电、热处理、铸造三合一车间的指导员。

1975年5月间，陈守全被选送到郧阳地区"老营五七干校"，劳动锻炼。

据有关资料统计，全国有1503所"五七干校"，这些"五七干校"，级别和规模不尽相同，"老营五七干校"，是郧阳行署开办的。

在这里劳动锻炼的人员，分为三类：一类是"有问题"的领导干部；一类是"有问题"的文化教育界人士；一类是有培养前途，并已被组织上内定为重点培养对象的年轻干部。陈守全来"五七干校"劳动锻炼，属于最后一类。在干校，陈守全顺理成章地当上了班长。这里的"班"，不是班组的"班"，而是学校班级的那个"班"，班长要管理30多个人的日常生活及每天的劳动分工、出工等事务，陈守全觉得有点力不从心。

"五七干校"的生活极其艰苦。10来个人挤在一间屋里，吃的是苞谷、高粱等粗粮，一个月能吃上一两次肉，那就是额外收获了。伙食差，劳动强度又大，所以许多老干部体力超支以致牢骚满腹。一方面出于年轻人对老干部的尊重以及对老干部怀着一种本能的好奇心，另一方面出于要当好一个班长的责任心，陈守全经常以晚辈对长辈的态度和这些老干部聊天交流，深受这些老干部的喜爱。他的班长工作，由此得到了极大的支持和帮助，开展得颇为到位。

有一次开荒，一位担任副县长职务的老干部挖出了一条蛇，只见他手脚灵活，动作麻利，闪电之间就掐住了蛇的七寸，又从容不迫地从身上掏出一把小刀，在蛇的七寸处划上一圈，再从蛇的腹部，从上至下刺啦一刀把蛇皮拉开，双手捏住蛇皮的两边，轻轻往下一拽，一张蛇皮就剥了下来。他处理蛇的动作，包括细节，当属专业水准。

晚上，这位老干部亲自掌勺，做了一盘红烧蛇肉。他热情地招呼大家吃蛇肉，还特意招呼陈守全吃，陈守全有点不敢吃，老干部一面劝，一面讲起了他在战争年代吃蛇肉的故事。

当时部队驻守在桐柏山下散落的几个村庄里。一天，有人在山上抓到了一条硕大的蛇，炊事员烹饪了给大家吃。大伙围在一起吃得正欢的时候，云台禅寺一个年轻僧人路过，便问："是不是吃蛇肉？"大家说："你怎么知道我们吃的是蛇肉呢？"他说："我从气味里就能闻出来，小时候我经常吃蛇肉，对蛇的气味很熟悉，很敏感。"大家邀请他尝尝，他真的就大口大口吃起来，吃了两块，双手合十，闭上眼睛，一番阿弥陀佛，"善哉善哉"地念念有词之后，一步三回头走了。

过了几天，僧人吃蛇肉的事，不知怎么就添枝加叶传到了团政委那里。团政委为此专门解释，说不要往僧人身上乱泼脏水，那个吃蛇肉的不是什么僧人，是上级首长派来送情报的交通员。

陈守全听得目瞪口呆，一下子兴奋起来，拿起手中的筷子往盛蛇肉的盘子里一杵，夹住了一块肉，送进了口里。这是陈守全第一次吃蛇肉。

陈守全还在这里第一次吃了乌龟肉。

为期半年的劳动锻炼结束了，陈守全依依不舍地与"五七干校"的学员们一一道别，回到了湖北省郧阳地区风动工具厂。

从"五七干校"回来后，陈守全被调到金工车间担任指导员，同时，被推选为党委委员。

金工车间就是金属加工车间，它是风动工具厂的重点车间，是风动工具厂的脊梁。把陈守全从机电、热处理、铸造三合一车间指导员的岗位上挪到金工车间当指导员，这是人们常说的平调。但陈守全这次平调，超出了一般平调的意义。因为是从一般车间调到重点车间，表明组织上将重用陈守全。

金工车间生产的产品包括风镐、手提式风砂轮、千斤顶、扬场机、履带式山地拖拉机等。但生产这些产品，并没有让风动工具厂闯出一条自己养活自己的路子。也就是说，风动工具厂从创建到现在，所有一切开支（包括职工的工资），全靠国家财政拨款。风动工具厂一直处在亏本状态。

陈守全担任金工车间指导员之后，短时期内也未能扭转这种艰困局面。

风动工具厂成了郧阳行署的一块心病。

1976年，郧阳行署派工作组进驻风动工具厂进行整顿。经过详细调查研究，反复开会讨论，最后做出决定：风动工具厂试验生产CA10B解放拨叉配件。

这一决定是想让风动工具厂自力更生，从依靠国家拨款生存中走出来，无疑是正确的，但依然未能如愿。因为，此时的风动工具厂，不论是设备配置的份额，还是技术的有机构成，都很单薄，很脆弱，不成熟，不足以承担自己养活自己的生产重任。因此，试生产出来的CA10B解放拨叉配件大部分都有瑕疵，属于不合格产品。

怎么办？是前进还是后退？后退意味着对决策的否定，而决策的正确性是毋庸置疑的。决策既然正确，就不能后退，只能前进，只能坚决地按照决策一步一步地去实践，去落实，从而达到应该达到的目的。

经过工作组和厂方共同讨论研究，决定从厂里选派一批人员奔赴"一汽"考察学习CA10B解放拨叉配件的生产工艺。挑选出陈守全等生产管理上的骨干以及郑家震等技术上的精英。一行10多人，由陈守全带队，精神抖擞，从郧阳出发，取道武汉，北上取经，时为1978年10月。

二十四　出任副厂长

由陈守全带领的一行人马，完成了对"一汽"生产CA10B解放拨叉配件的考察，马不停蹄地登上返程的列车，经北京南下。

这次考察，陈守全获益匪浅，学到了不少东西。旅次北京，他急不可待地打电话向厂领导汇报。厂领导听完了陈守全的汇报非常高兴，在电话里就大声地喊："你们这次考察，学费没有白交，真的是可以叫作不虚此行。"或许是由于高兴吧，在电话中，厂领导告诉陈守全一个足以让他热血沸腾的好消息：陈守全被提拔为副厂长，郧阳行署的批文已经下发到了厂里。陈守全挂上电话，久久地站在公用电话间发呆。

1978年，陈守全正好30岁，当属风华正茂的年龄，陈守全终于凭着自己的人格品质和综合能力，用青春的火把，舞靓了莫家沟。

与陈守全同时提拔的，还有一同前往"一汽"考察的郑家震，头衔是总工程师（副厂级），他是回到厂里后才知道这一消息的。

风动工具厂会议室里，气氛有几分凝重，烟雾缭绕，有点呛嗓子。参加会议的有书记邓祥禄，厂长彭才贵，副厂长陈守全，总工程师郑家震，还有金工车间主任，以及有关技术人员。会议的主要议题是"拨叉配件的生产如何进行"。

郑家震主张，拨叉配件的毛坯，厂里肯定不能生产，铸造这一关过不了，因为厂里没有工频炉，热处理这一关，也有相当难度。他说："我想大家还记得，前一阵子我们生产拨叉，进行热处理的时候，不是把炉子烧坏了，就是把工件烧化了，造成了极大的损失。所以生产拨叉配件，我们只能承担机加工这一工序，毛坯的生产，还是让精密铸造厂去搞。"

陈守全不同意郑家震的意见，既然要生产，就要把毛坯和机加工两个生产过程全都承担起来。当然，在机械制造方面，任何一个零件，毛坯和机加工分别由两个厂生产，这种情况很普遍。那是因为这些厂家，或者只有生产毛坯的能力，而没有机加工的能力，或者只有机加工的能力，而没有生产毛坯的能力。厂里有热处理车间，有铸造车间，具备了生产毛坯的能力，为什么不充分利用和挖掘这种能力，而要把毛坯的生产让给别人呢？眼睁睁地看着该自己赚的钱，却叫别人赚走了，这不是白白地把钱塞进别人的口袋里吗？是的，厂里没有工频炉，但可以自己造嘛。至于热处理存在的问题，不仅是技术问题，还有管理方面的疏忽和漏洞。那么，加强管理，技术问题就可以得到相应的解决。

两种意见，争执不下。

陈守全为了能让自己的意见得到大家口服心服的支持，他又提出了三项具体的落实方案。第一，建立有专职工艺员的工艺制度。厂里在热处理和铸造的生产上没有严格的工艺制度，也没有专职的工艺员，生产无法按照工艺流程进行，无规可循，质量当然难以保障。第二，奖惩分明，实行工时定额。超额完成任务的，给予奖励，超额越多，奖励越多；完不成任务的，按照差额比例惩罚。第三，解决好工人的劳保待遇。厂里的铸造工人，还没有护袜护鞋布，只戴一双帆布短手套，因此，有的工人的手和脚都烫伤了，还留下了疤痕，这直接挫伤了工人的积极性。

陈守全观点明确，论证有力，而且有具体的解决方案，他的主张得到了大多数人的赞同。

陈守全首先组织人马，生产制造工频炉。通过一番夜以继日、短兵相接的鏖战，一台崭新的工频炉在风动工具厂工人们的手中诞生了，经过鉴定，各项技术指标符合要求。

热处理这一关，陈守全密切关注。有一次，热处理车间老病复发，由于温度控制失调，工件熔化在炉膛里。陈守全挥泪斩马谡，当场免职车间主任（处分后，这位车间主任表现优秀，一年后又恢复了职务）。

陈守全雷厉风行，说一不二，严格照章办事的工作作风，带来了生产上的一片新气象。拨叉配件的生产，从铸造到热处理，再到机加工，都顺利完成了任务，也获得用户的认可和赞许。

1979年1月，郧阳地区风动工具厂改名为郧阳地区汽车拨叉厂。这是因为风动工具厂已经具备了生产汽车拨叉的能力，而且已经把这种能力转化成了现实的效应。而这能力的形成，这种现实的效应，不能不说与陈守全有着直接关联。

1979年，郧阳地区汽车拨叉厂实现纯利润25907.75元，建厂12年来第一次向国家上缴利润10000元。

郧阳地区汽车拨叉厂终于摆脱了依靠国家投入的羁绊，不仅实现了自己养活自己，还给予了国家一定回报。这一振奋人心的特大喜讯让全厂上下群情激荡，同时对于工厂的未来发展更是信心百倍。

1979年3月，二汽顾全大局，做出了扶持郧阳地区机械工业的果断决定，把汽车生产的一些零部件，扩散到郧阳地区的一些工厂。二汽副厂长李惠民来到郧阳地区汽车拨叉厂现场考察，觉得郧阳地区汽车拨叉厂具备了生产汽车零部件的良好条件。不久，郧阳地区汽车拨叉厂正式成为二汽的一家联营厂。当然，这中间经历了一个由播种到开花和结果的耕耘过程。

二十五　我们的队伍向太阳

1982年8月17日，是陈守全难忘的一个日子。这一天，他组织郧阳地区汽车拨叉厂的职工，有的挑着担子，有的几个人齐心协力推着一辆板车，冒着风雨，行进在郧县通往十堰的公路上。他们肩上挑的和板车上装的，是厂里生产的汽车零部件。他们要把这些汽车零部件，送往二汽49厂（发动机厂）。

无疑，这是一次别有意味的"长征"。

陈守全领头唱起了《中国人民解放军进行曲》（1988年改名为《中国人民解放军军歌》）："向前向前向前，我们的队伍向太阳……"

雄浑的歌声在山谷中久久回荡，铿锵激越的旋律在心海里掀起波浪。

歌声越来越整齐，越来越嘹亮："我们是一支不可战胜的力量……

第二章 青春舞靓莫家沟

从不畏惧，绝不屈服，英勇战斗……"

自从郧阳地区汽车拨叉厂成为二汽的联营厂，作为主管生产的副厂长，陈守全热血沸腾，激情满怀。他极其兴奋地憧憬着拨叉厂发展的前景，同时也觉得自己肩上的担子越来越重。

成了二汽的联营厂，可以说郧阳地区汽车拨叉厂不用再为生存担忧，然而要扮演好二汽联营厂这个角色，必须要让综合生产能力跃上一个新台阶。

为了不坐失时机，陈守全决定对全厂的设备配置进行一次彻底调整。在改造现有设备、挖掘生产潜力、健全生产环节的基础上，安装了高频炉，更换了机加工气动夹具，购置了组合机床。生产资料上的大投入之后，郧阳地区汽车拨叉厂基本上具备了5万辆汽车拨叉的生产能力，也就有了自信和底气。

其实，尽管二汽把郧阳地区汽车拨叉厂列为联营厂家，可心里并不安妥。郧阳地区汽车拨叉厂生产上的薄弱环节，二汽早就看在眼里，因此也直言不讳地向拨叉厂提出了一些建设性意见和具体要求。那么，这些意见和要求得没得到重视和落实呢？于是，一个考察组又来到了郧阳地区汽车拨叉厂。多亏陈守全对全厂的设备配置进行了彻底调整，二汽考察组对考察结果相当满意。

这才有了郧阳地区汽车拨叉厂承接了导块、一倒叉、二三叉、四五叉、摇臂、摆臂等Q140拨叉6种8件的实实在在的生产任务。这些任务都完成得不错，得到了二汽的高度肯定。拨叉人越干越有自信，越干越有劲头，陈守全自然乐不可支。

然而，天有不测风云。8月中旬以来，倾盆大雨恶狠狠地砸向地面，从郧阳地区汽车拨叉厂到十堰的唯一一条公路，被洪水冲毁了，这么一来，需要交付给49厂的几万个零件运不出去了。这也就是说，二汽的生

103

产链条断了，继而会使总装厂无米下锅，甚至最后二汽的生产熄火。如此一来，郧阳地区汽车拨叉厂联营厂的角色，恐怕也会因此被解除。

陈守全穿着雨衣，站在被冲毁的公路口，望着汹涌的浊浪，再看看肆虐无情的暴雨，心里发慌了！天，越压越低，风，越刮越大，雨，越下越猛，根本就没有风息雨停的迹象。路已经被冲毁了，想用汽车运送零件是彻底不可能的事了。怎么办？

书记邓祥禄、厂长彭才贵、副厂长陈守全、郑家震及有关人员，开会决定：全厂动员，先以人代车把零件运送过被冲毁的公路口，再装上汽车转运到49厂，确保二汽生产。

号令一下，全厂职工摩拳擦掌，激情万丈地投入战斗。

柳条筐、扁担、草鞋……

陈守全肩上挑着的汽车零件，远远地超过了100斤，二十多里的路，才走了一半，他已累得气喘吁吁，但他口里还是不停地喊："同志们，加油！"

山陡，路滑，泥泞不堪。不说挑着担子，就是走空路，也容易摔跤，然而一路走来，队伍中居然没有一个摔跤的。大家都把筐里的铁家伙当作金银宝贝，生怕有半点闪失，摔坏了，不好交差不说，还会影响厂子的声誉。所以，格外小心，脚步，向前向前向前。

话说49厂门口，一字儿排开，站着一班人马，有书记，有厂长，有科长，有车间主任……

他们向远处瞭望，有的甚至踮着脚。可他们的脸上，一次次掠过失望和沮丧。

叫他们怎么不沮丧呢？拨叉厂生产的零件，库存已寥寥可数，如果再不送来，就要断炊了。

上午过去了，他们没能盼到郧阳地区汽车拨叉厂送来的零件；中午过去了，依然没能盼到。看来是没有希望了！

下午一上班，奇迹出现了！

郧阳地区汽车拨叉厂送来了零件！

当陈守全告诉大家，这零件不是用汽车直接送来的，而是拨叉厂的职工们用板车拖，用肩膀挑，再装汽车转运过来的。49厂不论是领导干部，还是普通工人，都被感动了，热情地端上了热茶。

但拨叉人的战斗，并没有结束。

厂里生产需要的毛坯和氧气，都是从十堰进货，现在公路被冲毁，毛坯和氧气就运不回厂里了。所以给49厂送完零件，返回的时候必须顺便把毛坯和氧气带回去。

艰难地来，艰难地回，回到厂里，已是深夜。

向前向前向前，我们的队伍向太阳……

雄浑的歌声，在夜空中向四周传播、传播……

陈守全带着厂里职工，在近半个月的时间里，每天都这样辛劳地与天灾搏斗，一直到公路修通。

二十六 馅饼留给后来者

1983年，二汽汽车年产量要由原来的4万辆增加到8万辆。产量增加一倍，就要增加投资，扩大生产能力。当把计划呈报到国务院，得到的回答是：产量增加是好事，但资金投入须自主解决。

二汽并没有改变计划，但计划增加一倍，手中又没有先期投入的资金，怎么办？如何解决这一矛盾？二汽讨论研究认为，1979年为了扶持郧阳地区机械工业的发展，把汽车生产的一些零部件生产扩散到郧阳地区的一些工厂，取得了双赢的效果。现在要增加产量，可是生产能力一时难以适应，何不效仿1979年的做法，把一些零部件的生产扩散给郧阳地区的一些工厂呢？这样，既扶持了郧阳机器工业的发展，又解决了二汽资金不足的难题，岂不是两全其美吗？

　　陈守全得到二汽要再次扩散零部件生产的消息后，当即驱车前往49厂。49厂相关部门的人对陈守全说："房县、郧县、郧西的汽车配件厂和机械厂，早已签完了合同，把扩散产品的生产计划拿走了，你们厂怎么才来呀？你们是最后一个了。"这意思是说，陈守全来晚了！没戏了！一盆凉水从头浇到脚，陈守全沮丧、懊悔，甚至觉得自己太无能了："房县、郧西距49厂这么老远，早就得到了消息，把合同签走了。我们与49厂可以说是近在咫尺，却毫不知情。我们的嗅觉太迟钝了，生产经营的灵敏度太低了。"但他不甘心，他想找一找厂里的领导，看能不能还有机会。偏偏不巧，厂领导们都在开会，他壮着胆儿，叩开了会议室的门。总工程师孙存化从会议室走出来，轻声问："你有事吗？"陈守全道明来意之后接着说："孙总，你正在开会，我不能耽误你太多的时间，过两天我再来。"

　　三天后，陈守全按约造访，孙存化热情地接待了他，并带着他一个一个车间参观。孙存化对陈守全说："你都看到了，现在还有70多种零件，看你要多少。"陈守全心里好不兴奋，情不自禁地说："70多种我们都要了。"孙存化含蓄地一笑说："这么多你全都要了，吃得了吗？这样吧，你回去跟大伙商量商量，我这边也得要商量一下，咱们两边都商量好了，再谈具体事宜。"

　　后来，经过双方的协商，49厂把52种零件的生产交给郧阳地区汽车拨叉厂。

　　郧阳地区汽车拨叉厂承接6种8件的生产任务时，实现纯利润

25907.75元，建厂12年来，第一次向国家上缴利润1万元。现在生产品种52种，纯利润将增加多少？陈守全用计算器一算，啊！好几百万呀！陈守全高兴得流出了眼泪。他没有想到，这一次去49厂，竟然获得如此丰厚的收益，这真是天上掉下来的馅饼。

后来，相关人士告诉陈守全，送给他这个大馅饼是有原因的。上次郧阳地区汽车拨叉厂人挑肩扛板车拖送零件，给49厂全体职工留下了难以磨灭的印象，厂里领导觉得郧阳地区汽车拨叉厂是一个可以信赖的厂家，特意给留了这一部分产品。陈守全心里这才明白，原来这是49厂领导们对我们厂的厚爱。这也让他对"诚信是本"这个企业生存的核心有了真切而现实的感知和认识。

或许是对诚信有了更深刻的理解，陈守全对企业生存环境的认识也上升到一个新的层次。郧阳地区汽车拨叉厂最后去49厂订合同，却拿到了52种零件的订单，这个叫人难以置信的消息不胫而走。郧西一家汽车配件厂、郧县一家汽车修配厂和市内一家汽车大修厂先后来到郧阳地区汽车拨叉厂，要求匀一些产品给它们。陈守全很大度地割爱，一共匀出15种零件分别给了这几家工厂。此举让郧阳地区汽车拨叉厂名声大噪，49厂对郧阳地区汽车拨叉厂的认识又增加了新的内容：郧阳地区汽车拨叉厂颇有大局观念，团结协作的精神值得学习，在经济大潮中能比较好地把握自己前进的航向。

陈守全匀出15种零件给周边县的几个兄弟厂家，毫无疑问有所失，但得与失总是相的，无所失，就无所得。套用老子的"有生于无"，我们可以说"得生于失"。陈守全匀出15种零件，有所失，但他获得了更加广阔的经济活动空间。

二十七　机不可失

1984年3月的一天，二汽技术中心试制部毛部长和生产处陆处长，风尘仆仆驱车来到郧阳地区汽车拨叉厂。

陈守全一见到二汽的两位处级干部，不知为什么心里有点儿发毛："是我们厂生产的零件有瑕疵，或者干脆不合格，两位领导上门问责来了？"

没想到，事情完全出乎陈守全的意料。

"今天，我们是专门给你们加码来了呀。"陆处长说。

加码，就是增加分量，也意味着增加产值，这是大好事，产值增加了，利润就增加了，郧阳地区汽车拨叉厂的腰杆就更硬了。陈守全心里荡出了一阵欢乐，笑眯眯地说："只要你们相信我们，不管加多大的码，我们都愿意接受。就是不知道你们要给我们加什么码？"

"想邀请你们和我们为十一国庆阅兵车并肩战斗。"

中华人民共和国成立35周年，要举行阅兵仪式，阅兵仪式就要运兵车，运兵车的生产任务由二汽承担。二汽接到任务后，感到特别荣耀，要知道，这是一项具有重大意义的生产任务。当然，如果出现什么故障，哪怕是一个小小的故障，都有损国家形象，有损国家威严。

二汽在着手运兵车的生产时，就与所属专业分厂，立下了军令状，同时也与各联营厂家，立下了军令状。可是，应城和杭州的两家联营厂在接受传动轴上的一个零件18000E-155、551叉型凸缘的生产任务后，反复进行了5次试制，均告失败。二汽只好再找厂家承接。二汽的领导们对郧阳地区汽车拨叉厂本来就印象不错，近期这个厂又把49厂转让的52种零件匀给周边县几家厂15种，更加增强了二汽领导们对郧阳地区汽车拨叉厂的信赖感。所以，郧阳地区汽车拨叉厂就成了承接上述零件生产的候选厂家。

这个零件，质量、精度、性能都要求很高，尤其是对拉孔、切削工艺要求特别严。这个零件的底部，就像法国的埃菲尔铁塔，四个面四道弧线，而且大弧套小弧，弧中有弧，加工难度相当大，且试制时间又短，只有12天。

这么艰难繁重的任务，接还是不接？接，固然有风险，但具有勇往直前的改革精神，与时代合拍，诚为可取，而且这是千载难逢的全面展示郧阳地区汽车拨叉厂生产能力的一次机会。机不可失，郧阳地区汽车拨叉厂义无反顾地接受了这个任务。

陈守全把生产任务布置到车间，并在车间召开动员大会。车间里挂着一条大红的横幅标语，16个斗大的字格外醒目：为国争光，义不容辞，为厂争光，责无旁贷。

车间主任赵显文现场指挥，组成了5个攻关小组：赵加强负责钳工钻孔夹具，魏怀周负责拉床夹具，吴永刚负责镗床夹具，陈良胜负责车工夹具，刘连弟、杨金海、孙许刚等人负责加工。

大家吃在车间，睡在车间，决心拼了命，也要完成这项特殊任务。

陈守全坐镇车间，深入一线，协调各车间的关系，把可口的饭菜送到工人手中。

在试制过程中，全厂上下团结一心，攻克了一个个技术难关。

产品试制出来后，交付二汽联营办和设计处检验。检验的结论是：完全合格。

郧阳地区汽车拨叉厂，终于闯过了险滩，它凭着自己的能力与信誉，在二汽人心目中的形象，越来越清新，越来越突出。

二十八　任命书回到原点

在圆满完成18000E-155、551叉型凸缘的生产任务后不久，厂长彭才贵调走了，蒋化春担任厂长，半年后，蒋化春去省委党校学习，由陈守全代理厂长。

从副厂长到代理厂长，应该也算是擢升，这事儿，谁遇到都会高兴。陈守全除了这份高兴之外，还有一份局外人不知情、也难以感受的轻松。

陈守全在人们都不抱希望时，从49厂拿到了52种零件的订单，厂领导班子发生了一场不大不小的争论。有人提出，拿这么多订单，到时候完不成，不是搬石头砸自己的脚吗？陈守全据理力争说："根据咱们厂目前的处境，我们首先要考虑的不是完不完得成52种零件的生产任务，而是要想办法不让咱们厂饿肚子，不要让工人们闲着没活干，不要让机器设备天天蹲在那里打瞌睡。至于一下子增加52种零件的生产任务，是有一定困难，但想想办法困难总是可以克服的。"争论来，争论去，最后陈守全的意见还是占了上风。不过，不知为什么，闲言碎语不时地往陈守全耳朵里灌，说陈守全想出风头，说陈守全好大喜功，甚至说陈守全有野心……陈守全不予理会，照常按自己的思路兢兢业业地工作着，努力着。

接着，陈守全敢于吃螃蟹，揽下18000E-155、551叉型凸缘的生产任务，又一场争论随之而来。这不是儿戏呀，国庆阅兵仪式上的运兵车事关重大，怎能轻易伸手接下这样的重担呢？陈守全的一腔热情被泼了一盆凉水。不过他并没有后退，也没有让步，他说："我们为什么总是只看到黑暗的一面，而不看到光亮的一面呢？二汽能把这样重大的任务交给我们厂，说明人家二汽看得起咱们，咱们使劲摆手拒绝人家的一番好意，行吗？再说，咱们厂总不能永远停留在今天这种状态中吧，一定要发展壮大。发展壮大，就要抓住每一个来之不易的机会。现在有机会加工18000E-155、551叉型凸缘这个零件，我们怎么能拱手相让呢？要完成这个任务，是有难度。知难而退不可取，这是大家都认可的，我们就应该知难而进。在进的过程中，我们为什么只想到会出问题，就想不到我们能够战胜困难、保质保量完成任务呢？当我们顺利地完成了任务，我们的职工队伍就经受了一次考验，获得了一次锻炼，企业的整体素质，不就提升了一个层次吗？"

陈守全本是一个性格温和的人，但遇到原则问题，而且当觉得自己并没有错的时候，他不但不会让步，语气还有点咄咄逼人。正是这咄咄逼人的一番说理，才使18000E-155、551叉型凸缘这个零件的生产正式列入厂里的生产计划，并付诸实施。

一路走来，几乎每次都是如此磕磕碰碰，虽然总能绕过一道道坎，但是感觉特别累。更让他困扰的是，他的这种做法往往有越权之嫌。

现在，代理了厂长，自己再揽生产任务时，就不存在越权之嫌了。不过，陈守全又有了新的顾虑。什么事情，通过争论，会越争越清楚，越论越明白，如果没有了争论，倒容易出现偏差。于是，陈守全给自己定下两条工作原则：第一，每做一次决策，一定要深思熟虑，权衡左右，从问题的实质入手进行认真的研究分析；第二，要依靠领导班子的力量，多与大家商量，集体的智慧才是战无不胜的，俗话说得好"三个臭皮匠，赛过诸葛亮"。

111

为了郧阳地区汽车拨叉厂的兴旺发达，陈守全全力以赴，雷厉风行，忠于代理厂长的职守。他开着一辆破旧的128武汉吉普车，奔波于行署、二汽总厂及其各家分厂和其他许许多多单位之间，忙得马不停蹄，经常饥一顿饱一顿。有一天，他忙到下午4点多钟还没有吃午饭，饿得头都有点发晕了，晃晃悠悠走进"上海饭店"（位于公园路和大岭路相交处，现在叫老上海宾馆），买了8两饺子，狼吞虎咽地吃完，居然还没有饱，怕伤了肠胃，不敢再吃了。陈守全在这些日子里的艰辛，由此可见一斑。

付出就会有回报，陈守全的努力，使郧阳地区汽车拨叉厂与二汽协作生产的专业厂，由单一的49厂，增加了54厂、51厂、45厂、40厂等，还与湖南、江西、四川、浙江、云南、山西等省的一些厂家友好往来。

郧阳地区汽车拨叉厂，真正意义上走向了全国。

大家都认为陈守全的代理厂长会转为厂长，陈守全自己也是这么想的。1984年底，一纸红头文件下到了郧阳地区汽车拨叉厂：任命陈守全同志为郧阳地区汽车拨叉厂厂长。

任命厂长的红头文件下了，就等着上级组织部门派人来公开宣读文件，光有红头文件，没有公开宣布，还是不能就任厂长。

一个星期过去了，不见上级组织部门有人来宣读文件，10天过去了，20天过去了，眼看要到春节了，还是不见上级组织部门来人。

春节前，记不清是春节前三天还是前四天，上级组织部门来了两个人，带着一个红头文件，在中层干部会上宣布：廖纪邦担任郧阳地区汽车拨叉厂厂长。

这不啻给了陈守全当头一棒。怎么会是这样呢？怎么下了红头文件

第二章　青春舞靓莫家沟

还会有变化呢？

原来，就在任命陈守全为郧阳地区汽车拨叉厂厂长的时候，郧阳行署机械局和燃化局合并为工业局，这时，郧阳地区汽车拨叉厂在郧阳地区已经声名赫赫了，所以，合并后新就任的局长，首先关注的是郧阳地区汽车拨叉厂。当他得知老厂长调走了，新任命了一个厂长，已下了文件，但还没有宣布的时候，就说："既然还没有宣布，就别宣布了，你们把文件拿回来，等我看过之后再说。"这一看就是一个月。

一个月之后，廖纪邦回来了。

廖纪邦原来是郧阳地区汽车拨叉厂的一名技术员，后来提为技术科科长。1984年，全党贯彻落实知识分子政策，郧阳行署准备启用廖纪邦，9月间，安排廖纪邦去省委党校学习，培养目标是县处级领导。现在，学习结业回来了，就安排他担任郧阳地区汽车拨叉厂厂长。

这是一件让陈守全极其尴尬的事情。也许是为了安慰陈守全，任命陈守全为第一副厂长、党委常务第一副书记，而这对实际问题又能解决几许呢？要知道，陈守全的厂长任命书，几乎厂里所有的人都知道了，现在多没面子呀。这从感情上来说，任何人都难以接受。

在这个尴尬的时刻，陈守全冷静下来，慢慢地思考。组织上的人事安排，本来就常常处在动态之中，其变动的偶然性，常常是谁也无法预料的。再说，廖纪邦是大学生，落实知识分子政策，他来当厂长也是在情理之中。自己不过是一个中专毕业生，比大学生还是要差一节。陈守全自我安慰之后，解脱了许多，也轻松了许多。与此同时，他又想起一件事。他有个从事教育工作的同学，是一所中学的教导主任。一位领导曾私下透露准备要提拔他当校长。他欢天喜地等待任命书下发，但最后等来的却是从外地调来一个人担任校长，他依然当他的教导主任，气得他一个月没上班。陈守全曾规劝过他，要他想开一点。现在同样的事情落到了自己身上，还需要别人来劝吗？劝，就能解决问题吗？外因只能通过内因才能起作用，解决问题，最终还得靠自己。

"非淡泊无以明志，非宁静无以致远"是诸葛亮《诫子书》中的名句，陈守全用这句话告诫自己，警醒自己，平静地接受这次意外的考验，也很安稳妥帖地迈过了人生旅途上的一个坎。

第三章 领军拨叉登高台

（1986—1992年）

二十九　第二次任命厂长

廖纪邦担任郧阳地区汽车拨叉厂厂长只有一年半左右的时间，之后就调到郧阳地区机械工业局当局长去了。1986年10月16日，郧阳地委、行署正式宣布，陈守全担任郧阳地区汽车拨叉厂厂长，这次是红头文件与宣布两条腿走路，双管齐下。

38岁的陈守全第二次被任命为厂长。这回是真正要坐上厂长这个位子了，他对自己说："在其位就要谋其政，一定要把厂长该做的事情认真做好，恪尽职守，充分发挥主观能动性，挖掘潜在的能力，带领全厂职工，齐心协力，让郧阳地区汽车拨叉厂登上一个新的台阶，也可以体现自我的人生价值。"

陈守全把自己的这种思想力变作了行动力。上任第一个月，他马不停蹄，风风火火地抓订货合同，经过一番栉风沐雨的努力，终于又抓到了手刹车棘抓拉杆、手刹车扇形齿板、棘抓离合器分离拉杆总成、手刹车拉杆总成等零部件的生产订单。拨叉厂的产品品种和产品数量一天天地增加。不仅如此，陈守全还从二汽转回操纵杆生产线设备24台，扩大了郧阳地区汽车拨叉厂的生产能力。

上任的第二个月，陈守全亲自带领一批管理干部和技术骨干到武当山二汽精密铸造厂、洛阳拖拉机厂实地考察，学技术，学管理，学人家的企业文化建设，以此提高郧阳地区汽车拨叉厂的技术工艺水平和企业的整体文化素质。取经回来，就建立起现代化的精密铸造车间，进一步扩展了郧阳地区汽车拨叉厂的生产规模。

陈守全是1986年10月16日接任厂长的，从这一年元旦到他接任厂长时，郧阳地区汽车拨叉厂的产值为700万元，两个半月后，产值飙升到1004万元。这当然不是陈守全一个人的功劳，是全厂职工同舟共济、团结奋战的结果，但谁又能否认陈守全组织领导能力所起的关键作用呢？"政治路线确定之后，干部就是决定的因素。"这一论断是难以颠覆的。

生产发展了，经济效益提高了，账上有钱了，陈守全时时惦记的企业文化建设可以加大投入了。一座设计新颖的职工俱乐部在陈守全上任的第三个月破土动工。俱乐部分两层，一楼是餐厅，可以容纳200多人同时就餐；二楼是影剧院，拥有现代化的舞台和1000多个标准座位。还建有老干部活动中心大楼，楼内有歌舞厅、乒乓球室、棋牌室、阅览室。还建起灯光球场。这些楼堂馆所的建设，极大地丰富了全厂职工的业余文化生活，也为拨叉厂增添了靓丽的风景。昔日野狼成群、盗匪扎窝的莫家沟，踏着时代的节拍，行进在现代化的道路上。

陈守全就任厂长的1986年，郧阳地区汽车拨叉厂被湖北省授予"六五"全省技术进步先进企业的光荣称号。

陈守全用自己的心血，换来了全厂职工的荣光。

三十　放水养鱼奔大海

1987年新年刚过，郧阳地区汽车拨叉厂就迎来了前所未有的新气象。

1月3日，一溜小轿车鱼贯驶进郧阳地区汽车拨叉厂的大门。地委书记、行署专员以及地区工业局的领导一行6人来到了郧阳地区汽车拨叉厂。以陈守全为首的郧阳地区汽车拨叉厂领导班子，满面春风，热情迎接。

陈守全心里直犯嘀咕："新年一上班，行署领导来到我们厂，一定有重要的事情，是什么重要的事情呢？"

"今天，我们是来和你们商量一件大事，就是关于'放水养鱼'。"地委书记这句开场白，让在座的陈守全、薛世友、刘建华、朱延武、周忠民等拨叉厂厂级领导们心里不由得阵阵紧张起来："对我们拨叉厂也要实行'放水养鱼'？"

这里的"放水养鱼"，指的是中国城市经济体制一场翻天覆地的重大变革。

1979年从安徽省凤阳县小岗村开始的农村经济体制改革，到1984年已经如火如荼地进行了整整5年，全国农村呈现出一派欣欣向荣的景象。农村经济体制改革，给农村带来了繁荣。

那么，城市呢？城市经济体制改革，是从福建开始的。1984年3月，在福州召开工业会议期间，55位厂长经理写了一封"请给我们松绑"的信，向省委呼吁企业的人事权、财权、企业经营权下放。信，被直接送到时任省委书记项南的办公桌上。

项南认真看完信之后，指示《福建日报》刊发这封信，并附上亲笔短评。3月24日，《福建日报》以头版头条的位置全文刊出后，《人民日报》《光明日报》《红旗》杂志等媒体转发，在全国范围内掀起了极大的反响，引起了中央的高度重视。

5月，国务院颁发了《关于进一步扩大国营工业企业自主权的暂行规定》。10月，党的十二届三中全会通过了《中共中央关于经济体制改革的决定》，首次明确提出发展"有计划的商品经济"，企业成为相对独立的商品生产者，还第一次提出实现政企分开、明确职责的要求。

以扩大企业自主权为先导的城市经济体制改革由此拉开了帷幕。

郧阳地委、行署对国企的改革，经过一番从理论到实践的激烈论争，统一了思想认识。郧阳地区先后办了不少工厂，有的一办就亏，有的一时兴旺，一时衰败，真正成气候的没有几家。对国企的改革，时不我待。

改，从哪里下手？讨论来，讨论去，大家不约而同指向在郧阳地区的国有企业中称得上排头兵的郧阳地区汽车拨叉厂。今天就是来和郧阳地区汽车拨叉厂的决策者们讨论企业改革的大问题。

"今天，我们算是来打个招呼，让你们有足够的心理准备。你们好好讨论一下，统一一下认识；同时，做好整体的设想、安排与布局。然后我们再做具体的决定。有一点，我们必须明确：国营企业的改革，是肯定的，这是发展趋势。"

入夜，书记、专员一行6人已经离开，郧阳地区汽车拨叉厂会议室灯火通明，烟雾缭绕。陈守全、薛世友、刘建华、朱延武、周忠民厂级领导班子所有成员，一个不缺，讨论"放水养鱼"的大事，也就是讨论"三定两分离"承包经营。

"三定"就是定产值、定年上缴利税、定税前还贷具体指标。"两分离"就是企业的所有权与企业的经营权分离，企业所有权归国家，企业经营权交给以陈守全为首的经营集团，实行厂长负责制。

在这决定郧阳地区汽车拨叉厂何去何从的关键时刻，大家都显得有些凝重和迷茫，甚至没有了主意。要知道，"放水养鱼"后，是采用与绩效挂钩的分配形式，全厂职工的经济收入就不像现在这样旱涝保收了，而是取决于工厂的经济效益。工厂经济效益好，收入就多，工厂经济效益差，收入就会减少。工厂经济效益的好坏，不仅由工人的工作热情决定，要想不喝西北风，还要保证销路畅通，牢牢地占领市场，这就有了风险，有了难度。因为销路往往不是单方面可以左右的，市场的变化更是无法预料、无法把握。稍有松懈和疏忽，就会受阻于销路，受困于市场，就会造成工厂重大的损失。

再看"三定两分离"承包经营，上级部门对郧阳地区汽车拨叉厂所定的指标，高得令人咂舌。

1987年，要完成产值1400万元，上缴利润40万元，缴纳税金50万元。1986年，拨叉厂使尽浑身解数，铆足了劲，才完成1004万元的产值，一年要增加将近400万元，完成得了吗？ 1988年，要完成产值2000万元，上缴利润60万元，缴纳税金90万元。这就是说，1988年要在1987年的基础上，增加600万元，这简直是坐火箭呀。

要知道，尽管郧阳地区汽车拨叉厂名声赫赫，但企业起步水平较低，目前仍然面临重重困难，不论是环境，还是职工队伍的思想意识，与成熟的国有企业尤其是与特大型国有企业相比，仍有很大差距。这一点，陈守全心里明白得很，要完成这些指标，难度是相当相当大。

陈守全有顾虑，但他的整个情绪还是很轻松的。他发言说："领导们说了，改革是发展趋势。所以，我们不能阻挡这种趋势，也阻挡不了这种趋势。我们没有退路，只能顺应这种趋势，投身改革的洪流中，这是唯一的选择。'放水养鱼'，我们不怕，我们有我们的优势。经过20年的拼搏和检验，我们郧阳地区汽车拨叉厂有一支敢打硬仗的职工队伍；我们有团结一心、生龙活虎的领导班子；我们与二汽有着很好的协作关系；汽车产业在中国方兴未艾，有着广阔的发展前景。从指标的数字来看，的确有点令人瞠目，但我们要看到，也要充分相信，我们厂还蕴藏着巨大的潜力……"

陈守全沉吟一会儿，用一种激励的口吻说："只要我们完成了指标，职工们的收入就不会有任何影响，如果我们超额完成了指标，职工们的收入就会相应提高。我想，行署给我们定下的指标，的确到了上限线。不过仔细想想，也有它的合理性。再从我们厂的实际情况出发，完成这个指标，应该问题不大。我们的目标，是要超额完成。"陈守全信心十足。

陈守全是充分自信的，他个人的潜力充其量只挖出来六成，他的能量全部释放出来的时候，别说2000万元，就是再加一倍，也敢干！

经陈守全这么一说，大家的心里亮堂了很多，就像打了一针强心剂，血液流畅多了，情感活络多了。陈守全说的也不是没有道理，再说了，事在人为呀！胆小怕事，什么事也干不成。

郧阳地区汽车拨叉厂领导班子统一了思想认识。

1987年1月11日，在郧阳地区汽车拨叉厂会议室，郧阳地区工业局与郧阳地区汽车拨叉厂以陈守全为代表的经营集团，隆重举行了"放水养鱼"仪式。这个仪式的正规名称为："三定两分离"承包经营合同签字仪式。

此次签订的承包经营合同，有效期为4年，截至1990年12月31日。

从此，郧阳地区汽车拨叉厂这条鱼，被放入大海。商海，波浪滔天，水花簇簇，既迷人，又吓人。在陈守全的带领下，郧阳地区汽车拨叉厂将会演绎出什么样的"鱼翔水底"的大戏呢？

三十一　火红的1987年

刺骨的西北风，肆虐地咆哮着，鹅毛大雪借着强劲的风势，疯狂地在空中横飞滥舞，把天地之间搅和成一片灰蒙蒙的混沌，向人们示威。这又是一个寒气逼人的冬天。

陈守全驾驶着那辆128武汉吉普车，疾速行驶在郧十公路上，由北向南，朝十堰驶去。

陈守全两只眼睛死死地盯着前面，尽量减慢车子的速度。天寒地冻，车子容易打滑，必须小心谨慎，千万别"屋漏偏遭连阴雨"，若在这个时候出事故，简直是雪上加霜。其实，他心里却急得恨不得吉普车飞起来，一下就飞到十堰。

关于"放水养鱼"，行署提出来的三定指标中的产值，1987年是1400万元。对这1400万元，刚开始拨叉厂领导班子成员大多还有点望而生畏，不敢答应。陈守全召开领导班子会议，竟然提出："我们的目标是1987年完成产值2000万元。"这就像晴空一道霹雳，把整个领导班子炸懵了。当然，最后，又是在陈守全一再论述后获得大家的一致同意。

于是，在郧阳地区汽车拨叉厂第三届一次职工代表大会上，为了实现2000万的目标，陈守全提出了1987年的工厂方针：建厂二十年，全厂总动员，产品创优质，实现两千万，挖潜又节支，效益翻一番，管理上等级，人人做贡献。

不仅如此，陈守全立足现实，着眼未来，科学务实地提出了企业未来3年的奋斗目标：依托二汽，面向社会，发挥优势，小厂大办，精铸机加同时发展。

同时提出1989年郧阳地区汽车拨叉厂实现产值4000万元，上缴利润450万元，固定资产扩充到1200万元，进入省中型企业行列，并进入省先进行列。

1986年，郧阳地区汽车拨叉厂的产值达到了1004万元，到1989年要实现4000万元，等于是1986年拨叉厂产值的4倍，这简直是名副其实的腾飞呀！产值是实打实招，来不得半点虚假，掺不得半点水分。

陈守全对这些目标都仔仔细细地思考过、掂量过，心中有谱。比如，1987年郧阳地区汽车拨叉厂要完成2000万元的年产值，就必须增加产品数量和产品品种。这数量和品种又如何增加呢？陈守全全面启动了他的协作关系网络，分别与二汽几家专业厂联系。一番辛劳，一番公关后，果真有所收获，与49厂达成了变速箱上盖总成零件扩散到拨叉厂的意向。陈守全心中有说不出的喜悦，他暗自算了一下，单凭这一项，1987年2000万元的产值，只会多，不会少。

然而变幻只在弹指之间，一个意外的消息，让陈守全骤然觉得头重脚轻。二汽总厂的领导层有人对拨叉厂能否完成变速箱上盖总成零件的生产任务心存质疑。领导层集体意见不一致，产生了分歧。

这意味着陈守全代表拨叉厂与49厂达成的意向随时都有可能成为泡影。一旦成为泡影，这2000万元的年产值怎么完成呢？！

事不宜迟，陈守全一听到这个消息就火急火燎地钻进128武汉吉普车，点火、踩油门、加速，吉普车迅速驶出厂门，奔驰在郧十公路上……

风，越刮越狂，雪，越下越大，陈守全心情越来越急，他对此行的结果心中没有底。

二汽总厂的几位领导正在会议室开会，商量有关欢度春节的事情。陈守全轻轻叩了几下门，没等屋里发出回声，就径直走了进去。此时此刻的陈守全已经破釜沉舟，莽撞也好，冒昧也罢，全然不顾，他心里想着今天一定要把变速箱上盖总成零件扩散的事情板上钉钉。进门后，没有寒暄，他开门见山地说："我们郧阳拨叉厂，春节不放假，突击转产，保证节日期间按质按量完成变速箱上盖总成零件的生产任务，决不耽误二汽的生产。"

斜刺闯进一个人，这本身就让二汽总厂几位领导感到十分意外，而这番没头没脑的说辞，更让领导们不知所云。

陈守全平静下来后，才把事情说清楚。二汽总厂的领导们听了后，觉得陈守全像个愣头青。他们心里在想着同一个问题：陈守全，你算过时间账没有？今天是阳历1月15日，阴历十二月十六日。今年阴历十二月小，只有29天。也就是说，从今天到除夕只有13天了。13天的时间，加上春节5天假，总共也只有18天，毛坯10000件，上盖装备5000件，储备量5000件，完成得了吗？而且，郧阳拨叉厂是转产，不要说生产工人一时难以熟悉工序，适应生产环境，整条生产线都要更换、拆卸、搬运、安装、调试，这就需要半个月的时间。

知道总厂的领导们有疑虑，陈守全镇定地说："我不是说空话，一定说到做到，我可以立下军令状，甚至可以写血书，请领导们放心。"

总厂的领导们被陈守全的气势震撼了，虽然心里还有几分疑虑，到底有了一些松动，表示研究后再答复他。

陈守全看到了一丝光亮，心里踏实几分。走出二汽总厂办公大楼，开着128吉普车，本来要去二汽招待所，鬼使神差，陈守全却驶上了车城北路，向43厂方向奔去。当车子钻过配套处地段那座铁路桥的瞬间，陈守全脑子里突然爆发出灵感，生出一个主意："兵法上有兵贵神速之说，那么，我快速地来他个大兵压境，不就可以征服对方，取得胜利吗？"

想到这里，他当即掉转车子，返回二汽招待所，一进房间就分别给拨叉厂的几位领导打电话。在电话中，他们统一了思想，做出了决策。

朱延武同志带队，从厂里抽出36名技术过硬的工人，以培训名义进驻49厂；再抽出36名技术过硬的工人，以协助生产名义进驻62厂，立即行动。

刘建华同志带队，组织机修钳工准备生产线上设备的拆卸和安装；程崇光同志负责现场技术指挥。

薛世友同志带队，查勘维护公路的安全状况，以保障卡车托运设备时通畅无阻。

一切安排妥当、就位。陈守全一个电话打给二汽总厂的一位领导，说："我们拨叉厂的工人已经在49厂、62厂开始干活了……"

这位领导在电话的那头会心地一笑，这个陈守全兵临城下，打你个措手不及，事已至此，只好"就范"了。

就这样，陈守全软硬兼施，把变速箱上盖总成零件的订单拿到了手。

进驻62厂的郧阳地区汽车拨叉厂的36名工人，帮62厂的工人师傅们生产毛坯，不能直接上机床干活，就帮着抬铝块，擦拭机床，打扫卫生，做一些辅助性工作。

进驻49厂的36名工人，除了给49厂的工人师傅们打好下手，自己还动手操作，以此降低49厂师傅们的劳动强度。而且，49厂的师傅们下班后，他们接着干，这样可以提高效率，加快速度，赢得时间。

陈守全和薛世友等几位拨叉厂领导，给62厂、49厂的工人师傅们送来了加班的双倍工资，送来了温暖和慰问。两家厂的工人师傅们，感激得不知说什么好，千言万语都表达在操作机器的手上，转化成一种实际的工作效率。

陈守全反复叮嘱参加62厂和49厂实习培训的拨叉厂工人们：第一，要和对方搞好关系，尊重师傅，虚心学习；第二，要注意安全，不要发生人身或设备事故。看到大家劲头十足，情绪饱满，陈守全心里充满了踏实感。

最让陈守全放心不下的是生产线上设备的转运。49厂的24台组合机

第三章　领军拨叉登高台

床构成一条生产线，现在要把整整一条生产线，24台设备，完好无损地从49厂搬运到50公里以外的郧阳地区汽车拨叉厂，拆卸、吊装、载运、卸车、安装、调试，任何一环都不能有半点闪失，稍有不慎，就会酿成功亏一篑的大事故。

在49厂现场，指挥拆卸的朱延武为了保证一丝不苟地拆卸每一个零件，四天四夜没有合眼。24台设备，终于安全拆卸完毕，朱延武长长地吁了一口气，等待第二天吊装到汽车上，运往自己的工厂。

腊月二十八，天气有些阴沉，寒风刺骨。大清早，24辆大卡车装载着24台设备，缓缓驶出49厂的大门，沿着老白公路，由西向东，过方山、走红卫、奔张湾、经六堰，转道汉江路，奔驰在郧十公路上。一支钢铁大军，浩浩荡荡，气势如虹，向拨叉厂挺进。

一路平安无事，眼看设备转运大功告成，突然传来电话：出车祸了！真是晴空霹雳，把陈守全惊蒙了，说不出话，回不过神。他最担心的事情还是发生了。

在距离拨叉厂十多里的八亩地处，四辆车汇在一起，一字儿排开，谁也不让谁，僵在那里，互相指责。就在这时，陈守全的四弟陈守先驾驶的一辆卡车，由南向北，疾速驶来。

陈守先也是去49厂拉组合机床的，返程时想办点私事，车到六堰，没有上汉江路，而是右拐去了火车站。办完事，他急急火火往回赶，旨在撵上"大部队"，撵到八亩地处，他看到四辆车排在一起，把路堵得严严实实，车子过不去了，想刹车，已来不及了。"哐咚"撞上了四辆车中同方向最边上的一辆车。这辆车也是拨叉厂的，上面载着一台组合机床，受到撞击，车厢里的组合机床晃晃悠悠，偏离了重心，卡车侧翻了，组合机床被甩到河沟里。

陈守全心急如焚，驱车赶到现场。一看，是自家兄弟惹了这起大祸，怒火中烧，二话不说，给了四弟两个响亮的耳光。

陈守先刚从部队复员回来，有关部门还没来得及给他安排工作，陈守全就叫他暂时在拨叉厂上班。陈守先在部队就是开汽车的，在拨叉厂自然还是当汽车驾驶员。陈守全当场对四弟说："你滚回家，从明天起别来上班了。"自己也扣了40元奖金。

组合机床被甩到河沟里，吊上来，仔细检测，发现没有大碍，只是底座甩掉了一个角，这真是不幸中的大幸。请了一个师傅，用金属胶把甩坏了的那个角给粘上，砂纸打磨，刷上漆，看不出疤痕。

这件事，陈守全当时没敢告诉49厂技术厂长孙存化。事后，孙存化偕妻子到陈守全家串门，喝酒时，陈守全才和孙存化谈起这件事。孙存化听了，吓了一大跳，说："老陈，好悬！你胆子挺大呀。"

1987年的春节，对郧阳地区汽车拨叉厂的职工来说，只能在一种异乎寻常的状态中度过了。13天前，也就是陈守全为了争取变速箱上盖总成零件生产任务唐突找二汽领导的那一天，他就做出了这样的规划：今年春节不放假。现在变速箱上盖总成零件生产任务拿到手了，生产线也转运到了厂里，就该落实原来的计划了，不但全厂职工春节期间要加班，而且还要三班倒。只有这样，才能在春节过后上班的第一天交出产品，才能兑现在二汽领导面前的承诺。

陈守全的号召，得到了全厂职工的响应。不管是干部还是工人，没有一个脱岗的。车间里，马达轰鸣，机声隆隆，热烈紧张而有秩序的劳动场面，书写着动人的诗篇。陈守全反复叮嘱食堂管理员，这几天的伙食，一定要加强，不仅要让车间里的工人吃饱，还必须让他们吃好。陈守全在食堂里亲自帮厨，择菜、端盘子。香喷喷热乎乎的饭菜并没有让工人师傅垂涎三尺，因为他们的心贴在自己操作的机床上，贴在自己加工的零件上。工人师傅们只是胡乱扒拉几口饭，填一下肚子，火急火燎地又去干活了，他们要争分夺秒，时间就是胜利。陈守全感动得热泪盈眶，他曾说过，拨叉厂有一支敢打硬仗的职工队伍，他的这一论断，不是空穴来风。

经过全厂职工的连续奋战，春节后上班的第一天，产品如数运送到了49厂，质量数量完全符合要求。二汽总厂的一位领导，拍着陈守全的肩膀，笑呵呵地说："汉高祖刘邦有个著名的'三不如'。刘邦说，运筹帷幄，决胜千里，他不如张良；镇国家，抚百姓，给馈饷，不绝粮道，他不如萧何；将百万之军，战必胜，攻必取，他不如韩信。刘邦'三不如'，我看你呀，是'三都如'，如张良、如萧何、如韩信，把三个人的智慧集于一身。"说得陈守全满脸通红，不好意思，连连说："您过奖了，过奖了！"

1987年，郧阳地区汽车拨叉厂在陈守全的率领下真正实现了"开门红"，红得那么鲜艳，红得那么夺目。

这场扣人心弦的战役，取得了超出预期的胜利。陈守全信心倍增，精神饱满地带领士气高涨的全厂职工，在接下来一个又一个战役中，频频告捷。一个又一个的喜悦，给拨叉厂带来的巨大变化，用日新月异已经难以涵盖了。下面简单回顾。

4月，新筹建的铸造车间，投入使用。地委书记吴华品参加开工典礼仪式，并亲自剪彩。

6月，汉江边新打的3口深井开始供水，形成了郧阳地区汽车拨叉厂自己的供水系统，结束了20年吃浑水的历史。

7月，第二金工车间破土动工。

11月，从二汽49厂转回变速箱上盖总成和顶盖总成。

1987年，郧阳地区汽车拨叉厂全年完成总产值2060万元，比行署"放水养鱼"1400万元的指标超出660万元，比陈守全自己提出的2000

万元的奋斗目标，超出60万元。当时陈守全提出2000万元奋斗目标的时候，许多人都觉得陈守全太盲目了，太冒进了，太猛闯了。现在的超额就凸显了陈守全当时的远见卓识，大家对陈守全更加敬佩了。

"放水养鱼"的第一年就取得了出人意料的经济效益。为此，行署奖励拨叉厂一辆崭新的伏尔加轿车。那辆伴随着陈守全驰骋战场，立下赫赫功勋的128武汉吉普车，怀着满身的骄傲与自豪，功成身退。

郧阳地区汽车拨叉厂1979年以前一直处于亏损，1979年后，生产虽然能按部就班地进行，但经济效益一直不佳，加上地处莫家沟，前不着村，后不巴店，职工们的生活比较艰苦，福利待遇较低。陈守全担任厂长后，心里暗暗地发过誓："一定要把郧阳地区汽车拨叉厂搞好，迅速发展生产，提高职工们的福利待遇，改善职工们的生活质量。"与行署签订了"三定两分离"承包经营合同后，陈守全窃喜："我心中的誓言将变为现实。"

现在，郧阳地区汽车拨叉厂如愿以偿取得了前所未有的经济效益，厂里账本上有钱了，陈守全就一步步地践行着自己的誓言。

家家户户都用上了液化气，拨叉厂职工结束了烧蜂窝煤的历史。每家每户发一台冰箱或一台彩电（那时冰箱、彩电市场上供不应求，普通百姓想买一台彩电或者冰箱非常困难）；每个职工发一套毛料西服。建幼儿园，办小学，盖教学楼，解决职工子弟入托和上学难的问题。

厂里有许多"半边户"，职工的配偶在农村，两地分居，极其不便，生活尤显困难。陈守全就责成劳资科具体负责，给他们解决户口问题。他自己也亲自跑公安局、粮食局。

厂里只有小学，没有中学，许多职工子弟要上中学便成了难题。陈守全亲自与郧阳一中和郧县三中联系，达成校企优势互补的协议。学校安排企业的职工子弟入学，企业安排学校教职员工的子弟就业。双方皆大欢喜,这真多亏了陈守全的用心良苦。

切身利益问题一一得到解决,职工的士气和工作热情呼呼啦啦地往上提升,形成良性循环,对厂里的生产起到了积极的推动作用。

随着厂里经济效益的提高,厂里的基础建设也发生了质的飞跃。原来厂内公路全是土路,晴天一身灰,雨天一身泥。这一年都改造成了水泥路,还建起了花坛,整个郧阳地区汽车拨叉厂成了花园式工厂。

家属区楼前楼后也建起了花坛,为职工们营造出绿意葱茏、秀美优雅的生活环境。

良好的经济效益催生出良好的企业管理。厂计量升国家二级,能源管理获省预备一级,省里批准郧阳地区汽车拨叉厂生产的4种零件为"省优质产品"。郧阳地区汽车拨叉厂在省第四届百日赛中夺得第一,同时被评为"文明生产单位""1987年度郧阳地区先进单位"。

良好的经济效益让拨叉厂名声远播海外。法国瓦勒奥公司总工程师带队,一行12人漂洋过海,慕名来到郧阳地区汽车拨叉厂参观考察,并签订了订货合同。

郧阳地区汽车拨叉厂成了郧阳地区的标杆。比如,郧县汽车配件厂就提出一条激励职工士气的口号:学二汽,赶拨叉,全面质量重点抓,实现利润60万。

在陈守全的领军下,郧阳地区汽车拨叉厂的全体职工,扬眉吐气,昂首挺胸,走在改革开放的大道上。

1987年12月28日,是郧阳地区汽车拨叉厂建厂20周年纪念日,陈守全决定大庆。一来建厂20周年,本该大庆;二来1987年工厂的产值比上年增长近一倍,应该大庆。

12月28日这一天,天公作美,天气并不冷。灿烂的阳光,如春天般温暖,习习的和风,荡着几分柔润,天空白云朵朵默默鸟瞰着郧阳地区汽车拨叉厂热闹非凡的风景。不锈钢的厂标高高地矗立着，在阳光的映衬下，熠熠生辉。彩旗飘飘，鼓声阵阵，人潮涌动，车流如织。幼儿园的小朋友们手持鲜花，载歌载舞，欢迎四方来宾。

省经委、省机械厅发来贺电，东风汽车公司及其所属的十几个专业厂送来锦旗，十堰市及竹山、郧西汽车配件厂等几十家单位送来了匾额或条幅……

在庆典大会上，地委副书记雷学斌激昂地说："从产值十几万的小厂发展到今天，产值超过两千万的中型企业，这是一个值得大家庆贺的奇迹。"

地区工业局局长、前任拨叉厂厂长廖纪邦，感触颇深地说："20年前，莫家沟人迹罕至，如今，这里屹立起了一个中型企业，这个变化，是我们拨叉人智慧和汗水的结晶。祝愿汉江之滨这颗明珠，明天放射出更加耀眼的光芒。"

陈守全热情洋溢，慷慨陈词，发表了题为《回顾历史，展望未来，开拓前进》的长篇讲话，下面简要摘录。

首先我代表郧阳地区汽车拨叉厂向各位领导、各位来宾莅临我厂建厂20周年庆祝大会，表示最热烈的欢迎。借此机会，在这里，对各位来宾、友邻单位长期以来对我厂的关心、帮助与大力支持，表示深切的感谢。

郧阳地区汽车拨叉厂20年来，走过了艰难、困苦、曲折的道路，今天终于踏上了发展、前进、奋起的征程。1971年，郧阳地区汽车拨叉厂硬着头皮，勉强投产。虽然先后生产了凿岩机等45种产品，但投产后，在长达8年的时间里，一直徘徊在亏损线上，痛苦地挣扎。1978年，转产解放汽车拨叉，也未能摆脱亏损的境况。直到1979年转产为二汽配套生产东风EQ140汽车拨叉，与大工业配套，生产才步入正常轨道，稳步前进。并且，在后几年里，效益连年成倍增长，拨叉厂彻底甩掉了亏损、落后的帽子。自投产17年来，我厂共生产了189种产品。

今天的郧阳地区汽车拨叉厂，仍处在发展、前进的关键时刻。工厂建设、产品开发、企业竞争、市场占领、技术革命等各个领域时刻在考验着我们。我们没有任何理由炫耀自己，更不能放慢步伐。我们要紧盯着我们的战略目标：一年一小步，两年一大步，三年一飞跃；争取在1995年实现地区规划的产值1个亿的奋斗目标，争创一流工厂，一流企业。把握住今天，才能赢得了明天。

三十二　建立科学管理体系

陈守全担任厂长之后，对领导班子的建设格外重视。他认为，一个企业能不能兴旺发达，领导班子是决定性的因素。要想把郧阳地区汽车拨叉厂建设得红火起来，首先必须要建立起一个强有力的领导班子。在郧阳地区汽车拨叉厂领导班子的建设上，陈守全已经搭建起了人员文化程度大专以上、年龄在30岁到50岁的阶梯结构。为了让这个结构更加坚固，他经常组织政治、业务学习，强调廉政思想作风和平民思想。班子成员团结友爱，分工协作，形成了同心同德的合力。

1987年，厂里掀起一波又一波生产高潮的时候，陈守全发现拨叉厂的管理水平跟不上生产发展水平，他不禁倒吸了一口冷气。一家企业，如果只顾埋头搞生产，忽视科学管理，不仅生产要受到制约，而且企业生存的根基也会动摇。只有强化科学管理，企业的生产才能健康稳步有序地发展，企业才能增强市场竞争力。建立和强化现代企业的科学管理体系是郧阳地区汽车拨叉厂的当务之急。

第一，标准化管理。

郧阳地区汽车拨叉厂在1988年前只是根据企业生产发展和质量管理的需要制订了围绕主导产品的技术标准及规章制度，工厂没有整体推行标准化管理。标准化管理是企业基础管理的重要内容之一，是加强企业管理、降低物耗、提高产品质量和经济效益的重要保证。企业要进行科学化管理，就必须推行标准化管理。

陈守全意识到郧阳地区汽车拨叉厂管理水平与现代化企业的差距后，立即着手成立标准化管理委员会，自己出任主任，副主任由技术厂长和行政厂长担任，车间和各科室的负责人为委员会委员；并建立企业标准化管理机构——厂办企管室，负责管理标准和工作标准的管理工作；设置两名标准化管理员负责标准的计划、修订、审批、发布、备案、程序的规范化管理，并按照标准的管理实施办法定期对标准的贯彻执行进行检查考核。技术开发科负责技术标准的管理工作，厂科技档案员负责标准化档案管理工作，各车间设置标准化组和1名兼职标准化管理员。

标准化体系建立后，企业标准化工作正式列入企业方针目标，重点执行，并第一次提出定量、采标和夺标验收的工作任务，逐步形成了以技术标准为主体，包括管理标准和工作标准的企业标准化管理网络。

1989年，为进一步提高工厂标准化管理水平，改善企业管理，促进技术进步，从而实现产品质量、工作质量的全面提高，拨叉厂把企业标准化管理正式纳入基础管理的轨道，成立了制标专班，以"宣、讲、制、采、贯"为原则，在学习借鉴二汽专业厂三大企业标准的基础上，经过3个月的日夜奋战，制订出具有高质量高水平的三大系列标准，并编印成册，发布实施。

第二，现场管理。

现场的脏、乱、差一直是困扰郧阳地区汽车拨叉厂的一个难题，多年未能获得破解和根治。在推行标准化管理的时候，拨叉厂确定以整顿现场环境为突破口，开始彻底整顿现场。从建立现场管理的基础框架入手，逐步确定了各专业管理部门在现场管理中的职能作用，建立健全了现场管理标准和现场岗位标准。

同时积极引进先进的现场管理方法和理念，通过多种教育培训方式，逐步提高干部的现场管理水平。以班组管理为中心，有效规划各类生产要素，绘制车间科室定置图，开展定置管理和5S活动。按照5S的5个阶段对现场进行彻底的清理整顿，按照定量化、动态化和目视化的管理原则，营造了安全文明的现场环境，形成了有秩序、高效率的物流系统，实现了人、物、场所的最佳组合。

此后，郧阳地区汽车拨叉厂进一步改善和提高现场管理水平，建立了以厂长直接领导、以综合管理部门为核心的现场管理组织网络，确定了"抓系统，系统抓"的管理原则。厂办设置现场管理员1名，协助厂办主任组织开展全厂的现场管理工作；各科室设分管现场的副科长和1名现场管理员。现场管理被纳入厂部统一规划、统一标准和统一考评管理。

厂办制订了《现场管理考核细则》，要求各专业科室根据《现场管理考核细则》，分工负责抓现场。接着，厂办又制订了《定置管理标准》，成立了专门的定置小组，负责在公司进行定置检查和定置设计工作；在采用定量标准符号的基础上，组织设计了厂区、车间、班组、仓库、办公室等各类定置图64张；建立了定置管理台账，详细规定了定置区域名称。

根据省机械厅的《现场管理评价细则》74条要求，结合自己厂里的实际情况，拨叉厂制订了自己的《现场管理评价细则》。按照《现场管理评价细则》要求，逐条检查整改落实。

这一系列管理制度的制订和实施，取得了良好的成果，一直困扰拨叉厂现场的脏、乱、差难题，得到了有效的根治。在省级先进企业复评验收活动中，郧阳地区汽车拨叉厂的现场管理以97分的成绩达到一级水平。1991年，郧阳地区汽车拨叉厂被省机械工业厅定为现场管理联系点。

第三，销售管理。

1987年以前，郧阳地区汽车拨叉厂的产品品种和产量都较少，年销售收入也就在30万元左右。那时，销售管理尚处在起步阶段，社会销售也仅仅局限在货款回收上，销售工作主要由生产科打理，从事销售的工作人员仅有3名。销售管理比较粗放松散，各项配套措施跟不上。在分配制度上，还是承袭计划经济吃大锅饭，销售人员的工资待遇与回收货款脱节，货款收多收少一个样，销售人员的积极性调动不起来。销售工作被动，货款回收缓慢，还经常出现死账、呆账，销售管理亟待科学化和市场化。

为解决销售管理问题，在机构设置上，拨叉厂单独设立经营科，强化营销管理。设立经营科，郧阳地区汽车拨叉厂是郧阳地区工业企业中的首家。在企业理念上，把工作重点由单纯的生产型管理向生产经营型管理转移。对销售工作进行改革，建立和完善规章制度。为充分调动营销人员的积极性，对销售科实行全额费用承包制。根据路途远近，业务范围大小，将全国分为若干个区域，制订不同的提取系数。对业务人员实行工资、奖金、旅差费、业务费等与货款回收指标挂钩的考核，按照"多劳多得"的原则每月核发业务人员的工资。公开招聘营销人员，贯彻执行"能者上，庸者下"的原则，增强业务人员的危机感。这些措施促进了工厂营销人员素质和业务水平的不断提高。营销队伍也壮大了，从3名营销员扩大到30名。同时也扩大了经营网络，在全国设立了300多个经营网点。销售管理工作逐步走向成熟。

另外，在生产、技术、质量、计划、财务、设备等13个方面，都实行了标准化管理，并制订了详细的规章制度。整个工厂各方面的工作都进入现代化科学化的管理程序，真正体现出一个现代化企业所具有的特点。

三十三　深圳大学进修归来

实践出真知，这是颠扑不破的真理。陈守全在未担任厂长之前，特别自信，觉得当个厂长没有什么困难的，跟做车间主任比，只不过是管的面宽了一些，管的事多了一些而已。担任厂长之后，经过一年多的实践，陈守全才知道当厂长的艰辛，其难度比当车间主任大多了，而且在管理的实践中，他越来越觉得自己有被掏空的感觉。要经营好一家企业，有许多实际问题需要一个一个解决，而解决问题需理论依据，所以，必须在理论上探寻一个一个模糊或未知的关节点。

企业经营管理，是一门涵盖着方方面面的深层次的学问。而陈守全仅有中专学历，并且学的是医，与企业管理隔着一座好大的山。尽管他已经在工厂锻炼了20多年，积累了一定的实践经验，但更多是凭着一些感性认识摸着石头过河，缺乏专业理论指导。陈守全1979年在地区党校学习过5个月，1981年再次进入地区党校学习了8个月，1986年在地区财校学习了6个月，但这些还是杯水车薪，在实践中陈守全常常感到有点力不从心。如果能有机会再次充充电，学习学习，提高自己的经济理论水准，提高自己在企业经营管理实践中的驾驭能力和操作能力，那该多好啊！

出乎意料，想得到一次学习的机会，这机会真的就来了。

1988年2月，陈守全在地区工业局开会，局长对陈守全说："地区有两个去深圳大学学习的名额，给了我们局一个，如果你工作脱得开身，又愿意去的话，这个名额就给你，学习时间3个月。"陈守全本来就渴望有这么一个机会去学习，再说学习时间只有3个月，对工作没有多大影响。春节前后这一仗打得比较好，二汽的领导们都很满意，扩散到拨叉厂的零件的合同，学习3个月回来，正好赶上续签，两不耽误。于是，陈守全当即答应去深圳大学学习。

深圳大学是1983年创办的，虽然建校时间不长，但是它创办伊始，就引起全国人民的关注。深圳大学的创办得到了几所大学的援建，清华大学为主援建建筑、电子类学科；北京大学为主援建中文、外语类学科；中国人民大学为主援建经济、管理等学科。首任校长张维教授是两院院士。

1988年3月，陈守全跨进了深圳大学的校门，开始了课堂学习生活。他学的是涉外经济管理专业，共有"对外贸易""对外经济法""谈判艺术"等六门课程，还有"对外开放专题讲座"。

深圳大学的所见所闻，让陈守全大开眼界，大长见识。校园里到处都洋溢着厚重的学术氛围，陈守全耳濡目染，由此生出一番感叹："我能有机会进入大学校园学习，真是幸运。"陈守全从心里珍惜这次学习机会。

在辩证唯物论的认识论中，有这样一个判断：一个正确认识的获得，往往需要经过由实践到认识和由认识到实践的多次反复。陈守全通过在工厂的实践，认识到需要更多的科学理论知识丰富和武装自己。现在真的在知识的殿堂中学习，就能产生事半功倍的效果。

陈守全一面学习，一面将书本上的知识联系到自己的工厂。承包经营的第一年，也就是1987年，打了一个漂亮仗，工厂上了一个大台阶；今年，1988年，预估只会比去年好，不会比去年差，当然，这需要通过艰辛的努力才能实现。那么，1989年呢？1989年是3年经营承包合同的最后一年，这一年，该怎么才能在前两年的基础上更上一层楼呢？陈守全心里谋划着工厂1989年的生产蓝图。

第三章　领军拨叉登高台

1988年6月，陈守全修业期满，豪情满怀地回到拨叉厂。他已在拨叉厂工作了21年，21个春秋朝夕相处，自己对工厂熟悉得不能再熟悉了，一草一木都镌刻在记忆的深处，可仅仅离别3个月，今天回来，好像一切都变得那么新鲜，甚至有些陌生了。

工厂变得新鲜了，陈守全也以全新的面貌出现在大家的面前。他举手投足之间所表现出来的风采，与3个月前大相径庭。是的，经过这次学习，陈守全大有茅塞顿开之感，这自然就有了肢体语言的嬗变。茅塞顿开便牵引出新的韬略。回来后，陈守全认定了一个方向：所学到的理论知识，要在工厂建设和发展的实践中充分运用和发挥。陈守全就从在深圳大学学到的知识中总结出"企业三大法宝"的理论：第一，人才、产品、技术改造；第二，顺民意，稳定职工队伍，改善生活环境；第三，增加效益，健全管理体系。这"三大法宝"管用吗？陈守全的理论面临着实践的严峻检验。

1988年8月，陈守全参加二汽在湖北省江山机械厂召开的零部件扩散联席会议。

这次会议，可以理解成是二汽各零部件配套厂家一次面对面"抢占山头"的博弈和较量。对陈守全则是在经营管理上突破原有水平的一次考核。

这里需要拐个弯，才能把上面的话题充分展开，让读者了然于心。

1984年，中国共产党十二届三中全会通过的《中共中央关于经济体制改革的决定》突破了把计划经济同商品经济对立起来的传统观念；1987年，中国共产党第十三次全国代表大会又明确指出，从社会主义初级阶段的实际出发，必须坚持以公有制为主体，大力发展有计划的商品经济。商品经济的充分发展，是社会经济发展不可逾越的阶段。

中国的改革开放向纵深发展。市场上汽车的需求量大幅增长，汽车制造业强劲起来，行业竞争日益激烈。二汽的东风汽车俏销全国，连续多年畅销，供不应求。二汽决策者们居安思危，在大好形势中看到了潜在的危机，认识到如果不增强自己竞争的后续力，在市场的博弈中，将会受到重挫，于是决定生产8吨153大卡车。这是一个新产品，对当时二汽的生产能力来说确实是严峻的挑战。

为了减轻自己的压力，二汽决定把8吨153大卡车的一些零部件扩散给有密切协作关系的汽车配件厂家生产。于是，就在江山机械厂召开了零部件扩散联席会议。

在会上，二汽需要扩散的零部件一一落实到了各生产厂家，唯有153大卡车变速箱盖体，因为是铝合金压铸件，技术含量高，生产难度大，与会者没有一个敢应接。大家面面相觑，谁也不吱声。沉默中，陈守全说话了："我们厂干！"

所有的眼光都集中在陈守全身上。生产这种变速箱盖体，必须拥有大吨位的压铸机，这压铸机必须从外国进口，国产的620吨压铸机不中用。郧阳地区汽车拨叉厂没有大吨位的进口压铸机，怎么敢把这个单子接下来？

陈守全自己心里有数："没有，可以去买嘛！可以从外国进口嘛！"

从国外进口设备，首先要投入大量资金，这是其一；其二，有了钱也不一定能做成，还需要多方审批；其三，设备买回来后，还有数不清的后续问题和变数⋯⋯

在深圳大学学习的时候，陈守全就一边学习，一边思考。一家企业必须要有自己独特的优势、独特的产品、独特的经营方式和谋略。有了这种种独特，才能在市场竞争的狂风暴雨中凭借自己的实力立于不败之地。

从深圳回来后，陈守全就和厂领导班子研究讨论，就工厂产品的选择，达成了共识。

第一，二汽的短线产品。短线产品一般批量不大，变数又多，更换频繁，许多厂家不愿意干，如果拨叉厂把握住机会，便可以一箭双雕。这样既可为二汽排忧解难，使协作关系更为和谐，自己又创造了经济效益，何乐而不为呢？

第二，技术难度较高的，别人不愿啃的，我们知难而上，把它啃下来，同样可以一箭双雕。为对方解决棘手的难题，为自己的企业形象增辉，会带来事半功倍的经济效益。

厂领导班子，有了这样一种共识，陈守全就可以大胆地接下生产变速箱盖体这个烫手的山芋。

至于其中的困难，陈守全一清二楚。难道有困难就不干了吗？人的一生，不论是顺境还是逆境，都要与困难打交道，克服困难，战胜困难，人生才有乐趣，才有意义，才有价值。在市场经济的大海中，哪家工厂不承担风险？有风险才有回报。当脚踏实地地攻克了各种难关，顺顺利利做成了这件事，工厂就有了当家设备，可以独树一帜，工厂的威望也会直线攀升，这其实是一次十年九不遇的发展机会！

陈守全胸有成竹地与二汽签下了8吨153大卡车变速箱盖体的供货合同。

回到厂里，第一道关是从国外进口设备。这还是大姑娘上轿头一遭。外贸，这完全是一个陌生的领域。手续怎么办？要通过哪些部门？都一无所知。怎么和外国人谈生意？找不到借鉴的经验，书本上也没有现成的条文。买设备的钱从哪里来？这是最核心最挠头的事情。设备买回来之后，谁来操作？设备投入生产后，出了问题，谁来解决？解决不了怎么办？或许还有许许多多无法预料的问题，对这一切，陈守全心里没有底儿。

不过，这并不影响陈守全有条不紊地推进工作。他一面向上级部门汇报进口压铸机的事宜，并商量具体步骤，一面用心组织指挥工厂的日常生产。

1988年，工厂实现产值3016万元，比上年度增加956万元，利润435万元，各项经济指标创历史最好水平，提前2年完成3年承包经营任务。

这一年，工厂获得了郧阳地区6个第一：工厂规模，产品品种，省优产品数量，职工人数，效益增长幅度。还获得了"省先进企业""省企业管理优秀单位""省全面提高经济效益先进单位"等8项省级殊荣；同时，进入了湖北省机械工业企业30强行列。陈守全个人被评为湖北省劳动模范。

1988年的累累硕果，不仅让拨叉厂的职工们看到了工厂灿烂的明天，也极大增强了陈守全攻下压铸机这个堡垒的决心和信心。

1989年，拨叉厂实现销售收入3503万元，利税537万元，各项经济指标仍然保持郧阳地区第一，企业被列入湖北省创利税大户名单。

尤其是1990年，制造业的发展陷入瓶颈，汽车行业有80%的企业面临亏损，湖北省机械行业有37%的企业出现亏损。郧阳地区汽车拨叉厂在这种形势下，各项经济指标依然坚挺，迈上新台阶，实现销售收入3516万元，创利税594万元。在同行业中，拨叉厂宛如一棵青松，经受住了寒风的考验，傲立在高山之巅。拨叉厂在郧阳地区乃至在湖北省的知名度进一步得到提高。

以陈守全为核心的拨叉厂领导班子，对市场的应变能力和科学充分利用各种资源的能力，在这次风浪中得到了检验。

拨叉厂全部超额完成第一轮承包经营的各项经济指标。

4年的改革奋进，拨叉厂这个名不见经传的山沟小厂，一跃成为名声响亮的中型企业。4年间，企业固定资产增加1700万元，工业总产值年平均增长速度为47%，4年内生产能力增加3.5倍。4年里，由单一的精铸件生产加工，发展到多品种、专业化高水平生产，品种达到163种。科技攻关332项，其中2项获国家奖励，获得湖北省"七五技术进步先进企业"

的光荣称号。

经过这4年的奋斗，企业的社会地位和职工的福利待遇实现了历史性的跨越。一个人人不想来、来了就想走的山沟穷工厂，发展为环境优美、人们向往的好地方。建起了医院，建起了自己的贸易市场。看病难，买菜难等40多个难题，一一得到解决。

工厂4年实践取得的丰硕成果有力地证明了陈守全在厂三届一次职工代表大会上提出的治厂方略的正确性和科学性。陈守全成为郧阳地区第一轮承包经营企业任务完成的楷模。

三十四　十堰·罗马

从国外采购设备，陈守全预料会有一定难度，但是没想到还未出国，就遇上了许多困难。

书面申请需要行署批准，陈守全奔波将近一个月，行署系统这一级的手续办全了，接着赶赴省城。省里的部门更多了，要到省办公厅、经委、计委、机械工业厅、银行等多个部门办理手续。各种辛苦波折真是一言难尽。

在省城办完手续，接着又北上进京。在北京盖完最后一个公章，陈守全看着申请报告单上100多个圆圆的、大小差不多的公章，心里极其沉重，同时又感到特别轻松，终于越过了这100多座火焰山，获得了胜利。

陈守全回到厂里后，一天天地等，一天天地盼，终于拿到了国家建设银行投资总行批复的外汇计划，这一天是1989年5月18日。

俗话说，一分钱憋死英雄汉，现在陈守全拿到了外汇计划，有了钱，英雄就有了用武之地。采购压铸机的工作进入了具体操作阶段。

在世界经济一体化的信息时代，哪怕郧阳地区汽车拨叉厂偏处深山，它要采购高吨位压铸机的消息很快就传到了五洲四海。日本、瑞士、意大利等国的厂家纷纷发来传真，有一些厂商甚至直接前来洽谈。各厂家在没有硝烟的战场上，展开了激烈的较量。

陈守全高兴了，因为供应商竞争越激烈，郧阳地区汽车拨叉厂获益的可能性越大，获益的指数越高。经过来来往往，几番讨价还价，日本、瑞士的厂家退出了竞争，郧阳地区汽车拨叉厂和意大利特里乌奇公司达成初步协议。

意大利特里乌奇公司能够胜出，这里面有一段与本传记既无关又有关的"缘分"。

意大利特里乌奇公司曾经历过一次濒临破产的生死考验。就在这生死攸关的重要时刻，中国企业挽救了它，与它签订了一份价值达1亿美元的购货合同，把这家公司从死亡线上拉了回来。这次，郧阳地区汽车拨叉厂采购压铸机，特里乌奇公司在价格上就降低了标准，与日本、瑞士厂商拉开差距，脱颖而出。

达成初步协议后，双方还需进行正式磋商谈判。而这个谈判进行得同样艰苦。

在上海锦江饭店进行第一轮谈判；在深圳新都酒店进行第二轮谈判；第三轮谈判，地点选在北京；在武汉进行了第四次，也是最后一次谈判。刚一开始，两台850吨压铸机，外加两套模具，意大利特里乌奇公司要价136.6万美元，经过四轮谈判，以93.6万美元成交，合同签订。

在谈判的过程中，对方首席谈判代表哈里万里克女士先后三次在谈判现场给意大利总部打越洋电话，汇报谈判进展，请示谈判原则，这说明中方给出的价格已经低于意大利总部给出的价格底线。由此可见，郧阳地区汽车拨叉厂在交易中占了上风，而特里乌奇公司对中国的感谢是由衷的。

1989年12月,陈守全与总工程师周忠民、项目组组长尚治典、省外经贸经理兼翻译喻德信一行4人,赴意大利特里乌奇公司考察。

从香港登机,经德国,飞抵意大利米兰。特里乌奇公司总部设在意大利的第二大城市米兰,这是意大利最重要的经济中心,有"经济首都"之称,也是艺术的摇篮和许多天才人物的故乡。

陈守全一行来到异国他乡,异常兴奋。在特里乌奇公司办完了该办的事项,该公司邀请他们去罗马、比萨、威尼斯观光。

陈守全置身罗马教堂,仰望比萨斜塔,览胜威尼斯水城,心潮澎湃,感慨万千,历历往事如走马灯似的在眼前滚动。

冰天雪地,光着脚丫子走在求学的路上;胆怯而窘迫地立于中药铺的柜台前卖蝎子;第一次上北京,身上散发着乡土气息、害羞青涩;扛着简单的行李,到风动工具厂报到时的兴奋和凌云壮志;"一打三反",站在批斗台上的冤屈和绝望……

一个穷苦的孩子,一个单纯质朴的青年……

今天,陈守全西装革履,颇具绅士风度,以客商的身份,从家乡的汉江畔远涉重洋来到地中海岸的意大利,来到罗马、威尼斯,原来只凭想象描绘的若隐若现的画面,此时此刻就在眼前。啊!这是怎样的变迁?怎样的跨越呀?

我曾写过一首题为《回忆》的诗:

回忆/是海上刮来的风/从心的沙滩登陆/掠过天涯/又回到海角

回忆/是本厚厚的书/即使处处败笔/快乐总比痛苦多

回忆/是条弯弯的路/近处没修好/远处望不到头

回忆/是条长长的河/流的是昨天的水/唱的是今天的歌

三十五 "洋媳妇"进了婆家门

两台850吨压铸机（有色金属压铸机），"洋媳妇"从娘家米兰启程，出地中海，经由红海，入印度洋，穿过马六甲海峡，于1990年4月18日，抵达上海港。4月26日，到达目的地——十堰。

陈守全决定，4月28日把这"洋媳妇"请回厂里。压铸机，这么庞大的家伙，要从夏家店货运站运回郧阳地区汽车拨叉厂还真有难度。

从夏家店到郧阳地区汽车拨叉厂，要经过好几座桥，这几座桥梁的设计承重只有10吨。而压铸机身长20多米，体重几十吨，光是底座就有十几吨，再加上汽车的重量，远远超过了桥梁的设计承重。为了解决这个棘手的难题，陈守全请郧阳行署经委主任、交通局局长、东风运输处处长等专家领导到现场勘查桥梁。领导专家们根据现场的实际情况认定必须加固桥梁。之后，根据加固方案，绘制出详细的图纸，施工时，领导专家们亲自到现场指挥。于是，几百根枕木与桥梁科学有机结为一体，桥梁承重达到30吨。陈守全在回忆这件事的时候，还在说："真要深深地感谢这些领导专家，没有他们无私的援助，我们拨叉厂只能喊天！"

桥梁承重问题解决了，公路的承重同样存在问题。从十堰到拨叉厂现在是平坦的沥青路，路况优质，可那时是水泥路，路况很差，好些路段的虚土裸露在外，有的地方虚土已经流失，留下一个个黑洞。卡车装载着压铸机，几十吨重，公路肯定承受不起。陈守全组织人马对沿途公路仔细勘察，然后一一填充加固。

4月28日，天公不作美，下起了滂沱大雨。陈守全以为雇请的102机运公司不会施工，没想到他们却按时来到了夏家店现场。

102机运公司的师傅们，沉着谨慎、全神贯注地操作着，把一件件大家伙从火车上吊到一辆辆大卡车上。一共21辆大卡车，载着被分解了的压铸机，徐徐地开往拨叉厂。

拨叉厂全体职工早早地就在厂门前排成长队，夹道迎候。当102机运公司的工人师傅们把压铸机运到郧阳地区汽车拨叉厂门口时，人们才发现厂门太矮，高度不够，汽车载着压铸机过不去。机运公司一位年过五旬、身经百战的老起重工师傅，出了个主意：把压铸机卸在厂门口外面，放在滚杠上，一点一点往厂里挪。问题解决了，陈守全忙不迭地掏出当时盛行的、够档次的阿诗玛香烟，款待机运公司的师傅们。烟盒里还剩下几根烟，陈守全连烟带盒子塞进了老起重工师傅的衣兜里。

当分装压铸机的包装箱一一运进郧阳地区汽车拨叉厂的车间，基本就位之后，陈守全独自跑进办公室，关上门，趴在办公桌上，情不自禁失声痛哭。

男人有泪不轻弹，这哭声是胜利的乐章，是喜悦的琴弦，同时也是辛酸的诉说，是委屈的释放，是万千情感汇合在一条江河里，汹涌澎湃的尽情倾泻。

这样的压铸机在中南地区前所未有，郧阳地区汽车拨叉厂填补了这个空白，这是陈守全的大手笔，也算是一个创举。正因为这样，地委、行署的领导赶来了，二汽总厂的领导赶来了，共同迎接这位来自地中海的"洋媳妇"，共同祝贺郧阳地区汽车拨叉厂的成功与胜利。

而这个大手笔是陈守全冒着无法预知的风险，壮着肝胆，硬着头皮做成的。过程中，不知有多少人明里暗里等着看他的笑话。联席会议都结束半年多了，当初参加二汽在江山机械厂召开的零部件扩散联席会议的厂家中，有好几个厂家的厂长打电话给陈守全，借关心之名，行嘲讽挖苦之实。一旦真出现问题，他人的幸灾乐祸或许可以忽略不计，但对郧阳地区汽车拨叉厂的伤害则不能忽略不计。陈守全又将何处安身？这所有的一切，不能不使陈守全在购买压铸机的过程中时时刻刻都如履薄冰，提心吊胆，谨言慎行，甚至常常做噩梦，惊出一身冷汗。

今天，压铸机顺顺畅畅、安安全全地进入郧阳地区汽车拨叉厂的车间，一切风险化成一道美丽的彩虹，横跨在雨后晴空上。所有的担心和忧虑，在这道美丽彩虹的映照下烟消云散。

陈守全明白，今后压铸机将成为郧阳地区汽车拨叉厂生产的支柱，将成为郧阳地区汽车拨叉厂标志性的技术能力，还将成为郧阳地区汽车拨叉厂的骄傲，令兄弟厂家钦羡。

压铸机运回了厂，开始着手安装。

陈守全派人与某机电安装公司联系，对方张口就要13万元，加上其他费用，没有20万元是拿不下来的。

这个数目远远地超出陈守全的估算，而且请人来安装，进度和质量都难以保证。陈守全心里盘算，还是自己安装最划算。可谁能承担得起这个重任呢？

设备科科长程崇光看出了陈守全的心思，主动请缨，向陈守全表示："外国人能把机器造出来，我们就不能安装起来呢？我不信那个邪，我来干！"他带着张士海、黄文新几个人就干开了。

安装，可以理解成按图索骥。要"索骥"，先要看懂图纸，看懂说明书。压铸机技术资料和说明书是全英文的，厂里没有英语翻译。于是与上海易初摩托车公司联系，因为他们早在去年就从意大利特里乌奇公司进口了一台压铸机，技术资料说明书已经翻译成了中文，看能不能借用一下。经联系，对方的回答是可以借，但是是有偿借阅。有偿借阅，市场经济下无可厚非。但谁知，仔细一问，他们的压铸机控制系统和拨叉厂的压铸机控制系统不同，也就是说，他们的资料，有一半不能用。最终只好作罢。

在这节骨眼上，毕业于南航大学信息工程专业的工程师曹立新挺身而出，把30万字的英语说明书翻译成了中文。

接下来按照说明书进行安装的时候，吊装又成了拦路虎。压铸机底座和机身的重量分别都是10多吨，车间里没有这么大负荷的吊车。陈守全就组织技术人员，自行设计自行制造出一台龙门吊，把拦路虎一脚踢进了太平洋。

压铸机终于降伏于拨叉人的勤劳和智慧中，在压铸车间昂然挺立起来。为了保证压铸机的调试运行，华中工学院毕业的动力工程师殷衍坤主持设计出压铸变电所、压铸车间的电器图纸，亲手制作电缆头和高低压调试柜，将成千上万个电线头准确无误地连接起来。在调试过程中，解决了来调试的外国专家也一筹莫展的几个棘手的难题。

压铸机安装调试后正式投入生产，在生产过程中，问题又出现了。

两台压铸机，总共才有5套模具。模具的顶杆、型芯最容易损耗报废，所以，能保持正常运行的只有一两套。这显然不能保证生产，攻克模具关成了当务之急。梁红大胆提出了用焊接法修理模具和自行设计加工模具上的顶杆、型芯两项建议。他的建议，在实践中获得成功。模具的顶杆和型芯坏了就焊，焊好了就用，用坏了再焊，保证了生产，还节约了资金。

模具钢在自己厂里不能淬火，要求助别的厂子。求助于人，少不了受委屈，受制约，还往往远水解不了近渴，耗时耗工，影响生产。求人不如求己，拨叉厂人在陈守全的领导下，发挥自己的聪明才智，用氧气乙炔，居然收到了意想不到的效果。

外购的铝合金质量不过关，杂质含量高，压铸出来的产品不能进行机加工。尤其是后油封支座气孔问题更为严重，硬质点多，有冷隔现象。车间工艺员周兵，为了攻克铝合金的熔炼关，主动提出下到生产第一线担任熔炼班班长，亲手操作。他和工人师傅们在熔炉前一起挥汗，一起动脑子，反复试验，改进加料方法，终于拿出了合格的铝合金毛坯产品。后油封支座质量达到了设计要求，技术参数甚至符合美国标准，用户十分满意。

压铸机正常运转，产品质量上乘，品种齐全，销售很快向四面八方扩展。厂里经济效益呈几何级数增长，两年多的时间，就把引进设备的贷款和利息全部还清。上级领导到拨叉厂考察时，由衷地夸奖，拨叉厂的这一战略举措是值得推广的成功范例。

写到这里，我们自可回溯到1987年。郧阳地区对郧阳地区汽车拨叉厂实行"放水养鱼"的时候，陈守全说过："我们拨叉厂有一支敢打硬仗的职工队伍，……我们厂还储藏着巨大的潜力可挖。"陈守全的话在拨叉人摆弄压铸机的过程中得到了充分证明。

在这里，我们可以看到，陈守全对郧阳地区汽车拨叉厂的评价，对每个拨叉人的认识、分析、判断，是多么深刻，多么准确，真是入木三分。所谓"知己知彼，百战不殆"，只有了解自己，了解对方才能打胜仗，陈守全对自己的工厂，对自己工厂里的职工，了如指掌，所以，他才有胆量向风险挑战。

三十六　日本来客

陈守全没有想到，郧阳地区汽车拨叉厂不仅在郧阳地区、在省内声名鹊起，声名还远播到了国外。

1990年6月23日，阳光普照，晴空万里。日产柴副总裁三原太郎一行3人，风尘仆仆辗转来到郧阳地区汽车拨叉厂。他们隔洋跨海，听说郧阳地区汽车拨叉厂生产的汽车拨叉配件质量不错，因此前来郧阳地区汽车拨叉厂实地考察。

陈守全陪同日本客人，在机加、精密铸造、热处理等各个车间参观考察。日本客人直言不讳地说出自己的意见："你们的机加不如我们。"但是，日本客人对郧阳地区汽车拨叉厂的精密铸造技术则称赞不已，说："你们的精密铸造技术比我们的好多了，我们要向你们学习。"

日本客人的坦诚率真让陈守全感到惊讶，而他们对郧阳地区汽车拨叉厂精密铸造技术的称赞，又让陈守全心里增添了几分惬意。

在这里，我们的叙述要回到陈守全出任副厂长的时候。

郧阳地区汽车拨叉厂领导层为汽车拨叉配件毛坯生产问题召开了一次研讨会，在会上，郑家震说："汽车拨叉配件的毛坯，我们肯定不能生产。铸造这一关，我们过不了，因为我们没有中频炉，只有一台工频炉。热处理这一关，也有相当难度。我想大家还记得，前一阵子我们生产拨叉，进行热处理的时候，不是把炉子烧坏了，就是把工件烧化了，造成了极大的损失。所以生产拨叉配件，我们只能承担机加工这一工序，毛坯的生产，还是让精密铸造厂去搞。"

陈守全则极力主张要自己生产汽车拨叉配件毛坯。

最后，会议还是通过了陈守全的提议。但在毛坯生产的实践过程中，还是接连出现过不少问题，尽管问题——得到了解决，但是隐患依然存在，对生产形成的威胁并未消除。陈守全也不得不慎重思考："这精密铸造工艺怎么就这么难呢？我们到底是搞，还是不搞呢？搞的话，怎么搞呢？"

其实，郧阳地区汽车拨叉厂搞精密铸造，前前后后经历了十几个春秋。早在1973年，拨叉厂前身风动工具厂扩建铸造车间的时候，就试图改灰铸为精铸工艺，遗憾的是，未能实现。直到在原大炉工段（车间）上盖起一座双层车间，1986年完工投入生产，铸造车间才开始实施精密铸造工艺。因为资金投入不足，技术不够成熟，加上这期间人事变动频繁，所以精密铸造始终未能成为郧阳地区汽车拨叉厂强劲的生产手段。

蒋化春当厂长的时候就想让精密铸造成为郧阳地区汽车拨叉厂的强劲生产手段，但是因为资金不足，只能望而却步。这次，蒋化春横下一条心，向上级主管部门提出申请，要求为建立精密铸造工艺加大投资。郧阳地区经委就蒋化春提出的申请，召集有关人员，在郧县招待所开了一个专题会议。在会上，郧阳地区经委主任听了蒋化春的汇报，当场就严厉批评蒋化春，"已经投资了91万元，钱不少了，还不能投产，现在又要求增加投资，不要拿着国家的钱不当回事。"陈守全想发言，可又不知说什么好。踌躇间，参加会议的二汽一位副处长实事求是地说："技术改造是要花钱的，该花的钱就得花，不能省，一省就会省出大问题，良性循环会变成了恶性循环。到那时，已投进去的资金，变成了灰烬，追加投资，要成倍成倍地增加。与其如此无谓地背负高成本，倒不如现在追加投资。"这才说服了这位经委主任后，答应追加40万元的投资。

准备投入精密铸造的40万元资金，还没进账，蒋化春就调到郧县当县长了，郧阳地区汽车拨叉厂由陈守全代理厂长。就在这个时候，厂里动工兴建一个铸造车间。心中一直揣着"机加和铸造同时上"理念的陈守全，盘算趁着这次兴建新铸造车间的机会，一定要把精密铸造工艺搞上去。

陈守全对郧阳地区汽车拨叉厂前前后后搞了十多年精密铸造却没有搞起来的原因进行仔细分析。他认为，没有抓住"人的因素第一"这个要领是没有成功的主要原因。也就是说，技术系统的人员，从干部到工人，都没有得心应手地掌握精密铸造工艺的技术。所以，郧阳地区汽车拨叉厂要想真正把精密铸造工艺搞起来，首先必须要有一批掌握这门工艺技术的人才。

人才哪里来？向上级主管部门要，这条路走不通。上级主管部门并没有现成的人才，也没有为郧阳地区汽车拨叉厂专门储备人才。从厂里抽出一批人去外地学习，自己给自己培养人才是解决问题的唯一途径。在一次生产会议上，陈守全提出，抽出一些技术员和骨干技术工人去洛阳拖拉机厂观摩学习精密铸造工艺。经过一番热烈的讨论，大家同意了陈守全的意见。于是，派出技术员、工人总共30名，由陈守全带队，乘坐厂里的大客车开赴洛阳。回来后，陈守全又马不停蹄带领这30人去老营（现在的武当山镇）二汽精密铸造厂观摩学习。

两次观摩学习回来后，陈守全组建起了精密铸造研究所、工艺研究所、熔铸科研所、模壳科研所等，专门研究跟踪国内外精铸技术的发展进程；还组织攻关小组，改进了精密铸造原设计的装备50多项，可以说是进行了一次彻底的翻新补旧。

几个研究所，借鉴中外的先进技术，结合自己十多年来在精密铸造工艺上积存的经验，与攻关小组并肩携手共同奋斗，一条从浇铸到熔铸，从蜡型到脱壳，经过彻底改造、质量稳定、自动化程度较高的现代化生产线建立起来了。成品率、劳动生产率和单位成本三大指标，在全国同行业中属于先进水平。

精密铸造工艺终于在拨叉厂落户扎根，精密铸造车间也就应运而生。几个专门研究跟踪国内外精密铸造技术发展的研究所依然正常运转，确保企业的精密铸造工艺技术水平走在全国前列。

虽然精密铸造工艺正式落户郧阳地区汽车拨叉厂，可是，对拨叉厂来说，它毕竟是一个新事物，技术操作还没有达到炉火纯青的水准，设备安装也并非分毫不差，所以在生产过程中容易出现纰漏。

有一次，陈守全出差在外，精密铸造车间擅自改变精密铸造工艺，由于设备问题，造成制壳线经常往下掉，给操作带来诸多不便，直接影响了生产。车间主任不探究制壳线经常往下掉的缘由，自作主张，把模壳搬到另外一个车间，重新恢复手工操作。陈守全出差回来直奔精密铸造车间，发现了这个问题，狠狠地批评了车间主任，把模壳从手工操作的现场搬回机械操作的现场。经过铸造研究所、工艺研究所、熔铸科研所、模壳科研所的技术人员和操作工人共同商讨研究，终于找出了制模线老是往下掉的问题的症结。此后，拨叉厂工人对精密铸造工艺的掌握一天天地熟练了，精密铸造工艺成了拨叉厂的优势，工艺水平在全国的排行榜中，列为第二名。

这一工艺技术的改造成功，为企业创造了近1000万元的利润。企业也因此获得了湖北省科技进步奖。陈守全自己还撰写了《精密铸造工艺改造初探》一文，参加省铸造学会的征文活动，荣获二等奖。

想当初，陈守全曾带领拨叉厂30人去二汽精密铸造厂观摩学习，看现在，应了一句老话，青出于蓝而胜于蓝，二汽精密铸造厂回过头来，派人员到拨叉厂观摩学习。

日本客人的眼光是挺锐利的，一眼就看出了郧阳地区汽车拨叉厂精密铸造工艺的先进性。其实，1985年9月，美国一家公司的总工程师E·W·S阿希顿来郧阳地区汽车拨叉厂考察的时候，就看好郧阳地区汽车

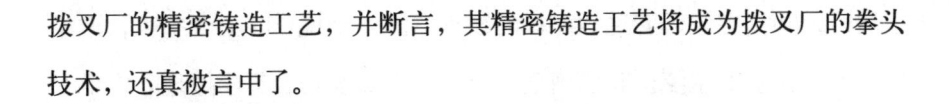

拨叉厂的精密铸造工艺,并断言,其精密铸造工艺将成为拨叉厂的拳头技术,还真被言中了。

三十七 独到的用人哲学

在市场经济优胜劣汰的博弈中,企业之间的竞争常常风起云涌,而企业的竞争,说到底是人才的竞争。人才竞争的过程中,谁的用人哲学别开生面,另辟蹊径,独具匠心,谁就能争得先机。对此,陈守全得其三昧。他在用人上可谓独树一帜。

程崇光是"文化大革命"前的大学生,四川人,人生际遇坎坷,曾遭受了三年不明不白的牢狱之苦。对这样一个人,在20世纪80年代,少有人敢用,陈守全启用了他!

陈守全看中的是,程崇光虽然是老大学生,却不虚骄恃气,不妄自尊大,勤劳踏实,学有专长,技术过硬,关键时刻拿得起、放得下。

这样的人为什么不用呢?陈守全任命他为设备科科长。程崇光不辱使命,工作上表现得更加突出了,在压铸机的运输、安装、调试、投产全过程中尽显其才,立下了汗马功劳。令人惋惜的是,程崇光英年早逝。

朱延武家庭成分不好,在阶级斗争为纲的年代,受到歧视。为摆脱困境,20世纪60年代,他到新疆寻找生计,70年代末调来郧阳地区汽车拨叉厂,被组织部门安排在食堂当采购员。陈守全注意到,这个人不苟言笑,不多嘴多舌,不屑张扬,沉默寡言,但他的眼神透露出的则是睿智聪慧。陈守全对这个人产生了兴趣,查阅其档案,是会计师!陈守全意欲安排朱延武担任财务部部长一职,在党委会讨论的时候,大家提出了质疑，并指出朱延武这样那样的缺点。陈守全说："人无完人，谁没有缺点呢？要看主流。我们衡量一个人，也需要符合哲学原理，需要用辩证法作标杆。老盯着他的缺点，他的缺点就会被无限放大，换换角度，盯着他的优点，他的缺点就会缩小。还有一点很重要，俗话说'好钢放在刀刃上'，一个人才，你把他用在刀刃上，他的优点会越来越明显，把他遗忘在旮旯里，他的优点会越来越少，缺点会越来越多。"一番话说得大家心服口服，对提拔朱延武当财务部部长，也没有了意见。

朱延武当上了财务部部长后，工作兢兢业业，为企业的建设付出了心血。为了加强经营管理，他研发出科室到车间的"看牌服务法"，大大提高了工作效率，得到了大家的认可，还获得了二汽领导的赞扬。不仅如此，朱延武还直接接触生产第一线。比如前文提到过的完成指挥拆卸借用49厂的设备任务。还有一次，为转运变速箱操作杆和手刹车操作杆设备，他带领三十多名职工在二汽装车和加工配件，酷热的三伏天，二汽职工实行半日工作制，他们却三班倒，他自己白天干完夜晚接着干。当12000根加工好了的操作杆整整齐齐码放在车间的时候，他晕倒在机床旁。醒来后，同志们劝他休息，他艰难地爬起来，又投入另一项任务的指挥工作中。几年后，他被提拔为拨叉厂的常务副厂长。

王焕生，用现在的话来说，属于另类。另类嘛，就不在正规队伍之列，也就难以得到重用。但陈守全看中了他，并大胆重用了他。对王焕生的重用，不只是表现出陈守全用人独具匠心，更表现出陈守全宽大的胸怀。陈守全1967年刚分配到风动工具厂的时候，厂内派别斗争相当激烈，陈守全和王焕生观点不同，属于两个派别。经过长期的朝夕相处，陈守全觉得王焕生能吃苦，能耐劳，有股子不怕输的拗劲，对工作认认真真，一丝不苟，而且工作能力较强。陈守全不计前嫌，把王焕生安排到生产部部长的岗位上。王焕生如鱼得水，工作得有声有色，后来还当上了拨叉厂的副厂长。

作为领导，并不一定要比所有的部属更有才干，关键是要看他能不能将各有所长的一群人组织在一起，搓成一根绳，为实现共同目标去努力。

陈守全具有这样的能耐。

周忠民毕业于合肥工业大学，1970年分配到郧阳地区汽车拨叉厂，头脑灵活，办事认真，工作负责。但周忠民的父母亲远在江西老家，体弱多病，致使他牵肠挂肚，多次要求调回江西，并且已经联系好了接收单位，档案都邮寄走了。陈守全获此消息，心急如焚，厂里本来就人才匮乏，现成的人才怎么能轻易放走呢？一方面他找周忠民推心置腹地谈话，做思想工作，一方面给周忠民无微不至的关怀，解决家庭困难，给予生活补助。周忠民十分感动，主动向江西的接收单位要回档案，放弃了回江西的打算。在购买意大利压铸机，去武汉办手续的过程中，周忠民可谓劳苦功高，不仅超负荷工作，还受尽委屈，但他毫无怨言，他说："为了拨叉厂的明天，我两肋插刀也在所不惜。"后来周忠民当上了拨叉厂的副厂长。

金工车间的维修电工宋立平，高中毕业，文化水平在厂里工人中比较高，他有头脑，有涵养，肯钻研技术，为车间解决了不少难题，当上了维修班班长。陈守全亲自考察他，觉得他是一块好材料，就送他到清华大学深造。宋立平现在是华阳投资有限股份公司工会主席、党委副书记。

拨叉厂为了吸引大中专毕业生来厂工作，盖了一栋名为"知识分子楼"的宿舍。大中专学生一分配到厂里，一名单身职工就能住上一室一厅的房子，厨房、卫生间一应俱全，还配备了电风扇。此举吸引了不少刚毕业的大中专学生。

这里需要再讲一个故事。厂里青年职工李自同，曾一度染上坏习气，触犯了法律，被判刑。刑满释放那一天，他满腹惆怅，不知道厂里还会不会要他。当他走出劳教所大门时，抬头一看，他简直不敢相信，厂里居然派车来接他啦！这是陈守全得到李自同要被释放的消息后，做出的安排。陈守全亲自找李自同谈话，做深入细致的思想工作，帮助他，教育他，而且为他解决生活上的困难。温暖的关怀，热情的抚慰，让李自同变了一个人似的，当年他就被评为先进生产者。

陈守全惜才如金，他有口头禅"打开厂门，招财进宝"。这句话还牵涉到妙趣横生的往事。

一次开会，到了预定的时间，陈守全扫视一下到场的人，发现劳资科科长还没有到，就问："劳资科科长怎么还没来呢？"话音刚落，劳资科科长一头扎进了会场，大声回答："我在这里。"只见他手里举着一叠16开纸，兴奋地说："有84个人要求调入我们拨叉厂，其中有13名大学生，5名工程师，还有1名硕士研究生。有趣的是，其中有好几个，是早年从我们厂主动要求调走的，现在又要求调回来。"

陈守全听了之后，十分欣慰。他不禁想起，上任厂长的第一天，接待的第一个人，就是劳资科科长。但劳资科科长不是来汇报工作的，更不是像今天一样，乐颠颠地来报喜，而是递交要求调走的申请书。那时，拨叉厂经济效益不佳，不仅职工生活常常捉襟见肘，厂里的经费开支也常常入不敷出。厂里人心涣散，职工们身在曹营心在汉，不少职工凭着自己的人脉关系一个接着一个地调走了。办企业，需要人，人都走了，企业还怎么办得成呢？当时，陈守全为了稳定军心，一片赤诚，苦口婆心，一个个地做思想工作，不知耗费多少心血！可劳资科科长又要求调走，陈守全一脸凝重，对他说："今天是我上任的第一天，我不会和你谈调走的事，希望你能理解我，也希望你能成全我。你真想调走，至少一个月以后，我们再商量。"后来，陈守全，一方面给劳资科科长做工作，一方面把工厂管理得日益向好，劳资科科长最终主动从陈守全那里要回了要求调走的申请书。

当年，一个个要求调走，现在，一个个要求调来，这验证了一件事：昨天的拨叉厂没法和今天的拨叉厂相提并论。这当然叫陈守全感到欣慰，他满面笑容地对劳资科科长说："打开厂门，招财进宝。"

陈守全不拘一格、知人善用，又善于将手下各类人才组织在一起，按照各尽所能的原则，把他们安排在恰如其分的坐标点上。所以他总能带领拨叉厂登上一个又一个闪亮的新台阶，承担和完成一件又一件艰巨的任务，实现和达到一个又一个崭新的目标。

陈守全在干部的任用上，做到任人唯贤，量才录用，对普通职工同样关怀备至，尤其对工人技术能力和文化素质的培养，更是绞尽脑汁，费尽心机。

拨叉厂与华中理工大学签订了委托培养大学生的合同，期限是10年，并与武汉工学院、武汉水运学院、湖北财经大学等高校建立了密切联系，分批送出了31名职工去这些高校学习培训，建立起了企业的第三梯队接班人。侯克斌、罗根生、姚士玉等人，或成为厂里的技术骨干，或成为厂里的领导干部。

厂里专门设立了教育中心，由3名大学生具体负责，对职工进行各类培训。培训的内容，包括文化知识、工艺流程、机加技术、企业管理等。厂里还请二汽的工程师来讲课，请武汉工学院的教授当顾问、办讲座。

在厂里学习，分脱产和不脱产两种。脱产学习，成绩优异者同样可以晋升。对不脱产的规定，每参加一次学习，奖励5角钱，每缺席一次学习，罚1元钱。

拨叉厂为了提高全厂职工的业务水平和技术能力，对职工进行全面的岗位培训。经过半年的培训，达标者上岗，达不到标准的，降半级工资；再培训3至6个月，达到标准后，才允许上岗，并补齐被扣发的工资；依然达不到标准的，另行安排工作。

以上规定大大刺激了全体职工的学习积极性，同时也取得了较好的效果。王良生原本只有小学文化，通过学习居然设计出一条铸造自动线。8名工人通过测评考试获得了技师职称。这次测评，全郧阳地区获得技师职称的只有11人，拨叉厂就占了8名，拨叉厂对工人技术培养的决心，可见一斑。1989年和1990年，拨叉厂连续两年被评为"省职工教育先进单位"。

陈守全使尽全力，想尽办法，旨在建立一个激励、优化、聚集人才的良性循环机制，达到企业人才济济的目的，让拨叉厂振翅腾飞，生产生活都充满生机和活力。

三十八　"双三规划"

陈守全领着郧阳地区汽车拨叉厂全体职工在一片凯歌声中，胜利完成了第一轮（1987—1989年）承包经营合同任务，现在又勇往直前，开始了第二轮承包经营合同的实施。

为了更好地完成第二轮承包经营任务，陈守全焚膏继晷，殚精竭虑地制订"双三规划"。

"双三规划"就是两个"三年规划"，或者叫"六年规划"。"双三规划"的第一个三年规划,从1990年到1992年,在这个三年里,郧阳地区汽车拨叉厂稳固基础,积蓄实力,准备发展。第二个三年规划,从1993年到1995年,在这个三年里,拨叉厂要上台阶,创水平,腾飞95年,力争实现工业总产值1个亿。

"双三规划"的战略指导思想是:依托二汽,面向社会,走向世界,发挥优势争大型,坚持三个为主综合经营(汽车产品为主、精压铸为主、联合总装为主;辐射社会,综合经营)。

陈守全在拨叉厂1990年的四届一次职工代表大会上,把关系到拨叉厂发展命运的"双三规划"提交给了与会的全体代表讨论,获得一致通过。

下面,我们把"双三规划"与经营承包合同几个重要指标进行对比,从中可以悟出"双三规划"的内涵。

1. 工业总产值。

1991年——承包任务:3500万元;双三规划:4000万元

1995年——承包任务:4759万元;双三规划:1亿元

2. 销售收入。

1991年——承包任务:2500万元;双三规划:2900万元

1995年——承包任务:3800万元;双三规划:9500万元

3. 实现利润。

1991年——承包任务:350万元;双三规划:400万元

1995年——承包任务:450万元;双三规划:1000万元

4. 企业规模目标。

1995年——承包任务:固定资产3000万元规模

　　　双三规划:固定资产5000万元规模

"双三规划"是一个抢抓机遇、赶超时间、把拨叉厂推向经济高速发展快车道的战略性规划。一经提出，就获得了广大职工的赞同、拥护他支持，并很快成为全厂职工的行动纲领。

从"双三规划"里不难看出陈守全大刀阔斧、泼辣的工作作风，尤其体现出陈守全不畏艰难险阻、敢想敢为的思想作风。他这种品性的形成，除了先天禀赋外，更多的是来自对实践的探索和在实践中的历练。

其一，1986年担任厂长，5年来，陈守全就是这样领着拨叉厂大步大步地往前跨，每一步都走得地动山摇，花开遍地，这极大地激发了陈守全的自信心，让他一发不可收。

其二，经过在深圳大学及其他一些进修班的进修学习，陈守全改变了原有的思维方式，拓展了新思维，对事物的审视更立体、更全面，切入点更准确，把握性更大，成功率更高。

其三，进口压铸机，准备去意大利考察的时候，陈守全想象特里乌奇公司，厂房、办公楼以及各种建筑物，一定豪华气派。可是到了意大利一看，完全出乎他的意料。这家公司充其量相当于二汽的一家专业厂，它的厂房、办公楼普通得不能再普通了，甚至都显得有点寒碜，有的建筑物还不及郧阳地区汽车拨叉厂呢。可就是在这样普通的厂房里，生产出了世界一流的产品，这让陈守全十分震惊，也让陈守全对普遍性寓于特殊性之中这个判断，有了更加深刻的认识。进而，他把这一判断具象化——普普通通的我，也可以创造奇迹。

其四，说起来，是生活中的一个小故事，不过它确实在人的思想上打上了一个深深的烙印。1989年9月，湖北省咸宁地区的一个考察团，到郧阳地区汽车拨叉厂参观考察，陈守全全程相陪。在由金工车间去精铸车间的路上，考察团的副专员用左手的大拇指和食指擤鼻涕，擤完之后，居然用擤鼻涕的两根手指头，在陈守全的衣服上蹭了蹭。陈守全当时想严厉地指责他这种极不文明、极不礼貌、缺乏道德修养的行为，无奈，碍于以客为尊，陈守全忍耐了。其实，这个专员的行为是其内心对郧阳地区汽车拨叉厂不屑的表现。这严重地刺激了陈守全。为此，他曾下过狠心，一定要把郧阳地区汽车拨叉厂办得更加有声有色、有模有样，用铁的事实给这样的人上一堂教育课。

其五，企业自身的发展规律要求陈守全不能原地踏步，必须不断向前挺进。在挺进的过程中，或许所设定的某个目标，由于种种原因没有达到，但也不能左顾右盼、停滞不前。何况一切事物的发展，都是跌宕起伏、呈波浪式前进的，某个阶段的失利或损伤，也在情理之中。总之，不能畏首畏尾，不能怕失败，不能失败了，就不敢往前闯。

先天与后天的糅合，主观与客观的统一，赋予了陈守全敢于做"第一个吃螃蟹"的人的秉性。这种秉性，演化成一种力量，一种雨露，培育着郧阳地区汽车拨叉厂这棵枝繁叶茂的大树结出累累硕果。

而陈守全自己也付出了脑力和体力的双重代价。有一天晚饭后，他和妻子散步，感到胸口有点堵，情不自禁地咳嗽了几下，咳出一口脓痰，他赶紧掏出随身携带的卫生纸，吐在纸上。他随意一瞥，竟发现了缕缕血丝。陈守全没有告诉妻子，悄悄地把包痰的卫生纸扔到垃圾桶里。然而，嘴唇上还残留的丝丝血痕到底被妻子发现了。

妻子说："你这血是累出来的。你每天像老黄牛一样忙个不停，再好的身体也抗不住呀，你应该注意自己的身体。"陈守全嘻嘻一笑，不以为然地说："这点小事算啥呢？又不是胃溃疡，也不是胃出血，可能也就是呼吸道受了点什么刺激。"陈守全这是应付妻子，其实到底是什么原因，他无法做出判断。陈守全心里比谁都明白，有一点是能够肯定的，这的确是累的。尤其是1987年春节前后那场关系到拨叉厂生死存亡的大决战中，这样的咳血现象，出现过两次。陈守全没有在意，没有因为咳血停止忙碌的脚步。他只是戒了酒，抽烟也大幅减少，原来一天一包烟，甚至两包烟，现在强制自己少抽，改成一天半包烟，有时只抽几根烟。

他的心血没有白费，从当厂长到现在，郧阳地区汽车拨叉厂从量变到质变的飞跃，是有目共睹的，大家公认的。1990年，郧阳地区汽车拨叉厂又收获了"省思想政治工作先进单位"的荣誉称号。拨叉厂的安全评价，通过了省级验收，达到省级安全水平。

1991年，郧阳地区汽车拨叉厂在1990年的基础上，向前迈进了一大步。工业总产值5480万元，是1986年的9倍，（这一年10月陈守全开始任厂长）；销售收入3488万元，是1986年7.6倍；利税667万元，是1986年的4倍，提前一年实现了"双三规划"第一个三年规划的任务。这一年拨叉厂党委被省委授予"先进党委"的荣誉称号，拨叉厂工会被评为"省模范职工之家"。陈守全个人被省委授予"优秀党员"称号；被省政府授予"优秀厂长""优秀企业经营承包者"称号。

陈守全领导的郧阳地区汽车拨叉厂，创造了1991年的辉煌，迎来了1992年阳光明媚的春天。

1992年，郧阳地区汽车拨叉厂经济技术指标取得前所未有的好成绩，再次刷新历史。工业总产值7500万元，利税突破1000万元大关，销售收入5300万元，经济增长幅度达到40%以上，人均年收入超过3600元。第二轮承包经营任务全面完成。

《拨叉厂志》有这样一段记载。

第三章 领军拨叉登高台

从1987年到1992年，短暂的6年中，是拨叉厂不断改革，不断发展，不断取得新成就的6年。纵观拨叉厂6年所走过的历程，可以做出如下结论：

拨叉厂的发展变化，无疑是遇上了国家不断地深化改革开放的好政策，好机遇；而尤为重要的是，拨叉厂有在这片热土上造就出来的好带头人——陈守全。是他把改革开放的宏观政策与企业各个时期的具体条件有机结合，适时而准确地设计出，企业发展道路上阶段性的新目标。坚持把企业的发展，每一年推向一个新高度；坚持树立改革求发展的治厂方针；坚持树立"依托二汽，面向社会，走向世界"的战略思想；坚持以市场为导向，以开发产品为龙头，以全面提高企业经济效益为目的。在他的带领下，拨叉厂步入一条坦荡的生机蓬勃的康庄大道，挺胸昂首走过沼泽，迈过坎坷，获得一个又一个胜利。

郧阳地区汽车拨叉厂这艘航舰，乘风破浪，在长驱直入的进程中，陈守全这个舰长所起的决定作用，在这段描述中，昭然若揭。

1992年，中国经济进入了新一轮大发展的轨道。

陈守全顺应形势，意气风发地率领着郧阳地区汽车拨叉厂乘胜前进。结合"双三规划"目标，迅速而及时地修订出台了新的经营战略方针，"走多品种、内上外联的发展道路；向高水平，高效益的公司化迈进"。并提出了实施这一战略方针的4个关键重点：第一，深化企业改革、稳步建设好大本营是企业战略实施的基础；第二，延伸到城市、推进联合、建立高水平高效益公司化的小型巨人企业是企业发展的战略核心；第三，改善职工生活环境是实现企业战略目标的要求；第四，建立过硬的干部职工队伍是企业战略推进的保证。

新的经营战略方针，是对"双三规划"的进一步补充和完善，强烈地燃烧着全厂职工和干部的激情。

这4个关键重点的第二项是企业发展的战略核心。

为了快速地落实这一企业发展的战略计划，陈守全决定，厂领导班子兵分两路，双管齐下。一路由代理厂长李建华带领，李建华坐镇厂里指挥日常生产和经营活动；一路是陈守全、朱延武带领一支小分队奔赴十堰城区，与亏损多年、面临倒闭的郧阳地区建筑公司有关领导会晤，着手两家企业联合组建集团公司的谈判事宜。

第四章 激流勇进树华阳

（1993—1999年）

三十九 延伸城市，推进联合

1992年，邓小平视察我国南方一些地区并发表了重要谈话，从理论上回答了一系列关于中国改革发展的重大认识问题，把改革开放和现代化建设推向了新的发展阶段。

全国各级领导干部都认真学习"南方谈话"的内容。7月，郧阳地委书记王启刚在反复学习过程中，认为有必要举办一个学习班，经过深思熟虑，把学习班举办地点选定在郧阳地区汽车拨叉厂。拨叉厂是郧阳地区经济建设和发展的领头羊，选在这里，有象征意义。尽管地委许多重要会议都选在拨叉厂召开，但如此重要的学习班要在拨叉厂举办，陈守全觉得非同小可，做了精心准备。

学习班按时开班，地委有关部门的负责人，五县一市（郧县、郧西、房县、竹山、竹溪和丹江口市）的书记和县（市）长，郧阳地区汽车改装厂（现名为神鹰集团）、郧阳地区容器厂（后来几易其名）、郧阳地区汽车销售公司的书记和厂长经理，汇聚在拨叉厂。这对陈守全领航的郧阳地区汽车拨叉厂今后的发展来说，可真是一个重要的转折契机。

在学习班上，陈守全认真学习谈话精神，反复琢磨消化其中的一段："改革开放胆子要大一些，敢于试验，不能像小脚女人一样。看准了的，就大胆地试，大胆地闯。深圳的重要经验就是敢闯。没有一点闯的精神，没有一点'冒'的精神，没有一股气呀、劲呀，就走不出一条好路，走不出一条新路，就干不出新的事业。"陈守全寻思："拨叉厂要想发展壮大，必须要壮大胆子，有一股气，有一股劲，闯出一条新路。"新路在哪里？陈守全环视紧紧地包围着拨叉厂连绵起伏的山峦，心里说，拨叉厂的新路就在于走出被连绵起伏的山峦包围着的莫家沟。于是，一个高瞻远瞩的决策形成了：延伸城市，推进联合。

拨叉厂坐落的莫家沟濒临汉水，距十堰城区将近50公里。拨叉厂是二汽的配套厂，二汽在十堰城区，也就是说，拨叉厂距离二汽50公里，这显然成了拨叉厂施展拳脚的桎梏，造成与二汽各种往来不便，同时也增加了生产成本。陈守全设计出一张蓝图：以拨叉厂为定点，向十堰城区辐射。他把这张蓝图叫作"延伸城市"。要进军十堰城区，如果在十堰城区选址新建工厂，从基本建设开始，不仅投资大，更重要的是周期长，见效慢。最好的办法是在十堰城区寻找现有的企业并与其联合，陈守全把这叫作"推进联合"。

无疑，经过殚精竭虑的盘算，陈守全做出的这一决定，是拨叉厂寻求发展的最好途径。所以，当他在厂领导班子的一个会议上说出自己的想法时，当即得到全体成员的一致同意，而且，一个个热血沸腾。在"延伸城市，推进联合"的决策中已经可以看到拨叉厂灿烂美好的明天。

学习班一结束，陈守全就趁热打铁，马不停蹄地落实他的"延伸城市，推进联合"的战略决策。厂领导一班人马到十堰城区调研考察。

彼时，在改革开放浪潮之下，由于种种原因，十堰市不少市属中小型国有企业举步维艰。进入十堰城区调研考察的拨叉厂这班人马，嗅觉灵敏。他们捕获这一信息，就兵分两路深入曾经风光一时而现在几乎奄奄一息的十堰玻璃瓶厂、啤酒厂、武当山钢厂、军分区汽车修造厂等企业，摸底了解实际情况。但这种暗地侦查，既不能与这些企业的领导直接接触，也不能把自己的意图表露出来，只能是走马观花，旁敲侧击打听一些情况，如此这般了解到的情况只能是一些表象，无法深入内核。陈守全意识到，要想和十堰城区经济不景气的企业联合，对其进行调研考察是一项复杂、艰难、费时费力的事情，需要做很多细致的工作。因此，他觉得需要有一个专门的班子来做这项工作。他把自己的想法提到厂领导班子讨论，最后，决定成立以副厂长朱延武为组长，财务、人事劳资、规划发展和技术等有关部门负责人为成员的"推进联合五人小组"。

"推进联合五人小组"重任在肩，奔走在十堰城区的大街小巷，经过一个多月的辛劳奔波，终于有了关键性收获。他们的活动引起了一家企业的高度关注，这家企业就是郧阳地区建筑工程公司。

四十 亲密握手，开启联合之门

郧阳地区建筑工程公司坐落在十堰市朝阳南路和车城南路交叉的路口，十堰老街就在它的眼皮底下，这个地理位置可以理解成一个军事要塞。

郧阳地区建筑工程公司的前身是武汉军区后勤总队（武字二〇六部队，团级单位），始建于1950年6月，1969年秋调整建制，迁入十堰，改名为郧阳地区建筑工程公司,属于省预算内企业,二级资质,一级管理,副县级单位。

这样一个单位,在计划经济时代是人们可望而不可即的香饽饽。在计划经济转为市场经济的大环境中,该如何生存,却成为这家单位的一个大问题。

先来看一些数字。1984年、1985年和1986年,是郧阳地区建筑工程公司实现利润最好的年份,分别是46.1万元、59.9万元和45.5万元。此后,企业效益逐年下滑,导致亏损。1991年财务报亏54.7万元。公司固定资产原值538万元,净值379.8万元,机械设备201台(套),流动资金3.2万元,国拨流动资金53.1万元,专用基金和特种基金139.41万元,债权应收工程款250万元,债务应付贷款25万元,应交税金39.24万元,合计负债63.24万元。这家企业职工总数865名,其中离退休186人、劳保14人、遗属46户50多人,共需供养269人,以后每年退休将不少于20人。企业在册人数679人,其中41岁至50岁222人,51岁以上125人。40岁以上占在册人数的51.1%,职工队伍严重老化。

再加上民营的建筑队如雨后春笋蓬勃兴起,建筑行业竞争异常激烈,郧阳地区建筑工程公司已难以维持865名职工的生存大计。

不难看出,郧阳地区建筑工程公司生存状况可谓危机四伏。以总经理刘志成、党委书记陈志超为首的领导层被重重压力压得喘不过气来。如果固执地单向周旋于建筑业内,郧阳地区建筑工程公司的道路,必定会越走越窄。要想使路走宽,必须尽快调整公司产品结构,开辟新的生产领域。而最直接、最有可能、最有效的办法是依托二汽进入汽车零件加工业。但是,谈何容易呀!就在这时,他们获悉郧阳地区汽车拨叉厂要"延伸城市,推进联合",并且"推进联合五人小组"已经在城区积极活动,寻找合适的联合对象。这一信息引起了他们极大的兴趣,觉得这是一个难得的机会。如果能与拨叉厂联合，郧阳地区建筑工程公司就能摆脱目前的困境。

联合，不是一件小事，不能轻举妄动，需要对拨叉厂做深入细致的调查了解。刘志成和陈志超设法获取了有价值的情报。

郧阳地区汽车拨叉厂是东风汽车公司的专业配套厂，是地区机械行业的骨干企业，是省机械行业35家重点骨干企业之一，1987年被省人民政府授予"省级先进企业"称号，多次被授予"湖北省经济效益先进单位"称号。企业现有职工1300多人，离退休人员仅6人，专业技术人员210人；固定资产原值2971.77万元，净值2412.04万元，工厂占地100000平方米，建筑面积为51567平方米，其中生产建筑面积24954平方米；各类设备443台（套）；工厂机构设置8个车间，1个车队，1个服务公司，1所中学和1所小学，28个科室；与房县军店精铸厂、郧县汽配四厂和郧县职高校办工厂联营，在这3个联营厂里分别有1个合资养殖场。企业主要产品为东风系列汽车变速箱上盖总成、顶盖总成、手刹操纵系统，共114种零件、110微型车9种零件和缝纫机4种零件。1991年完成工业总产值5480万元，实现利税667万元，上缴利税325万元。精铸年生产能力达4500吨，居全国第四。1990年引进两台850吨压铸机，1991年已形成了1000吨大中型压铸件的生产能力，在中南地区独占鳌头。

郧阳地区汽车拨叉厂的实力不可不谓不雄厚，能与这样一家企业联合，只赚不赔，绝不会亏本。

决心已下，郧阳地区建筑工程公司立即付诸行动。

1992年元月，大雪纷飞，北风呼啸。这天，刘志成和陈志超冒着严寒驱车前往郧阳地区汽车拨叉厂。

郧阳地区建筑工程公司与郧阳地区汽车拨叉厂其实是一对来往密切的合作伙伴与好朋友，拨叉厂的大礼堂和铸造车间，就是郧阳地区建筑工程公司承建的。有了这层关系，刘志成和陈志超此行心理没有什么磕碰和障碍，就当作一次平常的工作联系。

一个多小时的车程，顺利到达拨叉厂，他们轻车熟路地找到陈守全的办公室，陈守全正好在。

一阵亲切的寒暄之后，转入正题。刘志成开诚布公地说："老陈，无事不登三宝殿，你推出的'延伸城市，推进联合'是一个大战略。假如不嫌弃，我们两家能不能谈谈联合？"

陈守全一听，满脸春风。心想，"'推进联合五人小组'在城区活动了一个多月，尚没有找到合适的联合对象，正为此犯愁，不期有人找上门来，这真是踏破铁鞋无觅处，得来全不费工夫。"而且，陈守全凭着自己掌握的情况，认为郧阳地区建筑工程公司是上佳的联合对象。其实，陈守全不是不了解郧阳地区建筑工程公司目前的处境，也不是没有想到过要找郧阳地区建筑工程公司联合，只是他有顾虑，觉得郧阳地区建筑工程公司牌子大，来头不浅，去找人家联合，人家未必同意。今天郧阳地区建筑工程公司主动寻求两家联合，不仅把陈守全心中的乱云清除干净，更让陈守全感到十分歉意，觉得应该主动去找人家。

陈守全把自己的真实想法兜底端给眼前的两位朋友："我早就想找你们的，由于有顾虑，怕你们把我损一顿，所以不敢登门。今天你们既然拉开了挡在我面前的帷幕，这台戏，我们两家合作来演，当然是最好不过了。"

陈守全的表态，使刘志成和陈志超心满意足。达到了目的，不虚此行。

充分沟通之后，刘志成和陈志超起身告辞。陈守全嗔怪地说："今天我个人请客，咱们痛痛快快喝它三杯，解解寒。"盛情难却，而且又已经达成联合意向，刘志成和陈志超爽快地留下来了。陈守全又把厂里的薛世友、朱延武等几个领导找来，六七个人喝到将近晚上9点，安全起见，刘志成和陈志超第二天才返回。

俗话说万事开头难，郧阳地区汽车拨叉厂和郧阳地区建筑工程公司联合这个开头，好像并不难。那么，后续又是难还是不难呢？

四十一　联合进入正式程序

联合之举，事关大局，绝不可草率行事，两家企业要正式携手联合，必须要了解对方内部真实的详细情况。陈守全与厂领导班子召集"推进联合五人小组"开会商议，决定先由"推进联合五人小组"深入郧阳地区建筑工程公司内部摸清楚他们的家底再做抉择。

朱延武为首的"推进联合五人小组"经过十多天的走访调查，给拨叉厂领导班子提交了一份详细的调查报告。

郧阳地区建筑工程公司，从事工业建筑和民用建筑，原来属于武汉军区后勤部直属工程总队。由于来自部队，企业职工训练有素，技术过硬，施工质量在鄂西北享有良好声誉。企业有工程技术人员43人，中层以上管理干部38人，企业机构设置14个科室，3个建筑施工处，1个预制件厂，1个木材金属构件厂，1个车队，1个服务公司，在东岳路有一排位置较好的门面房。企业占地面积156.5亩，其中闲置土地75亩，建筑面积48428平方米，其中闲置厂房建筑面积700平方米。企业固定资产账面原值538万元，净值379.8万元，流动资金3.2万元，国拨流动资金53.1万元，专用基金和特种基金139.41万元，债务63.24万元，1991年完成总产值1057.6万元，实现税金374.51万元，经营亏损54.7万元。

陈守全逐字逐句认认真真看完"推进联合五人小组"提交上来的报告，不由自主地站起来，手掌拍在桌面上，叫起来："天降大任于斯人也，这个联合我搞定了！"

是郧阳地区建筑工程公司闲置的75亩土地，是郧阳地区建筑工程公司闲置的700平方米厂房建筑面积，赋予陈守全无穷的力量和百倍的信心，让他精神抖擞，意气风发。要知道，所谓"延伸城市"，就是要在城区寻找土地，如今，有了现成的土地，"延伸城市"的梦，就能变成现实。

第二天，陈守全就和副厂长朱延武、彭友亮从莫家沟出发，直奔郧阳地区建筑工程公司，与郧阳地区建筑工程公司的掌舵人刘志成、陈志超会面……

一次，两次……

双方在轻松愉快、心情舒爽的氛围中达成联合的口头协议。

两家企业当时都属于国有企业，国有企业的联合，不只是企业行为，更是政府行为，必须经过政府同意。于是代表郧阳地区汽车拨叉厂的陈守全、薛世友、朱延武和代表郧阳地区建筑工程公司的刘志成、陈志超，一行5人走进了郧阳行署的大门。他们要把各自企业的真实情况、各自的真实想法，以及两家企业联合的打算与规划，向行署专员曾宪武汇报。

曾宪武作为行署专员，对两家企业联合的打算早有耳闻。此刻，听完双方的陈述，他喜上眉梢，笑吟吟地说："好啊，两家企业联合起来，这在咱们郧阳地区还没有先例，你们是第一家，开创郧阳地区的新篇章，我责无旁贷大力支持。只是正因为没有先例，就没有现成的经验可以借鉴，一切都要靠你们自己慢慢摸索。在联合的过程中，肯定会遇到意想不到的障碍，你们要有思想准备，要冷静应对，正确处理。尤其是，老刘（志成）、老陈（志超），恕我直言，郧阳地区建筑工程公司，企业老化，经营遇挫，包袱沉重，老陈（守全），这一点，你要慎重考虑。我希望你们联合，更希望你们联合后创造更加辉煌的成绩。"

这仅是一次口头汇报，实际上是征求地区领导的意见，同不同意两家企业联合。现在领导同意了，联合的事情就可以继续推进。

两家企业准备以书面形式向地委、行署提请申报，就在这时，才想到一个问题。前面已经介绍过，郧阳地区建筑工程公司属于省预算内企业，二级资质，一级管理，副县级单位，这就是说郧阳地区建筑工程公司行政人事隶属于郧阳地委，资产和财务却在省财政厅名下，账户落在省建设银行。

根据这一情况，地委的意见是，把郧阳地区建筑工程公司的资产与财务从省财政厅转入郧阳地区。这是一个大家乐观其成的措施。其一，只有把郧阳地区建筑工程公司的资产和财务账目转到郧阳地区，郧阳地区汽车拨叉厂与郧阳地区建筑工程公司才可以联合；其二，转入后，郧阳地区就真真实实多了一份资产，郧阳地区建筑工程公司就成为郧阳地区的一家企业，郧阳地区的家底也就垫高了。尽管目前郧阳地区建筑工程公司处于亏损状态，但其固定资产净值379.8万元是一笔不小的财富。

于是，地委决定，由分管工业的副专员谢敏带队，拨叉厂陈守全、建筑工程公司刘志成，以及地区财政局一个副局长，一行4人前往武汉，与省财政厅接洽。

郧阳地区建筑工程公司近年成为亏损企业，省财政厅每年都要拨款，无疑是一个包袱。现在有人要把这个包袱拿走，这是求之不得的事，胡姓副厅长当即表示同意，并且答应，由财政厅负责，把郧阳地区建筑工程公司落在省建设银行的账户转入郧阳地区建设银行。

这其实是一件并不怎么复杂的事情，但是一个小小的坎却耗时两个月才跨过来。

四十二 "华阳"的由来

跨越一个小小的坎，等待了两个月，等得陈守全心急如焚。

陈守全怎么不急呢？他东奔西跑，费尽九牛二虎之力，艰难地从二汽那边争取到两个产品的生产权：机油清滤器和汽车门开关。

争取到这两个产品生产权的那一天，陈守全兴奋得一夜未眠。这两个产品将给工厂每年增加500万甚至上千万的产值。可是，拨叉厂实在腾不出加工场地，而如果时间拖得过长，生产权就会被二汽收回。就在陈守全急得不知如何是好的时候，与郧阳地区建筑工程公司的联合进入实质性洽谈阶段，这让陈守全喜不胜喜。郧阳地区建筑工程公司有现成的闲置厂房，联合之后，就可以着手进行机油清滤器和汽车门开关的生产准备。

两个月终于等到了好消息，郧阳地区建筑工程公司的资产权和银行账户转过来了。于是，陈守全夜以继日、争分夺秒推进郧建公司和拨叉厂的联合。

在陈守全的提议和主持下，成立了联合筹备领导小组，办公室设在郧阳行政公署旁边的柳林宾馆。因为拨叉厂与郧建公司相距近50公里，所以联合筹备领导小组既不能设在拨叉厂，也不能设在郧建公司，现在这个地点无疑是最合适的。陈守全每天吃住都在办公室，显而易见，生活清苦，有时一天三顿都是干巴馒头加咸菜，再加上工作时间长，劳神操心，陈守全眼睛里布满了红丝，眼圈也黑了。

这天，两家企业的决策人物聚集在柳林宾馆，讨论联合的一些细节问题，有人提出："我们联合之后，需要有一个名字呀！取个什么名字呢？"有人应和："是呀，我们得取一个内涵丰富、朗朗上口的名字。"

陈守全笑眯眯地说："大家想得很周全，说得很有道理，这名字嘛……"陈守全用拖音刹住了后面的话，做思考状，卖起了官司。

陈守全早就在考虑两家企业联合之后的名字。他查找资料，搜寻自己的知识库，想起一个，推翻一个，来来回回，反反复复，最后定格在"华阳"。

陈守全作为土生土长的郧县人，对武当山有一种神往。武当山有个五龙宫，五龙宫附近有隐仙岩、华阳岩、灵虚岩、灵应岩和长生岩五大岩庙，这五大岩庙和五龙宫一起组成五龙宫景区。五大岩庙蕴含着厚重的历史和文化，众多修炼者曾慕名来到这里，留下了许多成仙得道的故事。

五大岩庙中的华阳岩，位于五龙宫东面，背负高崖，面临深谷，是一处天然岩洞。洞前草木繁茂，青翠欲滴，藤蔓飘垂，是修身养性的好地方。据记载，唐代有个叫杨华阳的道人曾在这个岩洞里修行，享年120岁，后人就称这里为"华阳岩"。

陈守全钟情于华阳岩，当然不是因为他心仪修行成仙，他只是觉得华阳岩风景优美，典故迭出，其人文历史价值在今天依然有很重要的现实意义。再说了，华阳华阳，中华不落之太阳，这是多么响亮的名字呀！

两家企业联合之后，取名华阳，就是要让联合后的新企业成为中国光芒四射的太阳。这是陈守全浪漫又不无绚丽之光的理想，也是他几十年来所追求的目标。

陈守全把自己的思路和设想向在座的人细细道来。

华阳，多好的名字呀！不落俗套，气势磅礴，画面壮阔。大家没有异议，一致同意。

于是，湖北省郧阳地区华阳企业集团公司，在秦巴余脉的武当山下诞生。

读者也许会有疑惑，两家企业联合成一家企业就成了集团，是不是有点夸张呢？不！陈守全用他的智慧对联合后的企业做了全面整体设想，而且获得了两家企业决策层的一致通过。

陈守全的整体设想是，联合后的企业是一家具有科研、生产、流通、信息、融资、服务等综合功能，以公有制为基础的多种经济成分组成的经济实体；是一家依法自主经营、独立核算、自负盈亏、自我积累、自我发展、自我约束，从事商品生产的经济组织。集团以生产经营汽车零部件及其机加工产品为主，从事工业及民用建筑、安装工程、装饰装潢、木制及金属构件、混凝土构件、汽车修配、汽车货物运输，同时综合经营养殖、商贸、饮食、融资等多种产品和劳动服务。如此一个庞大的，涉及一、二、三产业，多领域的经济实体，是一个名实相符的企业集团！

四十三 提交书面报告

万事俱备，联合的准备工作一切就绪，接下来就要按照程序向郧阳地区行政公署提出书面申请报告。报告于1992年3月25日，提交给郧阳地区行政公署，内容辑录如下。

关于郧阳地区建筑工程公司与郧阳地区汽车拨叉厂
合并组建郧阳地区华阳企业集团的报告

郧阳地区行政公署：

为贯彻落实地委、行署关于深化企业改革转换经营机制，振兴郧阳经济的一系列方针政策，郧阳地区汽车拨叉厂和郧阳地区建筑工程公司，经过三个多月的相互了解、考察和论证，双方一致同意郧建公司和地区汽车拨叉厂合并，组建郧阳地区华阳企业集团公司，实行资产一体化的生产经营管理体制。特报告如下。

一、组建集团实行资产一体化经营管理的必要性。

郧阳地区汽车拨叉厂已具备较强的经济技术实力和产品开发能力，而地理环境限制了生产的进一步发展，新开发的机油清滤器和汽车门开关是两个前景十分广阔的高新技术产品，立等上马抢占市场，却苦于无理想的场所。

郧建公司已陷入经营亏损的困境，职工感到前途困惑，优越的地理环境又无法加以充分利用。

组建成华阳企业集团，实行资产一体化经营管理，是双方企业寻求发展的共同愿望和迫切需要。这种经营机制的转变，有利于双方企业扬长避短，优势互补，焕发生机，提高经济效益。符合中央工作会议精神，对振兴郧阳经济有十分重要的意义。

1.郧建公司和郧阳地区汽车拨叉厂合并后组建成郧阳地区华阳企业集团公司。公司划分为郧县工区和十堰工区，郧县工区包括原郧阳地区汽车拨叉厂及其联营企业，十堰工区包含原郧建公司和新建的汽车配件厂。实行"统一规划，统一经营；内部承包，分级管理；单独核算，自负盈亏"的经营管理模式。

2.对郧县工区实施进一步"稳定、提高"的方针，稳定军心，提高企业素质，强化设施装备，完善生活福利设施，把郧县工区建设成集团公司的牢固大本营和基地。

3.对十堰工区实行"稳建筑，保资质，上加工"的方针。稳定原郧建公司建筑行业省二级企业资质等级，继续从事建筑业务。同时稳步发展汽车配件生产，新建旋装机油清滤器和汽车门开关分厂等生产高、新技术产品。吸纳、消化企业内富余人员，逐步扩大经营规模。

考虑到十堰工区职工福利待遇偏低，为调动职工生产积极性，在发展生产的同时，给予逐步提高福利待遇的倾斜措施。

4.集团公司近期对郧县工区和十堰工区的领导暂时维持合并前相对独立的体制，对集团公司的组织机构及生产单位的设置方案，论证后，合理改组，另行提出。目前采取一些过渡措施，保证经营活动正常进行。

二、实行资产一体化经营管理的社会经济效果。

利用郧建公司的闲置厂房和地盘，迅速新建清滤器和汽车门开关（生产基地），可收到投资省、见效快的效果，使年亏损30多万元的原郧建公司一年扭亏为盈，两年大见效益，三年实行飞跃。

1.发展一个骨干企业，搞活一个亏损企业，组建一个有实力的企业集团，为实现地委、行署提出的"三大历史任务"做贡献。

2.投资150万元，新建清滤器厂，今年投资，明年实现销售收入500万元，利税120万元，1994年再投资150万元，扩大规模，可实现销售收入1500万元至2500万元，实现利税350万元至500万元。

3.投资120万元，新建汽车门开关厂，今年投资，明年可实现销售收入500万元，利税150万元。三年后，750万元至1000万元，利税225万元至300万元。

三、请求给予适当的外部条件。

1.体制问题。

批准郧阳地区建筑工程公司与郧阳地区汽车拨叉厂合并，组建成郧阳地区华阳企业集团公司，迅速确定领导班子，具有唯一的法人地位。原双方一切经营业务，统归集团公司负责。原郧建公司的财务关系归财政，流动资金信贷关系仍属地区建行，并在该行开户。

2.国有资产无偿转移。

郧建公司与地区汽车拨叉厂合并，该公司原有的国有资产，经资产评估后，无偿并入郧阳地区汽车拨叉厂，作为新合并组建的郧阳地区华阳企业集团公司国有资产的一部分。

3.给予优惠经营政策。

第一，原郧建公司是亏损企业，而拨叉厂实行了5年承包，组成新的经济体后，不增加利税上缴基数。1995年后，再重新核定上交任务。

第二，集团公司所有新建分厂均采取股份制经营形式，运用"三资"企业的管理方式。

第三，新产品投产减免1至3年的增值税。

第四，把华阳企业集团公司的新建项目纳入地区财源建设计划。

4.对郧建公司"三角债"中260万债权，请地区采取必要行政或经济手段清理收回。

以上报告当否，请批复。

这个报告，以"湖北省郧阳地区汽车拨叉厂、郧阳地区建筑工程公司·郧地拨厂字〔1992〕014号，郧阳地区建筑工程公司·郧地建司字〔1992〕004号"红头文件印发。

四十四　准备讨论的书面材料

向地区行政公署提交了书面报告，由于事先和地委、行署领导有过多次面对面的汇报，领导们已明确表态：大力支持。所以，对书面报告的批复，不会有什么障碍，只是时间的早晚问题。

在等待郧阳行政公署批复时，陈守全在联合筹备领导小组的一次会上说："联合的进程到了现在这个阶段，两家企业的不少职工都隐隐约约听到了一些风声，背地里议论纷纷。有的兴高采烈，拍手赞同，有的极力反对，牢骚满腹，有的疑惑不解，忧心忡忡。概括起来说，郧建公司的职工怕被拨叉厂吃掉，到时候，吃大亏；拨叉厂的职工则担心，合并后，郧建公司瓜分利益。为了稳定两家企业职工的情绪，不致让生产受到影响，现在该向职工们交底了。咱们两家企业同一天召开职工代表大会，把联不联合的问题交给职工代表讨论。讨论不能泛泛而谈，要引导，要有具体的内容，所以，我们必须写一个书面材料，全面总结联合的必要性和联合后的生产发展前景。这个书面材料，我初步拟定了一个提纲，题目叫作《关于地区建筑工程公司并入地区汽车拨叉厂实行资产一体化经营的可行性分析》。大家先审阅一下我拟的提纲，咱们一起讨论，看这个提纲行不行。"

大家看完提纲，给予适当的补充之后，一致通过。以下辑录定稿。

关于地区建筑公司并入地区汽车拨叉厂
实行资产一体化经营的可行性分析

一 前言

中央工作会议对进一步搞好国营大中型企业提出明确的指导思想，并制定了切实可行的政策措施，地委行署依据本区经济发展战略和企业状况，更加深入地讨论企业转换经营机制推动区域经济发展的方针和措施。每个企业面对新的形势都在研究自身的发展战略。其中以调整结构、提高效益为前提，组建企业集团，既是中央搞好大中型企业的一项重要措施，也是很多具备一定的内外条件的国营企业自身发展的迫切要求。

地区汽车拨叉厂和地区建筑公司，是地区机械行业和建筑行业两个重要的国营中型企业。在中央工作会议精神鼓舞下，在地委行署直接关怀支持下，根据企业经营状况，双方通过相互了解，认真分析，在自愿的前提下，双方决定：由地区建筑公司并入地区汽车拨叉厂，实行资产一体化经营。为使并入工作具有一定的科学性、合理性、有效性，双方经过深入讨论，提出如下可行性简要分析。

二 两企业基本情况

（略）

三 并入后实行资产一体化管理的必要性和可行性

随着改革开放的顺利进行，要使企业在市场竞争中永远充满活力，永远立于不败之地，就必须要使企业随着市场的变化，进行企业组织结构和产品结构的调整。拨叉厂和郧建公司发挥各自的优势，扬其长，避其短，优势互补，实行资产一体化经营，不仅符合国家产业政策，而且对提高企业经济效益，加快企业发展，扩大本地区工业生产，振兴郧阳经济有一定推动作用，也是十分必要的。

1. 目前生产经营状况。

地区汽车拨叉厂，目前已是一个具有一定经济实力的国营中型企业。几年来，工厂致力于技术改造、产品开发和人才培训，在走专业化生产经营道路上形成了产品开发、经营管理、专业技术队伍、经济实力等方面比较强的优势。其中机加工、热处理、精铸、压铸等工艺优势，在郧阳是第一流的。现精铸年产能力达到4500吨，居全国第四位，1990年引进两台850吨压铸机，1991年形成了1000吨大中型压铸件生产能力，为二汽和中南地区填补了大吨位压铸的空白，为30万辆小轿车压铸零件生产奠定了基础。郧阳建筑公司由于目前建筑行业竞争激烈，施工任务不饱满，三个工程处造成经营性亏损，急需调整产业结构，以甩掉亏损帽子。

2. 实现企业资产一体化经营是企业发展的需要。

地区拨叉厂几年来的巨大变化，使企业更加坚定了"依托二汽，面向全国，走向世界"的发展战略。地区行署对企业有期望，企业自身也要求继续发展开拓，朝着更宏伟的目标迈进，在"八五"期间形成一个较大的综合性企业。时间不等人，要高速度、高效益地再发展，必须选择投资小、见效快的建设环境。目前拨叉厂地处乡野山沟，扩建需征地，基础建设，厂房建设，还要搞一系列的社会性生活福利建设，这不可能速度快、投资小。我们预计，现有产品增加产量，卡车改进争取的新产品，还有与二汽轿车配套压铸二期工程上马，仅征地解决公用设施、公用动力，就需大量投资。因此，利用建筑公司现有的空地、空厂房是拨叉厂扩展的捷径。

地区汽车拨叉厂的再发展，必须走外引内联的道路，引进外资，引进外地先进技术和产品，需要有一个交通通讯方便的地方，内联不仅是与县城、乡镇企业联合，更重要的是与大企业、科研所、高校联合，同样需要有一个好环境。而十堰市是鄂西北政治、经济、文化重镇，又是我国汽车重要生产基地，利用建筑公司在十堰的有利地理环境是拨叉厂外引内联再发展的需要。

地区汽车拨叉厂再发展需要资金、人才，企业本身是有限的，必须借用别人的人才和资金来发展。二汽有一大批退休的工程技术人员，高级技术工人，十堰的金融机构众多，利用建筑公司的地盘，建厂开发新产品，制造产品，借用人才，借用资金比在拨叉厂现有位置要方便快捷。

3. 实行资产一体化经营管理是加快改革步伐和扶持亏损企业的需要。

地区建筑公司是省建行直属地区行署代管企业，由于管理体制的限制，企业经营环境造成许多困境。如果建筑公司财政体制，从省里下放给郧阳地区，与郧阳地区拨叉厂组成一个新的经济实体，属地区行署管理，同时具有机械和建筑两方面的技术实力，企业有"婆婆"，有靠山，这样不仅符合中央加快经济体制改革的精神，而且对地区经济发展将发挥重大作用。改变建筑公司双重管理，并入一个有经济实力的企业，是建筑公司迅速扭转亏损实现盈利改变现状的需要。

地区建筑公司，目前由于施工任务不饱满，人员有富余，以致亏损。如果能利用现有的空地和空厂房，引进一些机加工产品，安排富余人员，就会减少负担，使企业恢复盈利。但，该企业由于生产性质决定，找不到加工产品，同时，又缺少资金，缺少这方面的技术人才，而拨叉厂正有这方面的优势，又同属一个地区内的企业，由建筑公司并入拨叉厂实行资产一体化管理，对调整建筑公司的产业结构和产品结构，扭亏增盈，促进经济发展是十分必要的和可行的。

4. 实行资产一体化管理是实现两个企业经济优势的需要。

地区拨叉厂，目前产品多，工艺复杂，集中于一小块地方，交通运输不方便，对原材料进厂和产品外运，保证二汽装车有一定的不便之处。要使拨叉厂发挥产品多的优势，进一步扩大再生产，降低生产成本，提高经济效益，必须要改进目前这种生产环境，走多品种专业化的道路，需要划小生产单位，专业化生产经营，独立核算。那么，利用建筑公司空地空厂房和富余人员，就不需另外投资和增加人员，再建几个专业化汽车零件分厂，对扩大二汽产品的扩散，更好地吸收消化扩散产品，更好地服务于二汽，有着至关重要的作用。同时也可减轻与二汽配套的运输量，降低生产成本。

建筑公司经营不景气，干部职工都感到前途渺茫，特别是许多离退休职工，更为自身利益担忧。这实质上存在着一种政治上不稳定的隐患。如果和拨叉厂组建成一个新的经济实体，统一指挥，统一经营，使广大职工感到生产上有着落，生活上有盼头，工作上有靠山，对企业的发展树立起充分的信心，必将稳定建筑公司的干部职工队伍，激发他们与企业荣辱与共的信念，政治上消除不安定的因素。

四 企业资产一体化经营的实施方案

郧阳建筑公司并入郧阳汽车拨叉厂，形成一个经济实体企业，资产一体化经营管理，考虑到两家企业生产性质的不同，采取优势互补，扬长避短的生产经营方式，具体方案如下。

1. 组织机构。

设立一个总经理领导下的经营首脑集团，近期内部增设管理机构，公司分派"十堰"和"拨叉"两部分的负责人，可以理解成，一个领导班子，两地管理。当公司发展到一定时期，根据综合经营的需要，设置若干智囊性、决策性、执行性的机构，以适应更大规模的发展。公司的首脑集团负责下属干部的选聘和经营战略决策，承包任务的下达，经营成果考核和所属单位的设置。

2. 经营方式。

（1）经营管理模式。实行统一规划，统一经营，内部承包，分级管理，单独核算，自负盈亏的经营管理模式。

（2）对原郧阳建筑公司生产结构调整方针。对原郧阳建筑公司实行稳住建筑，保建筑行业省二级企业资质等级，发展机加工生产的结构调整。根据两个企业不同的产业结构，拨叉厂已经形成机加工、精铸、压铸等工艺优势，在二汽和中南地区颇有影响，建筑公司在鄂西北是较有影响的建筑施工单位，因此，在生产结构上，拨叉厂在稳住现有生产产品的同时，发挥自身优势，而将所研制的转产快、投资少、见效快的机加工汽车零件发展到十堰建立分厂，实行产品专业化生产，利用郧阳建筑公司闲置的车间可以马上进行规划、生产，郧阳建筑公司除保持建筑方面的骨干力量继续进行民用建筑施工安装外，仍保留预制件厂、木材金属构件厂不变，剩余人员全部安排到汽车零部件几家分厂工作，可以解决建筑业僧多粥少的矛盾，消除亏损因素。虽然建筑行业改成机加行业有许多困难，由于拨叉厂有丰富的机加经验，成熟的汽车零件加工工艺及一大批具有理论知识和操作水平的工程技术人员，利用十堰的空厂房建厂对郧阳建筑公司的人员进行培训，生产中加强技术指导，可以解决转产后的矛盾。

3. 生产单位的设置。

（1）郧阳建筑公司保留预制件厂、木材金属构件厂、汽车运输队，两家企业的服务公司合并。

（2）原郧阳建筑公司三个建筑施工处实行精简整编，组建成一个建筑公司。

（3）成立旋装式机油滤清器分厂和汽车门开关分厂。

（4）拨叉厂内部拟选择一个工艺专业化车间试行分厂管理试验。

4. 资产一体化经营管理实施步骤和时间。

1992年2月3日，双方企业向上级部门报告，争取尽快批准实施该方案，同时清理郧阳建筑公司资产，办理好固定资产无偿转移和一体化经营管理等手续，形成统一领导的机构。

1992年4月至9月，对新建两个汽车零件厂进行规划、设计、筹建、设备安装、调试、运行，同时安排好各生产单位的机构设置、人员配备、技术培训、操作技能训练，理顺各单位领导关系和经济关系。

1992年10月，新建两个汽车零件分厂正式批量生产，自负盈亏。

1993年，健全公司领导体制，形成总经理负责制的总公司首脑机构，健全公司党政工团、生产、技术、财务、经营等管理机构。

五 资产一体化经营的社会政治经济效果

1. 发展一个骨干企业，带动一个亏损企业。郧阳地区汽车拨叉厂由于历史的原因，地处山沟，场地狭窄，严重制约和钳制企业扩大再生产，要跟上汽车工业的步伐和适应汽车配套的需要，与二汽同步发展，就必须解决上述制约发展的种种因素，若实现与郧阳建筑公司合并，实行资产一体化经营，不仅解决了拨叉厂征地投资，扩建水电问题，而且还为郧阳建筑公司甩掉了包袱。既有利于拨叉厂的发展，又给郧阳建筑公司带来了生机，使两个企业都充满活力，也给郧阳山区带来了经济的发展。

2.两个企业优势更充分发挥。拨叉厂发展的历史证明，在偏远山区建厂有诸多不便，一切社会公用设施、福利设施靠自己投资，这是很大的浪费，也限制了企业的发展。拨叉厂要发展，就要增加人员，就要扩大公用设施和福利设施。

拨叉厂具有发展前景的三个汽车零件产品（EQ140旋装机油滤清器、EQ141-2汽车门开关、转向球节），继续投入市场，而拨叉厂现有条件不可能再布局新的产品生产。而郧阳建筑公司闲置的两个车间，稍加改造就可以利用，拨叉厂可以节约投资，郧阳建筑公司富余人员和闲置资产则可以充分发挥作用。如果现在起步，第四季度就可以出产品，见效益，明年可以批量生产。这三个产品，从发展前景来看，可建成三个专业化、系列化加工厂。

郧阳建筑公司在朝阳路、东岳路都有很好的门面地段，稍加装饰，就可以兴办饮食服务业、汽车配件销售和汽车维修，这些第三产业的兴办同样可以消化郧阳建筑公司的富余人员。

3.加快山区经济建设的步伐，为地区争取一个企业。郧阳建筑公司的固定资产是国拨资金建设，流动资金中国拨资金占60%，若争取省政府批准同意将该企业下放地区，如果地区接受该企业，只是隶属关系的转变，不存在资产有偿转变，这等于郧阳地区在不投资的情况下，增加了一个经济实体，增加了资产存有量，何乐而不为呢？

目前郧阳建筑公司不存在资不抵债的问题，流动资金贷款只有192万元，债务54.7万元，而债权有250万元，合并后，不存在补洞还债。

4.经济效益增长预测。

（1）合并后，1992年可以使郧阳建筑公司扭亏为盈，1993年可大见成效，1994年实现经济的飞跃。

（2）利用郧阳建筑公司的厂房后，投资150万元新建旋装式机油滤清器分厂，今年投产，明年可生产20万支，实现利税120万元，实现销售收入500万元。1994年再投资150万元，扩大生产规模，年产量可达60万～100万支，实现销售收入1500万元～2500万元，实现利税350万元～500万元。

（3）新建EQ140-2汽车门开关分厂，今年投产，明年产量可达10万辆份，实现销售收入500万元，实现利税150万元，三年后产量可达153万辆份，可实现销售收入750万元～1000万元，实现利税225万元～300万元。

（4）在十堰建厂，每年可减少原材料、生产产品往返于郧阳至十堰运输费用20万元。

（5）减少因建两个分厂征地投资、水电两通设施和厂房投资200万元；另外，闲置土地将来建厂，还可减少大量投资。

六　实现资产一体化经营后，可能发生的矛盾

1. 企业对离退休职工福利改善的经济承受能力。建筑公司现有离退休职工178人，近两年还有近60名职工要退休，拨叉厂现有退休职工6名，两家企业合并两年后离退休职工可达250名左右，目前退休职工工资每年35.7万元，两年后，可增至40万元以上。但退休金已经实现统筹，只要企业经济发展，可从企业留利中和通过发展第三产业进行补充。不过，在新建分厂未见效益前，近年是一个负担。这正是需要尽快实施合并组建公司，尽快投产见效益的原因所在。

2. 预防两企业组成公司后，干部职工可能发生的思想波动。企业并入后，由于体制发生变化，两个企业的干部职工的思想可能产生波动现象。解决办法，一是加强做好耐心细致的思想政治工作；二是保持完善的拨叉厂较好的生活福利条件，使职工安心；三是拨叉厂现有的稳定产品不转移，避免引起波动；四是除技术管理骨干，相互流动组织新项目

投产外，尽量少抽人；五是对原建筑公司产品调整稳步进行，成熟一个解决一个。虽然这些工作比较复杂，只要我们做好细致的工作，可以稳步解决和逐步消化这些问题。

3. 逐步解决两企业经济收入和待遇不均的问题。就目前经济收入水平和生活福利待遇来说，拨叉厂要高于建筑公司，而建筑公司所处的工作环境和交通条件优于拨叉厂。解决这一历史问题，公司所属各单位必须，一要加强思想政治工作教育，防止待遇不平衡造成的思想波动；二要解决实现按劳分配、多劳多得的社会主义分配原则，强化内部管理和成本核算，实现自负盈亏。同时考虑各工种之间劳动强度、工作环境等差别，实行岗位浮动工资。

七 企业一体化经营所需的外部条件

1. 有关体制问题。郧阳建筑公司并入拨叉厂，是资产一体化经营，不是形式上的并入。只有在郧阳建筑公司隶属郧阳地区，才有条件组成一个经济实体，由于郧阳建筑公司隶属省建行分管，因此，请求上级主管部门能对两家企业组成一个实业公司之事进行审核批准。

2. 固定资产无偿转移。郧阳建筑公司并入拨叉厂，该公司原有的固定资产作为新组建公司固定资产的一部分，应该是无偿转移。如果是有偿拨给拨叉厂，就失去了两家企业组建一个实业公司，实行资产一体化经营管理的意义。

3. 建筑公司目前经营亏损，没有利润上缴，而拨叉厂实现了五年承包，两企业组建一个公司后，上级部门应考虑建筑公司原有状况，不增加利润上缴任务，新增利润用于还贷和生活环境改善。1995年后，再根据实际情况，考虑上缴利润任务。

八 组建公司内部应注意的事项和额外难题

1. 组织上要保持步调一致，全公司应服从总经理领导，统一指挥，统一部署，统一安排，不许各自为政。

2. 郧阳建筑公司、拨叉厂流转税统一由拨叉厂核交。

3. 目前，仍保持各单位单独核算，自负盈亏的体制，经产品结构调整和整编后的单位发生亏损，属经营管理不善的，应由该单位自行消化处理，非人力所为的，由公司视情况处理。

4. 组建公司后，仍应保证机加工生产的主导地位，拨叉厂是公司的大本营，因此建好公司的大本营是公司的根本，若果丢掉大本营，则会成为无本之木，无源之水，根本就谈不上公司的发展。只有稳定大本营，保证大本营的正常运转，稳定军心，才能使企业大踏步前进。

四十五　职工代表大会如期召开

郧阳地区汽车拨叉厂和郧阳地区建筑工程公司分别召开了职工代表大会。

郧阳地区建筑工程公司，于1992年4月5日在公司会议室召开了公司第六届职工代表大会第二次会议，会议应到代表76人，实到代表59人。地区经委、地区工会、地区城建局、地区建设银行的领导出席了会议。另有建筑公司中层以上干部以及具有中级以上职称的工程技术人员13人列席了会议。

会议以大会的名义做出了决议。

这次会议的主要议题是：总经理刘志成代表公司领导班子向大会提交的《关于郧阳地区建筑工程公司与郧阳地区汽车拨叉厂合并，组建企业集团公司的提案》，工会主席谢连云同志《对刘志成同志所做的"合并提案"的报告的说明》。

会议认为：关于郧阳地区建筑工程公司与郧阳地区汽车拨叉厂合并，组建企业集团公司的提案，完全符合中央工作会议和中央2号文件精神，完全符合当前深化企业改革，转换经营机制，调整产品结构的大方向，也完全符合公司存在的实际情况。两家企业的合并，优势互补，可以迅速提高双方企业的经济效益，这对郧阳地区的经济发展，必将起到巨大的推动作用。提案经过与会代表的热烈讨论和审议，一致同意郧阳地区建筑工程公司与郧阳地区汽车拨叉厂合并，组建郧阳地区首家企业集团公司。

会议认为：两家企业的合并，是郧阳地区经济、政治生活中的一件大事，必须把这项工作做好。会议希望双方领导本着团结、奋进、开拓的愿望，以全局的利益为重，抓紧制订产业的调整方案，做好国有资产的评估和交接工作，切实维护国有资产的安全和职工的合法权益。

总经理刘志成在公司六届二次职代会上做的《关于地区建筑工程公司与地区拨叉厂合并组建华阳企业集团公司的提案》的报告，谈了四个方面的问题：一，当前的形势和建筑工程公司面临的问题；二，地区拨叉厂和建筑工程公司的基本情况；三，组建企业集团后的初步实施方案；四，两家企业合并的好处。

所讲第四个问题的内容摘要如下。

湖北省委、省政府18号文件《关于搞活大中型企业》第27条指出："本着有利于生产要素的合理配置，充分挖掘资产存量的原则，鼓励有优势产品的大中型企业组织企业集团。""各地、各部门要顾全大局，从长远利益出发，积极支持企业集团的发展。"目前，随着改革开放的不断深入发展，中央要求把企业逐步推向市场。要使企业在市场占有一席之地，就必须增强商品经济意识和市场观念，就必须及时调整产品结构，改革经营机制。

我们公司和拨叉厂合并，是在广泛听取职工群众和各级领导意见的基础上提出来的，是经过党政工（会）领导认真研究，以及民主管理委员会充分讨论的前提下做出的提案。认为有如下几点好处。

1. 有利于加强郧阳地区的工业发展和经济建设。

地区拨叉厂是郧阳地区机械行业的骨干企业，目前在产品开发上、技术改革上和经营管理上，都有一定的实力。其中机加工、热处理、精密铸造等工艺在郧阳地区，甚至在中南地区是第一流的，精铸年产能力达到4500吨，居全国第四。1990年引进两台850吨压铸机，到1991年已形成了1000吨大中型压铸件的生产能力，为中南地区、二汽填补了大吨位压铸件的空白。目前在产品的开发上，又争取到不少的配套产品。预计，新建旋装式机油清滤器，今年试产，明年可生产20万支，实现销售收入500万元，利税120万元。过几年产量可达60万～100万支。新建140汽车门开关分厂，明年产量可达10万辆份，实现销售收入500万元，利税150万元，三年后产量达到153万辆份，销售收入可达750万元～1000万元。可是，拨叉厂地处偏僻的小山沟，开发这些产品，受到限制，与我们公司合并后，我们闲置的厂房就可以利用起来。

2. 有利于缓解我们公司职工子女就业危机。

近年来，十堰市青年就业的矛盾越来越突出，超过了武汉市的待业比率，特别是地直单位，待业总数500多人，地直中，经委口最突出（150多人），经委口中我们最突出，占了一半以上（85人），过几年还要增多。我们公司好多职工子女报了十几次名，都没有招上，有的待业长达五六年之久。如果我们单位不上产品，不走合并之路，这一矛盾永远难以缓解。

3. 有利于职工的待遇逐步提高。

企业的兴旺与发展，是提高职工福利待遇的前提和基础。合并后，我们全体职工同心协力，奋斗拼搏，把新厂尽快建起来，职工的福利待遇才有可靠基础。我们有个别同志说，卖地也能卖几百万元。但，这不是出路。我们的包袱越来越重，几百万元能过几年？我们只有依托二汽，尽快抓住轿车上马的机遇，不失时机上一些加工产品，才能最终摆脱贫困。现在建筑市场仍然是僧多粥少，工程压价挺厉害，接任务前要你垫款，交工程又要拖欠你的款。在这种情况下，要扭转亏损不是一件容易的事情。

4. 有利于扬长避短，优势互补，吸引人才，使企业焕发生机。

我们地处十堰中心，有良好的地理优势，但苦于无技术，无设备，无关系，少资金，良好的优势发挥不了作用。拨叉厂是一个长期从事机械加工的企业，具有优秀的技术人才、先进的机械设备，和二汽有着密切的关系，但地理环境不利于工厂发展。所争取到的二个产品，没有了发展空间，如果不能在短期内投入生产，就会失去机会，所以现在急于寻找场所，能让这两个产品尽快投产。

5. 我们承接任务不会受到大的冲击。

为了能够顺利合并，我们公司从省里下放到了地区，这样，就解决了管理体制和地区利益不顺的矛盾，对承接地区的任务有了合理的途径。合并之后，自建任务也将会增大。只要我们加强管理，借合并改革的东风，完善各项管理制度，调整管理结构，整个企业就会有好的转机。

同志们，我们两个企业都是地区中型企业，两家企业合并，是我们地区经济体制改革中一次有影响的创新，地委行署的各位领导以及地区经委、财政局、城建局、建行的领导，给予了精心的指导和大力的支持。我们不能辜负各级领导的关怀和支持。应该加快改革步伐，抓住这次合并的机会，为我们公司的经济发展，为郧阳地区的建设，做出我们的贡献。

工会主席谢连云，在职代会上做了《对刘志成同志所做的"合并提案"的报告的说明》的发言。

刚才听了刘总经理的提案报告，我觉得讲得很具体，很实在，很全面；论据充分，观点明确，可行性强。我受公司党委委托，从工会角度，对刘经理的提案做简要说明，供全体代表审议时参考。

1. 我们为什么要走合并的道路。

我们公司经济效益低，前景堪忧。二十世纪七十年代末期，通过我们老领导的努力，争取到两次大好的机会。第一次是进入东风轮胎厂，由于种种原因，没有如愿以偿。接着是进入二汽，也因为各种各样的障碍，没能成功。错失二次机会，大家都感到很可惜。

我们公司必须转换经营机制，调整产业结构，依托优势企业带动我们这个处于劣势的建筑企业，才能使我们公司摆脱困境。在这个前提下，公司领导和地区拨叉厂领导，就合并事宜进行协商，认为优势互补，双方都有潜力可挖。上级领导也表示这是一个好的举措，给予大力支持。

七十年代，错失了两次机会。这次，机会难得，不能一而再，再而三地错失机会。

2. 两家企业合并后优越性的分析。

（1）有利于企业迅速发展。拨叉厂利用我们的闲置厂房，短期内就可以投入生产。

（2）稳建筑、保资质、上加工。公司的建筑优势不放弃，保住二级资质，还能进行机械加工。

（3）合并后，企业集团一盘棋，可以缩小贫富差距。

193

(4) 有效摆脱企业困境。

(5) 有利于减轻企业负担。

(6) ～ (10) 从略

3. 抓住合并时机，加快改革步伐。

两家企业的合并，步子要快一点，胆子要大一点。要脚踏实地，下真功夫，不要停留在口头上，不要三心二意。我们大家一起出主意，想办法，上下一心办实事，我们合并的道路会越走越宽广。

两家企业的合并，是本地区深化改革浪潮中涌现出来的第一家，我们希望它扬帆远航，驶向光辉的彼岸。

四十六　郧阳行署的批复

郧阳地区汽车拨叉厂的职工代表大会，也是在4月5日召开，有关情况在这里不做介绍。不介绍的原因，请慢慢往下看。

现在我们的话题，转到另一个方向。4月29日，郧阳行政公署对两家企业合并的书面报告做了批复——《郧阳地区行政公署关于成立郧阳地区华阳企业集团公司的批复》。照录如下。

郧阳地区汽车拨叉厂、郧阳地区建筑工程公司：

你单位关于成立郧阳地区华阳企业集团的请示收悉。经研究，同意地区汽车拨叉厂和郧阳地区建筑工程公司联合组成"郧阳地区华阳企业集团公司"。现将有关事宜批复如下。

一、隶属关系。郧阳地区华阳企业集团公司隶属郧阳行署，委托地区机械工业局管理，其中郧阳地区建筑工程公司由城乡建设环境保护局实行行业管理,财务关系归属地区财政局。

二、信贷关系。郧阳地区华阳企业集团公司的建筑业务系统信贷关系和开户银行不变,其新开发的机油清滤器和汽车门开关等生产项目,可在其他银行开户。

三、郧阳地区华阳企业集团公司实行承包经营责任制,其承包基数按郧阳地区汽车拨叉厂二轮承包基数不变。地区建筑工程公司原亏损包袱,要求在1995年前消化。新开发的机油清滤器和汽车门开关等生产项目,纳入地区财源建设计划,并采用"三资"企业的经营机制进行管理。

四、郧阳地区华阳企业集团公司组建工作由陈守全、刘志成同志全面负责,组建期间的职责如下。

1、全面负责组建工作和两个新项目建设;

2、负责做好全体职工的思想政治工作保证安定团结,促进改革和生产的健康发展;

3、负责组织领导现有的生产;

4、由经委牵头会同双方尽快做出联合组建的具体实施方案,报行署审批。

此复

郧阳地区行政公署
一九九二年四月二十九日

此批复以"湖北省郧阳地区行政公署·郧行文〔1992〕26号"红头文件的形式,于1992年4月30日印发30份,抄送至地委办、组织部、行署经委、计委、财办、财政局、人事局、劳动局、国资局、工商局、机械工业局、城建局、地区人行、建行、工行、税务局。

四十七　华阳剪彩

中共郧阳地委、行署任命陈守全同志为湖北省郧阳地区华阳企业集团总经理（法人代表），经省工商局核准，郧阳地区工商局依照公布的有关法规，将郧阳地区汽车拨叉厂和郧阳地区建筑公司两个法人注销，把两家合并登记注册为新的法人公司——湖北省郧阳地区华阳企业集团公司，陈守全为唯一法人代表，负责华阳集团公司的一切资产占有、使用、处理，搞好企业的经营与发展，确保固有资产增值。

同时，郧阳地委、行署任命陈守全同志为中共郧阳地区华阳企业集团党委书记，任命薛世友同志为党委副书记，任命朱延武、刘建华、刘志成同志为华阳企业集团公司副总经理，任命陈志超同志为华阳企业集团公司工会主席。集团的领导班子已经组成，所属几个分公司及集团总部各职能部门的负责人，也经由集团领导班子研究，基本确定。人事布局已经妥帖，接下来就是要各司其职，让郧阳地区华阳企业集团进入正式运作的轨道。

进入正式运作轨道之前，要召开成立大会、剪彩，这是向社会公开发布的庄重宣言。

壬申年（猴年）小满刚刚过去五天的四月二十四，公历1992年5月26日，艳阳高照，郧阳地区华阳企业集团在这一天成立了。

华阳企业集团总部，已经从柳林宾馆搬进了郧阳地区建筑工程公司办公大楼的四楼，成立大会就在这里举行。

郧阳地区建筑工程公司办公大楼始建于20世纪70年代，颇为气派，在当时算是一流的建筑——建筑公司嘛，能不建一栋像模像样的办公大楼吗？只是在公司亏损的那段时日里，它似乎失去了往昔的光彩，今天，它又重新焕发了魅力。

第四章　激流勇进树华阳

大楼前面是一个足球场大小的广场，广场上人头攒动，人们像过节一样，精神饱满，喜气洋洋。广场四周插满了彩旗，在五月习习微风中曼舞。

一条甬道从广场向外延伸，临近马路，是原郧阳地区建筑工程公司的一座牌楼，或者说就是厂大门。牌楼上方高悬着鲜红的横幅：郧阳地区华阳企业集团成立大会。

牌楼门口更是人声鼎沸，热闹非凡。牌楼下，8张三屉桌一字排开，铺着蓝色桌布，摆放了花瓶、暖瓶、茶杯、水果，这是主席台。主席台上方搭了遮阳篷。主席台右边是鼓乐队，鼓声咚咚，地动山摇，唢呐震天，从山这边传到山那边……

参加大会的有郧阳地委书记王启刚、行署专员曾宪武，郧阳地区发改委、机械工业局、工商局、税务局、公安局等有关部门的领导，以及东风汽车公司的领导等，来看热闹的群众不计其数。

主持成立大会的是原郧阳建筑工程公司总经理刘志成，来宾各就各位，他宣布："成立大会现在开始！"

顿时，鼓声雷阵，鞭炮齐鸣。

归于平静之后，地委书记王启刚、行署专员曾宪武，相继发表了对两家企业合并给予充分肯定的重要讲话，相关单位及东风汽车公司的领导也表达了热情洋溢的祝贺。陈守全心情特别激动，言简意赅地回顾了两家企业合并的前前后后，介绍了今后的发展规划，博得阵阵掌声。

最后，由地委书记王启刚、行署专员曾宪武剪彩，揭开"新娘"的红盖头——蒙在"湖北省郧阳地区华阳企业集团"牌子上的大红绸布。湖北省郧阳地区华阳企业集团，以这里为起点，开始了它的漫漫征途。

3个多月后的9月4日，湖北省工商局批准湖北省郧阳地区华阳企业集团更名为湖北华阳企业集团，书写了十堰市第一家冠用省名的企业集团的历史。

四十八　华阳步履

1 小作坊的巨变

郧阳地区建筑工程公司原来有一家铁木制品加工厂，后来改为金属制品加工厂，规模不大，可以说就是一间小作坊，生产几乎处于停顿状态。华阳集团成立之后，陈守全主持把这家工厂改造成以生产汽车零部件为主、铁木制品为辅的汽车零部件制造公司。

这一改造是一项巨大而烦琐的工程。

小作坊旁边有一条山沟，把它填平，厂房建筑面积就可以扩大将近一倍。这项基础建设需要资金，可是金属制品加工厂账面上的余款少得可怜，用来搞基础建设真是杯水车薪。陈守全东奔西跑，从银行争取到492万元的贷款。原来小作坊的工人大都是搞建筑出身的木工、钢筋工、钣金工，现在工厂要加工汽车零部件，自然不能胜任。于是，陈守全从拨叉厂抽调技术人员和管理干部进入汽车零部件公司，一方面管理生产和技术，一方面带培小作坊原来的工人，帮助他们完成由建筑工人向机械加工工人的转型。

加工汽车零部件，需要有设备，陈守全毅然决然地把拨叉厂的刹车盘生产线调运过来。有了技术工人，有了设备，生产什么产品呢？这是一个关乎工厂生死存亡的问题。为解决这一棘手的问题，陈守全利用自己与二汽的关系积极活动了大半个月，但没有收获。

信息时代，捕获信息至关重要。此前，原拨叉厂副总工程师L，调入二汽45厂任技术科长，他向陈守全提供了一个重要信息：二汽因生产发展，产品需要向外扩散，尤其是41厂的制动底板亟待找到合适的生产厂家。

陈守全欣喜若狂，决定向制动底板这个目标挺进。

挺进！谈何容易！

第四章　激流勇进树华阳

尽管陈守全与二汽有很好的关系，但与41厂厂长S素昧平生，而如此重大的事情，又必须厂长拍板。陈守全本可以通过二汽有关人员的介绍认识41厂厂长S，但陈守全没有这样做，他打听到S厂长的住址，敲开了S厂长的家门。

面对这位不速之客，S厂长不免一脸冷漠。这一点，陈守全做好了准备，所以他很镇定，也很自信。他主动自我介绍："我是华阳集团的总经理陈守全……"

陈守全话还没说完，S厂长热情高涨起来……

当时在二汽有一句口号，叫作"外学邯钢，内学华阳"。作为二汽一家专业厂的厂长，S当然知道华阳集团，因此马上肃然起敬。

两人的商谈是愉快的，陈守全满载而归。

就在事情深入发展的时刻，S厂长突然调往另一家单位，接任的是W，这又是一个陌生人。陈守全依然直接造访W厂长，这次获取的却失败了，陈守全无可奈何，只好求助于地委副书记冯友仁。冯友仁是从二汽副厂长职位上调入地区公署担任地委副书记的，冯友仁当二汽副厂长的时候，W是车间副主任。

陈守全获得的不只是制动底板生产权，还有制动底板小总成的生产权，同时，W厂长豪爽地答应把生产制动底板小总成价值近300万元的20多台设备无偿转让给华阳集团。

经过4年的奋斗，这家由郧阳地区建筑工程公司所属的铁木制品加工厂改造成的汽车零部件厂，资产由158.2万元增加到1142.2万元，由一个微利的小作坊变成了一个年产销过1000万元、利税过100万元的企业，累计实现利税554.9万元，利润412.2万元。

2　十堰第一家股份有限公司

原郧阳地区建筑工程公司，有一块位于十房公路旁边百二河水库山

199

头上30多亩的国拨土地，简单开辟后，建成了预制件厂。由于整个建筑公司生产处于疲软，预制件厂自然景气不起来，场地杂草丛生，已经荒凉得有些目不忍睹。陈守全带人考察后认为要让这块土地发挥应有的经济效益。陈守全决定将汽车旋装式机油清滤器这个产品落户在这块土地上。

汽车旋装式机油清滤器终于可以生产了，陈守全心里的一块大石头落地了，不由得想起争取汽车旋装式机油清滤器生产权的艰辛过程。

旋装式机油清滤器是当时第二汽车制造厂从国外引进的一项新技术，由61厂承担生产任务。由于是新技术，61厂刚接触没有经验，产品质量不理想。由于长期与二汽打交道，陈守全很快获取了这一信息，他径直找到第二汽车制造厂厂长陈清泰。陈守全与陈清泰有过无数次交往，彼此信任。陈守全直陈心意，陈清泰请陈守全和分管财务与配套的副厂长张煜联系，并且当即给张煜电话，事先为陈守全打了个招呼。

陈守全马不停蹄地去找张煜，张煜没有多言，唯一的要求就是要保证质量。陈守全毫不含糊，现场表态：质量不合格退货。

双方签订协议，其中有一条：二汽生产旋装式机油清滤器的设备转让给华阳集团无偿使用，由华阳集团购买上海一家工厂引进意大利技术生产出来的拉延机。

开发新产品需要大量资金，现有资金周转不过来，而旋装式机油清滤器假如不能在短期内投产，整个计划就要泡汤。陈守全思维敏捷，想到不少国有企业改制成股份制企业，茅塞顿开，何不成立旋装式机油清滤器股份有限公司呢？

股份有限公司通过合法的手续和渠道成立后，吸收社会其他法人资本1000多万元，个人资本600多万元。

连同旋装式机油清滤器股份有限公司在内，湖北省有11家股份有限公司，旋装式机油清滤器股份有限公司则是十堰市第一家股份制企业。

旋装式机油清滤器股份有限公司的成立，在十堰市产生强烈反响。

公司雷厉风行投入建设，当年建成，当年投产，产品得到了二汽的认可。两年后形成了年产100万支旋装式机滤、柴滤、空滤生产能力，并增加了生产品种，开发出水泵叶轮等新产品。企业资产由初建时的500万元增加到2421.6万元，企业发展势头锐不可当。

可是天有不测风云。湖北省成立的11家股份制企业，至此有十家上市，唯有十堰市旋装式机油清滤器股份有限公司未能上市，形势岌岌可危。这是由包括与合作伙伴的摩擦、管理人员的问题等多个因素造成的。恰在这时，陈守全因胆结石赴重庆手术治疗，旋装式机油清滤器股份有限公司在一段时间里失去了主心骨和强有力的管控。

3 十堰第一家中外合资公司

原郧阳建筑工程公司在朝阳路有一个汽车修配厂，说是厂，其实就是一个很简易的工棚，不过所占面积并不小。两家企业合并后，陈守全意欲彻底改造这个汽车修配厂，充分利用这片土地和拥有的资源为华阳企业集团创造新的经济增长点。

有人向陈守全透露，英国一家叫卢卡斯的汽车零部件公司，派人远渡重洋来二汽寻求汽车制动器的生产合作，但与二汽几轮谈判，由于种种原因没有成功。陈守全得知这一消息后，兴奋异常。

华阳企业集团制订了《1993—2000年发展战略的总体目标》，其中就有对外资金交流和技术交流的内容。《1993—2000年发展战略的总体目标》谈到，要与国际接轨，引进国外高科技汽车生产技术，实行中外合作，在集团内部开辟一个具有国际管理水平和经营操作能力的窗口，带动华阳企业集团的发展。

另外，陈守全一直想利用建筑公司汽车修配厂的资源建立一家新的工厂，但苦于没有寻找到可以开发的产品。现在英国卢卡斯公司已经来

201

到了十堰，这不是送货上门吗？怎么能错过这个大好时机？

陈守全驱车前往二汽外贸部打听消息。卢卡斯公司确实到了十堰市，也确实没有与二汽达成合作协议。陈守全当即通过二汽外贸部通晓英语的工作人员X，与卢卡斯派往二汽的代表取得联系。

双方达成意向不久，1994年8月25日，英国卢卡斯公司向华阳企业集团发出了进行合资项目讨论考察的正式邀请。

接下来，双方就股份分配、专利权、产品定价、配套单位、保险等诸多方面，分别在十堰、北京、英国等地进行了近20次的谈判并达成协议。陈守全为了在谈判中占得上风，聘请二汽变速箱厂一位有谈判经验的总工程师加入谈判组。正是有了这位总工程师的加盟，谈判取得了良好的效果。否定了卢卡斯技术入股的提议，卢卡斯与华阳企业集团股权分配为6∶4，技术、质量、采购三大板块，由英方主管，其他由华阳企业集团主管。卢卡斯投资2300万元（人民币），无偿提供装配线及其附属设备，华阳企业集团除提供土地（在原有基础上新征土地23亩）、厂房外，投资1933万元。这里尤其值得着墨的是，英方提出，若由英方人员出任总经理，要以英国的标准支付工资。华阳否决了这一提议，提出只能以中方总经理工资标准上浮20%付给，差额部分由英方补给。经过较量，最后英方接受了华阳的主张。仅凭这一点，华阳就让二汽有关人员赞不绝口。因为二汽就雪铁龙项目与法国的谈判，关于法方总经理的工资就是以法国工资标准付给的。

英国卢卡斯工业有限公司和华阳企业集团公司合资合同签字仪式，在十堰宾馆举行。地市合并后的十堰市委、市政府领导在市委书记曾宪武、市长吴发育的带领下出席了签字仪式。仪式由副市长刘进福主持，刘湘担任主翻译。金融、工商、新闻等各界代表300余人出席了这次隆重的签字仪式。华阳企业集团公司总经理陈守全和卢卡斯工业有限公司市场部经理耐克·艾克斯顿先后在会上发表了热情洋溢的讲话,并分别代表两家企业在合同上签字,宣告湖北卢卡斯—华阳集团汽车制动器有限公司正式成立,这也意味着十堰市第一家合资公司宣告成立。华阳集团在十堰市的工业经济发展中又一次成为开路先锋。

福兮祸所伏。英方年仅42岁的总经理约翰因脑出血猝死。这对英国卢卡斯不啻是致命一击,与华阳的合作也受到严重挫伤。加上产品价格高于同类产品一倍,在激烈的竞争中,技术又变得陈旧了。于是,英方把自己的股权转让给世界500强之一的美国美驰公司。

由此,卢卡斯—华阳集团汽车制动器有限公司,更名为美驰—华阳集团汽车制动器有限公司。

美驰公司是全球最大的汽车零部件制造商之一,其卡车车桥和制动器制造技术和销售,居世界前列,尤其是其先进的商用车空气盘式制动器,在国际上处于领先地位。美驰为雷诺、沃尔沃等世界知名品牌整车配套,其中雷诺盘式制动器100%由该公司供货。能与这样一家公司合资联营,可谓打着灯笼无处寻。

1998年,美驰—华阳集团汽车制动器有限公司成立后,于当年5月召开了第一次董事会,董事长陈守全与中外董事们认真讨论,确定了合资公司发展的战略目标,其基本精神包括三个方面。

第一,为东风汽车公司提供高科技技术制动产品——单楔鼓式制动器(SAM)。

第二,在制动器生产领域内发展合资企业优势,最大限度地占领国内制动器市场。

第三,在不久的将来,要把合资公司建设打造成中国制动器行业中的小型巨人。

经过三年的打拼,美驰—华阳集团汽车制动器有限公司取得了人均销售收入20万元的好效益，成为十堰市众人瞩目的中外合资公司。

美驰—华阳集团汽车制动器有限公司的建立，使原郧阳地区建筑工程公司173名建筑工人转为机械工人，他们的平均工资则由1992年2925元增加到1996年11月的5898元，增长率为101.65%。

4 晨光曲

早在1988年的时候，陈守全就在十堰城区的柳林路与天津路衔接的路口处购置了9亩地，准备建造楼房供离退休职工居住。

那时，拨叉厂建厂21年，厂里职工年龄最大的也不过50出头，还没有离退休职工，住房暂时没有建造。加上这片土地周边还未开发，天津路尚未修建，所购置的9亩地一直闲置。

直到1993年秋，一个偶然的机会，陈守全与二汽工艺处某副处长在一个会议上闲聊时，这位副处长聊到开发改装车的项目。说者无心，听者有意。陈守全一个激灵，来了精神，心想："我们拨叉厂在柳林路口购置的9亩地不是还闲着吗？正好可以利用它，建一个汽车改装厂。"陈守全把这一家底透露给这位副处长。副处长正苦于没有方向，于是两人一拍即合：携手合作，同心协力，打造专用汽车改装厂。工艺处的办公室主任出任副厂长，拨叉厂方面派出陈中庆担任厂长。

合作协议签订了，人事安排基本妥当了，工厂得有个名字。陈守全拟出两个名字：冠大和晨光。工艺处方面偏爱"晨光"。双方同意，就以"晨光专用汽车改装厂"一名注册。

晨光，晨光，早晨的霞光，绚丽夺目，照亮半边天空。刚刚开创的专用汽车厂事业，就像光芒万丈的朝霞，蒸蒸日上，前程无量。

在9亩地的基础上又征地12亩，平整场地，设计布局，搭建工棚，购买设备，一番紧锣密鼓，仅仅两三个月的功夫，晨光专用汽车改装厂就投入生产。

发展速度是惊人的。经过近5年的努力，晨光专用汽车改装厂的生产规模不断扩大，年产量达到5000辆，占了十堰市专用汽车改装量的60%以上。企业职工由初建时的55名，发展到471名。企业从2万元的贷款起家，发展到拥有资产5020.6万元，年产、销近1亿元，累计实现利税1095.2万元，其中利润824.1万元。厂长陈中庆被十堰市总工会授予"十佳厂长（经理）"称号。

晨光专用汽车改装厂登上了国家目录。说起上国家目录，还有一个闪着智慧火花的故事。

1994年"五一"过后，国家规定特种车、专用车、农用车要建立目录。晨光专用汽车改装厂获此信息后，积极行动，争取上目录。陈守全带着厂长和副厂长，踏上了赶赴省城武汉的列车。过程自然不免波折，但陈守全还是机智灵活地化解了问题。

晨光专用汽车改装厂的产品，在四川拓展了广阔的市场，而且口碑不错。1998年8月前后，晨光专用汽车改装厂厂长陈中庆赴重庆进行用户访问，与中石油、铁路等单位不期而遇，中间发生了一场风波。晨光专用汽车改装厂在这场风波中损失严重，加上后面将要讲述事件的发生，两次折翼，大伤了晨光专用汽车改装厂的元气。

5 收购啤酒厂

《湖北华阳企业集团有限公司十年大事记》中，有这样一段记载："1995年3月20日，华阳与工行协议收购市啤酒厂，晨光公司征收接管原十堰市啤酒厂，原啤酒厂在职职工108名，退休职工60名。"

那是1994年隆冬季节，大雪纷飞，严寒袭人。十堰市工商银行行长Y带着他的一个助手走进陈守全的办公室。陈守全感到十分意外，一个银行的行长主动来找一家企业的负责人，大概不外乎三件事：索还贷款、主动贷款、吸纳存款，而这三件事与华阳企业集团似乎都挂不上钩，华阳没有欠银行贷款，不存在索还贷款的问题；华阳目前没有向银行申请贷款，暂时也不需要贷款；更不存在吸纳存款的问题，华阳企业集团的账户就建在工行。还能有什么事呢？陈守全怎么也猜不透。

寒暄之后，Y行长直陈来意："陈总，你们华阳集团能不能收购啤酒厂？"

啊！陈守全心里豁然一亮。

20世纪80年代初，十堰大街小巷商铺里琳琅满目的商品中，突然出现了武当啤酒、南岩啤酒。人们十分好奇，这啤酒冠名"武当""南岩"，难道说是十堰市生产的吗？仔细一看商标，商标上清清楚楚写着"十堰啤酒厂出品"。从此，十堰市餐桌就出现了"武当""南岩"啤酒。人们还没有缓过神来，"十堰市啤酒厂倒闭了"就传得满城风雨。

企业倒闭，银行几千万的贷款就打了水漂，银行能不着急吗？因此，Y行长赶紧找到陈守全。

这时的湖北华阳企业集团公司如日中天，是媒体密切关注的报道对象，成为万众瞩目的热点，也是各家企业的奋斗目标。沈阳一家企业，就慕名写信来取经。

陈守全心里很高兴，表面上却淡定从容，他客气地对Y行长说："这是好事，也是大事，我得和我们的领导班子共同商讨才能做决定。"

领导班子商讨，很顺利通过决议：收购。

陈守全带领一班人马，进行认真细致的市场调研、论证，决定把收购来的生产啤酒的厂房改造成汽车金属结构厂。

创业是艰难的，但是改造旧企业的艰难更是有过之而无不及。5个春秋的打磨，5个春秋的付出，汽车金属结构厂始终未能挺直腰杆，成就大气候。甚至还拖欠了职工5个月的工资。

刚愎自用，路只能越走越艰难；另辟蹊径，才能柳暗花明。陈守全带着华阳集团的领导班子，审时度势，制订对策，果敢决定：改弦易张，对金属结构厂进行重组，成立具有独立法人资格的农用车制造公司。在这个过程中，先由晨光专用汽车改装厂兼并，尽快投入生产，稳定局面，安抚职工，接着扩大规模，再成立农用车制造公司。

这是一个明智的选择，这是一个以退为进的迂回，一个卓有成效的取舍转折。农用车制造公司成立的第二年，就生产农用车694辆，实现工业总产值3940万元，销售收入3650万元，其他主要经济指标都超额完成。拖欠职工5个月的工资一并还清，而且职工的工资由原来平均两三百元，增加到平均499元。品牌"联达"农用车，实现了由《目录》转《公告》的飞跃，在市场上赢得了更高的信誉。继而，又开发了"力神"品牌：5820C、5820CD、4020C、4020CD气刹长头四轮农用车，4020C、4020CD油刹长头四轮农用车，4015、4015P、4015W平头四轮农用车，三大系列九个品种。这些品种通过了国家《公告》评审，并在国家经贸委第8期《公告》中发布。

企业发展了，有了可观的经济效益，职工的收入水涨船高，在月平均499元的基础上，又增加到580元，最高的达到1500多元（计件工资制）。

厂子所在的炉子沟沸腾了……

四十九　灿烂华阳

在陈守全的带领下，湖北华阳企业集团公司迈着坚定而稳健的步伐，在发展的大道上，一步一个脚印地向前向前，像一轮火红的太阳，光芒四射，充满活力。

陈守全在华阳集团成立十周年庆典会上，总结十年的业绩时说：

"华阳集团是在原郧阳汽车拨叉厂的基础上发展起来的,十年来总资产由原来的4100万元发展到目前的5.5亿元,增长13.4倍。年销售收入由原来的4600万元,上升到3.9亿元,增长7倍。十年来共实现销售收入22.7亿元。企业净资产由原来的2790万元增加到2.22亿元,增长7倍。十年实现利税1.53亿元,年工业增加值由原来的1900万元上升到目前的7500万元,增长近4倍,企业对社会的贡献显著,吸纳人员2200名在本企业就业。一个蜗居在深山沟、远离城市的地方小厂,成长壮大为拥有10家子公司、2家合资公司、1家股份公司且集科工贸于一体的跨行业、跨地区、跨国界的国家大二型企业集团。"[注:在襄樊和马来西亚吉顺公司成立合资公司,在海南、北京等省(直辖市)投资入股]

正是这些令人叹服的硬指标,正是这些具体数字,给华阳企业集团公司带来了对等的回馈:各种各样的荣誉称号接踵而至。

1993年元月,华阳企业集团公司被中共郧阳地委、郧阳地区行署授予"小型巨人企业""新产品开发先进单位"和"双文明单位"。

1993年9月,华阳企业集团公司被国家统计局授予"中国500家最大交通运输设备制造企业",名列第136位。

1994年4月,华阳企业集团公司被湖北省委、省政府授予"文明单位"。

1994年4月,华阳企业集团公司被湖北省工商行政管理局授予"湖北省重合同守信用企业"。

1994年7月,华阳企业集团公司被中共郧阳地委授予"先进党委"。

1994年12月,华阳企业集团公司被湖北省机械工业厅授予"五十强企业"。

1995年2月,华阳企业集团公司被湖北省机械工业厅授予"全省机械工业利税总额五十强企业"。

1995年3月,中国企业评价协会湖北省分会、湖北省企业评价协会公布,华阳企业集团在"湖北省最大机械工业企业"中排名第9。

1995年7月,华阳企业集团公司被湖北省人民政府授予"综合管理先进企业"。

1996年1月,湖北省统计局公布,湖北最大100家公司,华阳企业集团位列第50名。

1996年2月,华阳企业集团公司被湖北省工商局授予"重商标讲信誉先进单位"。

1996年3月,湖北省机械工业厅授予华阳集团"湖北省质量工作先进单位""湖北机械工业职工教育先进单位"和"安全生产先进单位"。

1996年3月,华阳企业集团公司被湖北省企业管理协会、湖北省企业家协会授予"优秀企业"。

1996年4月,华阳企业集团公司被中共湖北省委、湖北省人民政府授予"文明单位"。

1997年4月,华阳企业集团公司获审计署驻机械工业部审计局授予的"机械工业内部审计工作先进单位";被机械工业部授予"1996年度内审工作先进单位"。

1997年5月,华阳企业集团公司被湖北省统计局评为"全省汽车零部件制造企业第一名"。

1997年9月,湖北省社会经济评价中心、湖北省统计局公布,1996年度产品销售收入最大500家工业企业中,华阳企业集团公司位居第4名。

1997年11月,华阳企业集团公司获湖北省统计局授予的"工业统计报表报送先进单位"。

1998年3月,华阳企业集团公司被审计署授予"全国内审先进单位"。

1998年12月,华阳企业集团公司被湖北省工商行政管理局授予"湖北省重商标讲信誉先进单位"。

1999年5月，华阳企业集团公司在湖北省国际汽车展览会上获得金奖。

2000年1月，"华阳商标"被湖北省工商行政管理局评为"著名商标"。

2000年2月，华阳企业集团公司被十堰市人民政府授予"外贸出口先进单位"。

2002年3月，华阳企业集团公司被湖北省安全生产监督管理局授予"安全级企业"。

全国各家媒体对华阳企业集团公司进行连篇累牍的报道。

陈守全个人于1993年6月被中共湖北省委授予"优秀共产党员"，当选为郧阳地区企业家协会、企业管理协会副会长；1994年被评为"全国劳动模范"，出席在北京召开的全国劳动模范表彰大会，获得"五一劳动奖章"；1994年8月当选为湖北省企业管理协会常务理事、湖北省企业家协会常务理事，同时被这两家协会授予"优秀企业家"称号；1995年8月，被湖北省机械工业厅授予"质量兴业优秀厂长（经理）"称号；1996年7月，被中共中央组织部授予"全国优秀党务工作者"称号。

陈守全在华阳企业集团公司的经营实践中，积累了丰富的经验，获取了大量的第一手资料，他撰写了一篇又一篇扎实的论文。《坚持改革，建设有中国特色的社会主义》入选地委党校论文集；《论承包经营》获湖北省企业协会交流优秀论文；《思想政治工作是企业发展的精神动力》获湖北省机械行业交流二等奖；《论市场经济体制下的企业质量管理》获机械工业部交流一等奖、湖北省自然科学论文一等奖、湖北省机械行业交流一等奖；《论市场经济条件下企业领导决策》获中央党校社科部交流优秀论文，在《理论前沿》上刊登；《充分发挥党员先锋模范作用》发表在《城市党建》；《开展技术创新推动企业发展》发表在《企业导刊》。陈守全当选为湖北省企业管理协会常务理事、湖北省企业家协会常务理事。

陈守全成为一个传奇人物，成为记者们笔下成功企业家的典型。

第二届"鲁迅文学奖"、首届"徐迟报告文学奖"、首届"冰心散文优秀作品奖"获得者、创作《山苍苍水茫茫》《大江北去》和《汉水大移民》南水北调移民三部曲的一级作家梅洁和党政军合作，撰写关于陈守全的报告文学《武当山下铸风流》，发表于《人民日报》1995年2月18日第10版。全文收录如下。

但丁说："人生就像一支箭，不能回头，回头就意味着坠落。"

26年前，这里荒无人烟，鬼哭狼嚎；26年后，这里矗立起一座现代化的大型国有企业。

26年前，这位名不见经传的人，勇敢地选择了这块前面临水，后面靠崖，水陆不通，与世隔绝的土地；26年后，他没有回头，没有失望，始终以"奔流到海不复回"的意志，集结自己全部体力和心力，向着认定的目标，不断向前挺进，终于成为一个时代硬汉。

他，就是全国五一劳动奖章获得者、湖北省劳动模范、湖北华阳企业集团总经理——陈守全。

一

历史，拒绝遗忘。

本世纪六十年代，共和国又一次把希望的目光投向山沟，投向了被称为三线地区的腹地——群山环抱、地处偏僻的鄂西北郧县境内的武当山下。

那是1967年，一个狂热中难得静谧的秋日，一机部一声令下，一支由50多人组成的队伍，背负着铁锤、钢钎，也背负着共和国的重托，踏荒而来，一个投资巨大、规模空前的风动工具厂建设蓝图便风风火火在野兽出没的莫家沟铺展开来……

刚从中专毕业的陈守全，也带着一腔热血，义无反顾地行进在这支队伍中……

历史跟他们开了个玩笑。曾引以为安全屏障的大山深壑，成了堵塞商品流通的路障，窒息生产活力的樊笼。由于风动工具厂无市场可依，一机部中途停止投资，风动工具厂交由地方管理。然而，对一个年年靠吃国家补贴的贫困地区县来说，又哪有能力去扶持一个破烂不堪、毫无出路的工厂呢！坐吃皇粮的日子，已经走到了尽头，到1977年，工厂累计亏损达89万元，人均亏损达3000多元。这在当时，不能不说是一个天文数字。职工的生活失去了最基本的保证，工资发了上半个月，无下半个月。车间的电线破了，竟然连一卷小小的绝缘胶布都买不起。子女上学更是困难，隔江相望的学校因无渡船，只能望洋兴叹！

陈守全进入了人生一段最为灰暗的时期，究竟该怎么办呢？"三十六计，走为上计"，人心思走，成了当时风动工具厂的流行病。当时一机部分来的16名大学生走了13名，剩下的3名后来也走了。陈守全完全可以在县城甚至在十堰市找一份像样的工作，可他，为了这片土地，为了鄂西北山区的脱贫致富，心甘情愿在沉默的大山深处铸造人生的风流。

在职工大会上，已提拔为车间主任的陈守全，庄重地说："历史不会倒流，哺育过我们的汉江水也不会倒流。是英雄，必有用武之地，初衷不改，我不会走。"为了从困境中蹚出一条希望之路，陈守全根据市场需求，建议厂长调整产品结构，变单一生产风动工具为生产拖拉机零部件等多项产品。领导采纳了他的建议。结果，风动工具厂有了效益，从此摘掉了亏损的帽子，职工们的脸上开始露出了笑容。

1978年，陈守全作为扭转局面的生力军，被提拔到生产副厂长的岗位上。这年，他30岁。

第四章 激流勇进树华阳

二

风动工具厂的兴衰历程，使陈守全走向成熟。

1980年，无论对陈守全或是风动工具厂，都至关重要。他感到，要使企业彻底走出低谷，走出大山，必须获得大企业的支持。"依托东风汽车制造厂，转产东风汽车零部件。"于是，风动工具厂正式与东风配套，在经历千辛万苦后，获得了汽车拨叉等8个零部件的生产权。风动工具厂从此脱胎换骨，更名为"郧阳地区汽车拨叉厂"。

这一步的成功，激荡了陈守全周身的血脉，促使他进一步去探索，去拼搏。为了占领市场，赢得用户，他开始狠抓产品质量。然而，在无数技术难关面前，对于没有一个中高级技术人员，没有一个大学毕业生的拨叉厂来说，是多么艰难！陈守全曾多次奔走于大中专院校要毕业生，却无一人愿意来这个深山夹谷之地。

他别无选择，内外压力迫使他走上了一条向内挖潜力的道路。一切从零开始，没有图纸自己绘，没有技术，自己钻，没有学生，自己培养。他亲自带领一批老工人日夜奋战，硬是把20多个零部件的工艺给攻破了。当他们翻山越岭30公里，肩挑背驮把几万斤的零部件送到东风汽车制造公司总装配厂门前时，东汽人被他们这种骆驼般的精神深深感动了……

难忘1984年。国庆35周年邓小平将在天安门进行检阅，东风汽车作为民族工业的主力军义不容辞地要用东风越野车接受这一神圣的检阅。但在当时，叉形凸缘这个零部件的工艺及其质量一直没有过关。东汽先后到杭州、湖北的麻城两个大厂试验，均没成功。在这节骨眼上，陈守全想，何不借这个千载难逢的机遇，也接受共和国这一神圣的检阅显示一下自己的实力呢？最后，他拿下了这个项目。

但东风公司在提心，首都北京也在提心。万一越野车来到北京天安门广场出了问题，那将是大耻。况且，当他们接到这一任务时，离国庆节只有一个月，离交货期只有15天。

回到拨叉厂，陈守全立即召开动员大会，向全厂职工喊出了催人奋起的口号："借国庆35周年大检阅的东风，大打技术质量翻身仗，跻身全国同行业之强。"

人非草木，岂不动情。连原来要求调走的职工也要求留下来。老工人、老技师一起奋战，争分夺秒，整整15个昼夜。他们按期交货，工艺质量全部合格。东风公司领导握着陈守全的手，激动地说："你们救了我们一次大驾。"当军用越野东风车伴随着威武雄壮军乐踏上神州第一街，驶向天安门广场，豪迈地接受党和国家领导人检阅的那一刻，陈守全和全厂职工坐在电视机前，心里顿时升腾起一股巨大的喜悦之情。

伴随着建国35周年检阅的光辉时刻，陈守全的事业进入了一个新的境界。他感到自己乘风破浪，为鄂西北山区脱贫致富的时代到了。为了扩大产品规模，达到跳跃式、滚动式发展，他一面抓产品质量，一面到东汽争取到了更多零部件的生产权。

真正的历史契机，总是赋予那些富于创造精神的强者。不到一年，他的企业就实现利税、产值三个翻番，从而，实现了历史性的大跨越。

三

人，一旦受责任的驱使，整日以事业相伴，生命值就一改往日之沉重，不断焕发出生命的活力。此时，在陈守全的视野里，沉寂的群山和繁星满天的静夜，也似乎变得更加亲近，因有事业的家园，他实在眷恋这片贫困的土地。尽管有几次机会调出去，他还是坚定不移选择了拨叉厂。

1986年，陈守全从代理厂长提升为厂长兼党委书记。在他的心目中，唯有不停地向前挺进才是永恒的。在时间坐标轴上，他的视线落在市场经济的未来，在空间坐标轴上，他的视野又从莫家沟转向了世界。

当他从一些专家那里得知，中国的大吨位压铸技术，如果在一段时间里上不去，必定影响中国的汽车工业的发展时，为一股爱国热情所驱使，他这个藏于深山的小厂，决心要来啃啃压铸技术这块大骨头。

非常巧合的是，1988年初，正当陈守全为压铸技术奔走时，东风汽车公司的重型卡车和轿车项目也在筹划中。这两个项目中有两个零部件，正好需要850吨位压铸机生产线才能解决，否则，两个项目都上不成。陈守全要接受这一填补中国汽车工业空白的任务，只有从意大利引进设备，其投资是惊人的，预算接近1400万元，还需要100多万元美金……

"让自己的内心藏着一条龙，既是一种苦刑，也是一种乐趣。"100多年前，雨果的这句话，说尽了所有胸怀大志者的人生。当完成一切审批手续，盖完了108个图章，回到莫家沟时，体重减了10公斤。

1990年4月25日，压铸机运到了十堰，这850吨的庞然大物，令他们喜，也令他们愁。它像一座泰山岿然不动耸立在火车站。如果不按时把它从火车站接走，每天要付600多元的场地占有和大平板车租赁费。

那确是一场无情的战斗，虽没有血火相交，却充满了悲壮之情。正当他们浩浩荡荡21辆重型平板车，载着两台压铸机驶出火车站时，老天爷好像有意要考验一下他们的意志力，突然刮起了狂风，下起了倾盆大雨，顷刻，天空一片昏黄。

然而，风雨无阻，任无情的大雨像鞭子一样抽打着自己的身体。究竟哪是雨水，哪是汗水，不能分辨。他们深一脚，浅一脚，护着心爱的压铸机，艰难地向前挪动着。从十堰到莫家沟，虽说只有几十公里，平时乘车也只不过45分钟，可他们整整推了12个小时。

奋斗的汗水送走了雨水，天渐渐放晴。当他们缓缓迈进拨叉厂大门的时候，莫家沟顿时沸腾了。全厂职工和家属自发地出来了，还有耄耋老人坐着轮椅由家人推着也出来了，刚刚满月的婴儿由母亲抱着出来了。整个厂区，人山人海，欢声雷动。人们自觉地排在道路两旁，欢迎他们胜利归来。

　　来不及擦一擦身上的泥垢，也来不及品尝一下胜利的喜悦，第二天一大早，陈守全第一个来到压铸机旁。为了节省3万元的安装费，他决定带领职工自己安装。这是一个需要两个月安装时间、令专业安装队都不敢掉以轻心的工程。陈守全竟然要自己拿下来，似乎是奇想，但，这一次的困难，对他来说已显得微乎其微了。

　　为了保证安装进度和工程质量，他们采取安装质量跟踪监理。当他们仅用了14个昼夜，以百分之百的合格率迎接意大利专家来调试时，意大利专家惊奇了！连声说OK！望着那弯弯曲曲的坎坷道路，洋专家不禁又纳闷地道："你们是如何运回来的？真让我不可思议。"

　　人总有极限的时候。第二天，陈守全病倒了，不得不去医院打吊针。当地委书记王平听说陈守全累病了，住在医院，赶去看望陈守全，陈守全却打完吊针，已回到了压铸车间。

　　陈守全的成绩，受到了我国各汽车生产公司的关注，他们生产的变速箱上盖总成完全代替了进口，其他产品也覆盖全国。1991年，产值过亿元，受到省委省政府的高度评价。

四

　　1992年，满脑子使命的陈守全，眼界向四面八方洞开。为了更有利于社会，使产业结构、组织结构适应市场经济的需要，他选择了一条以汽车工业为核心、实业为依托、集团化经营、系列化结构、股份制运作的发展之路。他们借拨叉厂名声大噪之机，走出莫家沟，创建了一个集科工贸为一体的企业集团——湖北华阳企业集团，集团设在十堰市的中心地带。

　　很快，他得到了绝大多数的拥护和支持，但，也有人以敬畏而更多是怀疑的目光盯着他，说他办集团不应去联合一个负债180多万元濒临倒闭的地区建筑公司，是端来了一个马蜂窝，会引起肥水外流。而另一方的内部也一时议论蜂起，说再穷也不能被人吞并，这是另一种的不平衡感，失去了家园，寄人篱下的日子，谁情愿呢。

雪上加霜。集团刚刚成立，有些单位就开始作梗，到处散布谣言，说郧阳地区建筑公司倒闭了。不到10天，各个施工点的合同单位纷纷单方面与建筑公司撤回合同。工人们没活干，就等于失去了饭碗。一时间，工人们纷纷来到集团总部，找到陈守全，找到原建筑公司的领导，要求退出集团，恢复原名……

陈守全觉得事态严重，立即在华阳企业集团所在地，举行新闻发布会，向社会宣告：华阳企业集团的建筑公司不仅没有消失，反而以前所未有的实力展示它的魅力。流言不攻自破，陈守全胜利了。

岁月悠悠，具有四十多年历史的建筑公司，在1992年加入华阳企业集团后，翻开了新的一页，各项工作步入了良性循环的轨道，当年扭亏为盈，实现了质的飞跃。

于是，贫困的鄂西北山区第一家企业集团真正诞生了。它下设拨叉工业公司、汽车改装厂、旋装滤股份有限公司等八大公司（厂）。在二十几个省市建有1000多个联销网点，年总产值2亿元。1993年8月，华阳企业集团正式被国家经贸委列为国家大型二级企业，陈守全本人也于1993年被授予"全国五一劳动奖章"。

陈守全不愧为一个高明的"弈者"，他看准了中国大工业集团经营的方向，也看准了汽车工业高精尖的发展方向。为了把企业办成一个外向型的跨国企业集团，他不仅办起了中外合资公司，还在距离集团10公里的白浪开发区，着手上一个更大吨位有色金属压铸二期工程，1650吨压铸机即将从瑞典进口；又在襄樊开发区筹建与东风汽车公司轻型车配套的生产基地，同时抓紧汽车传动轴管生产线的引进和建设。

谈到未来的计划时，陈守全胸有成竹地说："我们正赶上市场经济大潮的涨潮期，云霞万点，千帆竞渡，未来的中国不是梦，我们要在市场经济的汪洋大海中，高扬华阳神旗，搏击风浪，闯过险滩，走出国门，将产品打向世界，参与国际市场竞争，实现鄂西北经济圈的宏伟蓝图。"

望着陈守全坚毅的目光，耳闻目睹陈守全成功的事业，听着陈守全掷地有声的话语，我们仿佛看到了华阳企业集团正展开了腾飞的翅膀。

我们坚信，华阳的腾飞，将带动鄂西北山区的企业，也将会带动鄂西北经济的腾飞！

五十 风云骤起

华阳企业集团公司这艘巨舰，在天蓝蓝海蓝蓝的航道上，正开足马力向前航行的时候，不期遇到风翻浪滚。

这个风浪，是从华阳汽车零部件公司和华阳建筑公司一小部分职工的问题开始的。

郧阳地区汽车拨叉厂与郧阳地区建筑工程公司合并成立华阳企业集团时，集团为调整体制，将原郧阳地区建筑工程公司的三个后方单位（木材加工厂、汽车队、送车队）的土地、房产、材料、设备、资金，一并划出，组建华阳金属制品公司，后改为华阳汽车零部件公司。

郧阳地区汽车拨叉厂与郧阳地区建筑工程公司合并组建华阳企业集团后，原郧阳建筑公司从事建筑业的队伍，依然从事建筑行业，更名为华阳集团建筑公司，与华阳汽车零部件公司平级，属华阳企业集团的二级单位。

在毫无征兆的情况下，1996年11月，华阳集团建筑公司与华阳零部件公司100余名离退休职工以所谓拖欠工资问题为由找陈守全理论，到1998年5月，在长达一年半之久的时间里纠纷不断，事态逐渐升级。

第四章　激流勇进树华阳

在根本没有调解余地的情况下，根据华阳集团及其所属的华阳零部件公司和建筑公司的要求，市政府于1997年10月13日下午召集市委组织部、市体改委、财政局、国资委、建委、土地局、工商局、审计局、劳动保险福利局、机电行业办、湖北华阳企业集团及原湖北华阳企业集团建筑公司负责人就郧阳地区汽车拨叉厂和郧阳建筑工程公司两家单位分立问题开会，进行专题研究。研究结果：分立。

这个结局令人黯然伤神。为华阳尽心尽力付出了一腔热血的陈守全，做梦也没有想到会有如此结局。

陈守全胸怀开阔，乐观爽朗，对认定的方向、认定的事业，执着追求，义无反顾，有一种"咬定青山不放松"的劲头。在华阳企业集团成立十周年庆典大会上，他声音洪亮地说："回顾华阳集团十年发展历程，它经历了三个不同的历史发展阶段，即5年的创业发展、3年的分离困难、2年的整顿恢复。每一个发展阶段，我们都付出了艰辛、血泪和汗水，刻骨铭心，难以忘怀。抚今追昔，我们既体会到华阳创业的艰难和辛酸，更感受到成功的喜悦和自豪。"这"喜悦与自豪"是一种真实情感的表达。陈守全从卫校毕业被分配到风动工具厂的第一天起，30年了，经过30年的奋斗，他从一名普普通通的工人成长为十堰市工业战线一家领军企业的领航者，这里面涵盖了一次又一次的成功。他带领拨叉厂全体员工，从莫家沟发展到十堰市城区，立下脚跟，找到了施展拳脚的平台，这一步步，坚实而稳健，怎么能不带来成功的喜悦与自豪！至于半途的挫折，这仅是大海大江里的一个浪头，浪头过去，"待从头收拾旧山河，朝天阙"。

细心的读者也许会有一个疑问：1992年拨叉厂和建筑公司合并成立华阳企业集团公司，1997年两家分立，总共只有5年时间，怎么会有"华阳集团成立十周年"呢？分立后，湖北华阳企业集团的商标没有注销，它已经被湖北省工商行政管理局认定为"著名商标"，这是一笔无法计算价值的无形资产，不能随意扔掉。

陈守全率领分立后的湖北华阳企业集团的几千名员工从原郧阳建筑公司的办公大楼搬进新购买的原郧阳地委党校的办公大楼，继续扛着湖北华阳企业集团的大旗，劈波斩浪，奋勇向前。

与郧阳建筑工程公司分道扬镳，因为合并时期两家企业的资产和资金、劳资和人事、职工住房福利等，千丝万缕搅和在一起，形成错综复杂的关系，所有这一切错综复杂的关系最终都需要一个了结。可是这个切割的过程，是旷日持久、令人心力交瘁的，陈守全不得不奉陪到底。

第五章 改制路上云飞扬

（2000—）

五十一 办公楼曲线走向

与郧阳建筑工程公司分道扬镳之后，要做的第一件事，就是寻找新的办公地点。那么去哪儿找新的办公地点呢？

与郧阳建筑工程公司分家，即便是最不可开交的时候，陈守全心里还有一张美好的蓝图要实现。对此，十堰市委几位主要领导了然于心，市委书记冯友仁约见陈守全。

冯友仁是市委书记，比陈守全大六七岁，说到办公地点的问题，他告诉陈守全，这个事情市委几个主要领导早有考虑，并有过初步商议，办公地点不会成为华阳企业集团公司的障碍。

原来市委领导已经考虑这个问题了。市委领导想得真细。陈守全既钦佩又感动，不过，还是提出了自己的一些意见。

按照市委领导班子制订的路线图，陈守全先后接触了几处可选择的办公点。

兼并位于三堰繁华地段的华中大厦，由于种种原因没能实现。购置市食品公司地盘，条件是接收300多名退休职工，陈守全思来想去，最后放弃了。十堰市缸套厂有一栋与俱乐部连体的楼房，还有偌大一块坪地。楼房盖得气派十足，实在叫人眼馋，又有一块空地，陈守全有点动心，但思来想去，这个地段在顾家岗，离市中心远了点，不理想。六堰转盘旁边的商贸大厦，货真价实的寸土寸金的黄金地段，不曾想商贸大厦资不抵债，陈守全也只能选择放弃。与十堰市车架厂合并，陈守全并未因与郧阳建筑工程公司分立而对合并畏怯，但十堰市车架厂是由十堰市车身厂、车架厂两个厂合并的，遗留下来的矛盾还没有彻底解决，现在又出现是否与华阳企业集团合并的新矛盾，内部领导们各执一词很难调和，职工们也争论不断，陈守全只好作罢。

办公地点选了一大圈，都没成功。就在这时，传来好消息：购置市委党校旧址。

市委党校旧址在柳林路与天津路的衔接处。陈守全曾经在市委党校旧址的斜对面购置过9亩土地，现在要购置市委党校旧址，也许，这就是所谓的"缘分"。

市委党校搬到新址后，就在旧址办函授班以及各种各样的学习班，接到市委通知，要把旧址卖给华阳企业集团公司，自然有所不舍，三番五次据理力争，最后还是服从了市委决定。

党校的这栋办公大楼建于20世纪80年代中期，现在要用它做公司的办公室，装修是必须的。

装修时有个小插曲。一天，公司里的一位基层干部陪同装修公司负责人去办公楼实地观察，反馈给陈守全一个信息：办公楼内的各种设施，都被撬走了。可能是有人获得消息，说办公楼要装修，便先行采取行动。陈守全说:"这不正好吗!这些旧东西本来就要拆除,现在拆走了,免得我们再拆了,不是为我们省了工、省了钱吗!"

2000年春节过后,乘着新年的新气象,公司搬进了装修一新的办公大楼,大家都喜气洋洋。

选定一个良辰吉日,举行了挂牌仪式,那一天,锣鼓震天,鞭炮齐鸣,彩旗飘扬,热闹非凡。从此,华阳企业集团公司又踏上了一条新的道路。我们相信,华阳企业集团公司将在这条路上开创新的局面。

五十二 返回属地改制

开创新的局面,毫无疑问就是在原来的基础上更上一层楼,脱离原来的基础,新局面只能成为海市蜃楼。基于此,我们要对"原来的基础"做一次追溯。

1997年底,湖北省获得一个上市公司的名额(那时公司上市由国家统一分配名额),湖北省有关领导对此十分重视,经过全方位的考虑和认真研究,省委领导达成共识:汽车产业是湖北省的支柱产业,这个上市公司的名额应该分配给湖北省汽车股份有限公司,为湖北省汽车产业的发展提供有利条件,创造良好环境。为了使湖北省汽车股份有限公司上市后能够后劲十足,决定让襄樊汽车车桥厂、荆州汽车电机厂以及十堰市华阳企业集团公司三家省内知名度较高的企业单位加盟湖北省汽车股份有限公司,此事,由一名副省长负责。

于是,华阳企业集团公司就成了湖北省汽车股份有限公司的成员单位。

华阳企业集团公司是十堰市的龙头企业,不仅给十堰市创造了可观的经济效益,而且为带动十堰市地方工业的发展做出了巨大贡献,现在被湖北省汽车股份有限公司吸纳，对十堰市来说无疑是一大损失。好在时任十堰市委书记曾宪武是一位明智者，他公开表态，只求所在，不求所管，尽管华阳企业集团公司成了湖北省汽车股份有限公司的一个成员单位，但华阳企业集团公司的"户口"还在十堰市，只要企业还在十堰市，对十堰市的贡献就不会中断。何况，在十堰土生土长的华阳企业集团公司加盟湖北省汽车股份有限公司，也是十堰人对湖北省汽车工业的贡献。

湖北省汽车股份有限公司好不容易得到了上市机会，但还没有迈出上市的第一步，就遇到了障碍。荆州汽车电机厂是中外合资企业，不符合上市条件；襄樊汽车车桥厂因为是另一家特大型国有企业的配套厂，如果上市，就会在生产管理和经营方式等诸多方面和这家特大型国有企业产生各种各样碰撞。这两家企业都不能上市，只能自动退出，唯有华阳企业集团公司依然留在湖北省汽车股份有限公司系统里。

经过几个月紧锣密鼓的筹备和真刀真枪的操作，股票发行上市的文稿送进了北京相关部门，只待批复。在等待批复的时间里，因公司一些问题，股票发行上市的文稿被搁置。后经过一番艰辛争取，相关部门答应可以进行第二次申请。从1997年底开始，公司为上市四处奔波，做了大量工作，也付出了巨大的代价，历经近4年时间、四次方案的洗刷，但是却竹篮打水一场空，2001年，湖北省汽车股份有限公司宣布撤销上市申请。

省委决定，对湖北省汽车股份有限公司的成员单位进行改制重组，一部分并入湖北省三环汽车股份有限公司，一部分回属地改制，再一部分（大多是商贸企业）自由选择去向。

华阳企业集团公司是湖北省机械行业30强排名第6的企业，省委动员陈守全带领华阳企业集团公司进入三环汽车股份有限公司，并承诺陈守全担任三环汽车股份有限公司副总经理。陈守全把这一情况反馈给华阳企业集团公司领导班子，大家觉得加盟三环汽车股份有限公司，陈守全又担任副总经理，这对华阳企业集团公司的发展有利无害。

陈守全则有自己的见解，他认为，华阳企业集团公司与其加盟三环汽车股份有限公司，不如选择回属地改制，这才是华阳企业集团公司寻求更大发展的上上策。他说了很多道理，获得了大家的支持，大家也因为陈守全为了华阳企业集团公司的发展宁愿牺牲个人利益而更加尊重他、爱戴他、拥护他。

1997年底，华阳企业集团公司从十堰市进入湖北省汽车股份有限公司，2004年底，华阳企业集团公司从湖北省汽车股份有限公司返回十堰，7年时间转了一个圈。

五十三　启航

2005年，十堰市所属地方国有企业大多已经先后改制完毕。而华阳的改制才刚刚起步，用陈守全的话来说，华阳改制在十堰市只能是赶上一个尾巴。或许正是因为要赶上改制的末班车，便产生了时不我待的紧迫感，华阳改制工作的进程可以说是快马加鞭。

2005年1月13日，市政府在华阳企业集团公司办公楼四楼会议室召开华阳集团改革与发展现场调研办公会。这是一次双重意义的会议，既是对华阳企业集团公司回十堰的欢迎，同时又要求各单位对华阳企业集团公司的改制给予大力支持。

陈守全在会上汇报了华阳企业集团公司近几年改革与发展的情况以及2005年的工作安排和经营目标。重点汇报了华阳企业集团改制后，将实施四大战略工程。一是新生工程，经过2005—2006年全面完成改制、清理整顿工作，进行脱胎换骨的改革，促成新华阳的诞生，实现新生工程。二是振兴工程，下半年准备实施资产重组、债务重组，提高企业资产质量，再通过招商引资，合资合作，强化培植核心企业，培植拳头工艺、拳头产品，形成企业核心竞争力，实现华阳技术水平、管理水平和效益水平上台阶。三是品牌工程，品牌是市场竞争的产物，只有实施品牌战略才能使华阳立于不败之地，要推动品牌战略塑造优秀企业，放大企业价值，提高用户的认知度、信誉度和美誉度。四是阳光工程，争取用5年时间，通过前三大工程的实施，以品牌经营和资本运作为手段，开展广泛国际国内合作，自觉运用科学发展观指导企业步入良性循环和稳定健康的持续发展，力争建设3个销售收入过亿元、效益过千万的企业。

陈守全在发言中，还表述了华阳企业集团公司改制的基本指导思想：以"三个代表"为指导，以国家政策为依据，以产权改革为中心，以安置职工为重点，以企业发展为目的，以社会责任为己任，以华阳民营化改制为目标，稳步推进，加快重组，做好做强新华阳。

这次现场会，标志着华阳企业集团公司改制正式启航。

2005年3月1日，华阳企业集团公司成立了企业改制工作领导小组，组长为陈守全，成员有侯克斌、方德斌、刘建华、李文清、吕鹤龄、孙成武、毛正兵。同时市政府的21人改制领导小组进入华阳工作。

改制工作领导小组下设两个办公室：改制办公室和改制宣教信访治安办公室；改制办公室下设三个工作组：综合组、资产方案组、职工安置组；改制宣教信访治安办公室下设三个工作组：信访接待组、宣传教育组、治安保卫组。另外，聘请律师组成律师团，成立法律顾问室，依法为企业改制服务。

同时，依据企改政策及资产、土地评估结果，在广泛征求职工意见的基础上确定改制形式，制订了三大方案：总体改制方案、职工安置方案、资产债务处理方案。三大方案均上报市企改办预审。

接着,向市企改办提交改制方案请示报告。下面辑录这份请示报告。

湖北省华阳企业集团有限公司
关于批准湖北省华阳企业集团有限公司
整体改制方案请示报告

市企改办:

2005年7月17日,湖北省华阳企业集团有限公司第三届职工代表大会第五次会议审议通过《湖北省华阳企业集团有限公司整体改制方案》,现将职代会审议通过的方案报送你处,请批转为盼。

专此请示。

附件1:湖北省华阳企业集团有限公司第三届职工代表大会第五次会议决议

附件2:湖北省华阳企业集团有限公司整体改制方案

湖北省华阳企业集团有限公司
二〇〇五年七月二十一日

此报告以"湖北省华阳企业集团有限公司 华阳字〔2004〕47号文件"形式印发,共10份。

下面是市企改办对《请示报告》的批复。

关于同意湖北省华阳企业集团有限公司改制的批复

湖北省华阳企业集团有限公司:

你公司报送的《关于湖北省华阳企业集团有限公司下放回十堰市后

整体改制的请示》收悉。经企改办研究，同意你单位改制，并进行相关资产评估。请委托具有法定资产评估资质的十堰市东信达会计师事务所进行评估。将评估结果报相关部门核准会审。

十堰市企业改革办公室
二〇〇五年元月七日

此批复以"十堰市企业改革办公室 十企改办〔2005〕2号"文件的形式，打印8份，抄送市财政局、市机电工业协会。

华阳企业集团公司改制的申请报告是2005年7月21日撰写的，而十堰市企改办对华阳企业集团公司改制申请报告的批复日期是2005年1月7日。这是因为十堰市企业改革办公室是新成立的，在它还没有成立之前，华阳企业集团公司就已经撰写了申请，当时国有企业改制的事务属于经济委员会的管理职责范围，所以华阳企业集团公司的申请报告递交给了经济委员会。现在成立了企业改革办公室，国有企业的改制属于其职责范围。于是企改办向华阳企业集团公司提出重写一份申请报告，这就有了先批复后报告的时间颠倒。

华阳企业集团公司企业改制，先期该做的文案工作、该办的组织手续以及该走的法律程序，都一一进行完毕，接下来就该落地实施了。在实施的过程中，遇到了始料未及的困难和阻力。

五十四　职工安置关

企业改制，首当其冲的是职工安置问题。改制后，职工的身份发生了根本性的变化，可以说改制前手里端着铁饭碗，旱涝保收，改制后铁饭碗被拿走了，生活便有了后顾之忧，这自然会引起职工思想上的波动。改制的一项重要内容是精简机构，压缩编制，减少人员，但被裁减的人员又有几个会心甘情愿呢？因此处理好企业与职工的关系，合理解决职工的后顾之忧，妥善安置职工，是关系到企业改制能否成功的重要因素。陈守全对此有足够的认识，在处理这一问题时，考虑周密，慎之又慎。

陈守全和总部几位领导在拨叉厂召开了全厂职工大会。陈守全在大会上做了内容极其丰富的报告，首先，他回顾了国企改革的进程。他说："自1978年改革开放以来，国企改革也进入了起步阶段，这一阶段以'扩权让利''两权分离'为重点，从时间上来说，是1978年到1992年。经历了20世纪80年代'投石问路、试探前行'的实践。到20世纪90年代，国企改革开始向'建立现代企业制度'迈进，并在90年代后期经历了'抓大放小'、战略性改组，这是国企改革的探索阶段，时间上可以划为1993年到2002年。进入新世纪，伴随中国加入WTO，国企改革的步调趋于'平稳'，侧重点转向国有资产管理体制改革阶段，从2002年开始，国企改革步入进展阶段，国企改革必将继续深入发展。我们华阳企业集团公司，应该说属于国企改革'抓大放小'的'小企业'，改制是华阳企业集团公司必然要走的一条路。十堰市绝大多数地方国有企业都已改制完毕，我们华阳企业集团公司是最后改制的一个单位。"

陈守全在报告中深情地说："我们华阳企业集团公司改制，对于我个人来说，许多人都了解内情，我被市政府任命为正县级干部，这一待遇随着改制的进展而将被取消。平心而论，我也不愿意，可是国企改革，是大势所趋，谁也阻挡不了。"

陈守全在报告中，对职工的安置问题和各种福利待遇也做了合情合理的承诺。

陈守全的报告有血有肉，晓之以理，动之以情，平复了职工们的情绪，稳定了局势。

五十五 司法关

陈守全曾一次又一次应对艰难的司法官司，这里仅举一例。

至2006年，华阳企业集团公司所属的晨光专用汽车厂背负外债9400万元，加上银行贷款，共计负债1亿多元，资不抵债，申请破产。债权人在获得晨光专用车厂将宣布破产的消息后，纷纷向法院起诉。其中一个债权人是东风汽车公司49厂发动机销售代理商，晨光专用汽车厂欠其700万元，他一纸诉状把晨光专用汽车厂告到法院。法院立案后，决定对晨光专用汽车厂的资产进行拍卖。

拍卖前，对晨光专用汽车厂的资产分割成两个部分：厂区1、2平台以下作为一部分，3、4平台以上作为一部分。1、2平台以下这一部分作为保全抵偿债款（所谓保全，就是债务人把诸如土地证交给债权人，抵偿债款，在一定时间内，债务人还清了债权人的债款，就可以从债权人处收回所交给对方的土地证），代理商得到土地证后，用土地证为抵押，偿还所欠49厂的货款。如此一来，土地证转到了49厂手里。

陈守全想到华阳企业集团公司是49厂多年的配套厂，也就是合作伙伴，双方有着比较密切的交往，他不辞辛劳与49厂一次又一次地协商，主动提出：土地证退还给华阳企业集团公司，华阳企业集团公司赔付给49厂200万元。49厂觉得这块地距他们厂太远，没有多大使用价值，出卖土地又是一件很费心的事，于是答应把这份土地证退给华阳企业集团公司。

五十六　专用汽车厂破产关

华阳企业集团公司所属晨光专用汽车厂申请破产，债权人纷纷向法院递交申诉状。其中一个官司，原告上诉到湖北省高级人民法院，省高院判华阳企业集团公司败诉。华阳企业集团公司不服，上诉到最高人民法院。最高人民法院批复到湖北省高级人民法院，省高院派3个厅级干部来到华阳企业集团公司进行核查。核查的内容有三个方面：第一，申请破产程序是否合法；第二，标的是否达到中级人民法院立案的标准；第三，适用法律是否得当。核查结果，三项全部符合有关规定，于是同意破产。

按照法律规定，企业破产后，所欠债务，要依靠拍卖企业资产偿还。晨光专用汽车厂符合破产条件，就要对其资产进行拍卖，以偿还债务。

晨光专用汽车厂破产，前前后后，对簿公堂，总共打了128个官司（其中27个重点官司），虽然都一一化解，但陈守全被折腾得疲惫不堪，心力交瘁。

五十七　金融打包还贷关

华阳企业集团公司从工商银行、中国银行、农业银行和建设银行四大银行所贷款额，累计起来，连本带息已经达到2亿多。国家有一个给国有企业减负的政策，对不良贷款采取金融打包还贷的方式。金融打包还贷，就是把企业所欠银行的贷款，由国营金融公司出面，对该企业的资产进行评估，用评估出来的资产值估算该企业具有多大偿还贷款的能力。比如说，某企业从银行贷款1000万元，无力偿还，对这家企业资产评估后，估算出该企业有贷款1000万元30%的偿还能力，那么，就只还1000万元的30%，也就是300万元，并且分三年还清，第一年还30%（90万元），第二年还30%（90万元），第三年还40%（120万元）。

四家银行强烈要求华阳企业集团公司归还贷款债务进入市场化程序操作。市场化运作，举个例子来说，比如A企业欠银行贷款1000万元，无力偿还，通过资产评估后，确定具备30%的偿还能力，也就是说偿还300万元，可是A企业300万元也拿不出来，这时，就可以由金融公司出面，对这300万元的债务贷款进行拍卖。参加拍卖的B公司拍卖得手，再由B公司向A企业索要300万元的贷款债务。市金融公司觉得四家银行的要求符合国家政策，遂答应对华阳企业集团公司拖欠四家银行连本带息2亿多贷款债务中的1亿进行拍卖……

经过一番晕头转向的周章，2亿多的贷款债务还了1亿。剩下的1亿多，只需偿还4000多万元。陈守全争分夺秒争取到了湖北省国资委拨给了十堰市国资委的贷款，终于解决了问题。

五十八　资产重组关

在企业体制颠覆性的改变过程中，对企业的整体资产必须进行重组。对一个企业进行重新组合，是相当艰巨的工程。

华阳企业集团公司早期在白浪经济开发区投建了一个压铸厂，刚开始几年业务蒸蒸日上，但好景不长，接下来几乎年年亏损。改制过程中，准备关停这个厂，对它的资产进行变现处理。不过它原来生产的一部分产品，仍有市场，而且前景看好，所以，决定把这部分产品转移到拨叉公司生产。市政府有关部门反对这个决定，陈守全还是争取到了坚持原本的决定。

被关停的还有农用车厂、专用车厂、悬装公司、力标合资公司。改制如火如荼进行的时候，陈守全的大妹妹不幸因病逝世，陈守全料理妹妹的丧事，刚料理出一个眉目，突然接到华阳企业集团公司领导班子某成员的电话，决定关停的几家工厂出了问题。陈守全在大妹妹的遗像前，点了一炷香，流着热泪念叨着："妹妹，对不起，我有紧急事情，不能不处理，我只好忍痛暂时离开你，请你原谅，我想你在天堂之上不会责怪我的。"

陈守全驱车赶回华阳集团公司总部办公室，召集领导班子讨论应对办法，终于讨论出一个比较满意的应对方案……

应对方案实施后，取得了理想的效果。

华阳集团一些厂子的产品利润不高，甚至有些产品的市场明显萎缩，合计起来有1000多个产品，集团决定不再生产。一下子砍掉1000多个产品，必须解决开辟渠道，增加产品品种，增强生产能力，扩大生产规模的问题。陈守全努力搜索自己的资源仓库，想起在人民大会堂出席第一届全国劳动模范表彰大会上，自己和长春第一汽车制造厂的总经理耿少杰坐在一起，两人有过真诚的交流，后来经常联系。

陈守全叫了两个伴一同开车前往长春。穿越中原大地，跨过滚滚黄河，经过首都，翘首山海关口，进入广袤的东北大平原。北方的冬天，天寒地冻，冷彻骨髓，茫茫原野，寒风肆虐，滴水成冰。陈守全的车摔了个大跟斗，掉进了庄稼地里。好在人没有大碍，只受了些皮外伤。三个人从车里爬出来，求助附近的村民。村民很淳朴，有求必应，几十个人齐心协力把车子从庄稼地里拉上了马路。陈守全也很地道，给了村民相应的酬金。车子只是擦破了一些油漆，没有伤到筋骨。

抵达长春，多年不见的老朋友相会格外亲密……

长春之行给华阳企业集团公司注入了新鲜血液，人们无不欢欣鼓舞。

五十九　两块牌子齐头并肩

经过资产重组，华阳企业集团公司只剩下6个子公司：变速系统公司（即原来的拨叉公司）、美驰—华阳汽车制动器有限公司、襄阳华丰吉顺合资公司、昇华工业园、神帆专用车有限公司、华阳置业房地产公司。

闯过资产重组这一关，改制工作基本完成。接下来，由华阳企业集团公司向市政府提出书面报告，总结改制过程中经历的方方面面，同时申请成立改制后的新公司。市政府从市改制办、市财政局、市劳动人事局、市税务局抽调人员，会同早先派驻华阳企业集团公司的改制指导工作组，对华阳企业集团公司的改制工作进行全面验收。

验收合格，标志着改制顺利完成。改制后的新公司名为十堰华阳投资有限公司，已于2006年10月31日预先核准登记，11月17日正式领取营业执照，注册资本2000万元。

2006年11月18日，华阳企业集团公司办公大楼门口正式挂出十堰华阳投资有限公司的新牌子，与原来湖北华阳企业集团公司的老牌子齐头并肩。

新华阳的成立，结束了老华阳的辉煌历史，老华阳的帷幕也就徐徐降下。新华阳的牌子挂出之后，老华阳的牌子也就可以摘下来了，可大家对老华阳的感情太过深厚，一致认为牌子不要摘，湖北华阳企业集团公司的旗帜不能倒。老牌子就这样挂着了。

大家对老华阳的这份剪不断的感情让陈守全心潮起伏，思绪万千，情不自禁地打开了回忆的闸门，一件件往事在眼前掠过。当初华阳企业集团公司返回属地改制的时候,许多心心相印的好朋友,真心实意地劝他:"回属地改制呀?一大把年纪了,还那么拼死拼活,何苦来呢?与三环合并,多好呀!"陈守全自己也想过这个问题,但是,他还是婉拒了朋友们的好心,坚持返回属地改制。在艰难的改制过程中,每当回忆起朋友们的规劝,他也会忍不住有些沮丧。好在市里领导给予他的鼓励和支持,让他始终斗志昂扬,勇往直前。

现在改制结束了,成立了新的公司,大家对湖北华阳企业集团公司还是那么情深深意长长,真叫他很感动。他同样觉得,是湖北华阳企业集团公司孕育了十堰华阳投资有限公司,湖北华阳企业集团公司是十堰华阳投资有限公司的母体,那保留它的牌子,对十堰华阳投资有限公司今后的发展,是有利无弊的,将会起到一种无形的驱动作用。

投资有限公司就是要靠大家投资,这个投资只对内,不对外,也就是公司内部职工入股投资,成为股东。一开始有69人自愿投资做股东,这69人中,有干部,有工人,有的家里有存款,有的家里没有存款。家里没有存款,就到处借,他们对十堰华阳投资有限公司充满了热爱,也寄托了莫大的期望。一位老工人交完投资款,专门找到陈守全,握着陈守全的手说:"陈总,我的投资款,是东拼西凑借来的,是我们家的命根子,全交给你了,你得为我们掌好舵呀!"这完全是出乎陈守全意料的,他异常激动,紧紧握住这位老工人的手说:"你放心,我会竭尽全力,不会让你们失望的。"陈守全把员工们的重托牢牢地铭记心间,他决意把这份重托化作动力,带领全体员工建设十堰华阳投资有限公司。

职代会热烈讨论评议,从69名参股人中,筛选出来48名股东,后来由于各种各样的原因,有11人退股,最后剩下37名股东。37名股东中,还有几个虽然没有退股,但人已离开了华阳。陈守全采取紧急措施:以入股金额作为基数,股东每年按照10%的比率分红,并且每月给予5%的岗位补贴。人已离开了华阳却没有退股的，仍然可以分红，但不能享受5%的岗位补贴。这一措施的贯彻落实，很快稳定了股东们的情绪，37名股东一直没有变动。

首次股东大会召开，选出7人组成的董事会。第一届董事会第一次会议选举陈守全为董事长。

六十　2006年的阵痛

2006年是老华阳转变为新华阳的收官之年，也是新华阳的阵痛之年。这种阵痛，既是理论的又是实际的，既是抽象的又是具体的，既是肌肤的也是心灵的，既是企业的也是员工的。我们静下心，一起读读陈守全在十堰华阳投资有限公司2006年股东会上所做的报告，也许能梳理一下我们对这种阵痛的认识和理解。

改制完成后，过去长期在国有企业体制下形成的僵化机制、行为模式和思维定式，仍在有意无意之中发挥着巨大的潜在作用，在国有企业的体制中养成的执行不力、作风拖沓和大锅饭思想，甚至包括奢侈浪费、弄虚作假、损公肥私等一些不良习气，仍在侵蚀着新华阳的机体。要克服以至到最后消除老体制的各种各样形式的惯性作用，任重而道远。必须从思想上、行动上和利益上，对旧体制下形成的落后观念，进行脱胎换骨的改革，坚决冲破一切妨碍新华阳发展的思想牢笼，坚决改变一切束缚新华阳发展的顽固枷锁，坚决革除一切影响新华阳发展的堡垒弊端。

企业变革是对内部利益的重新调整，重新洗牌，这种重新调整和重新洗牌必然触及有关对象，或者说不可能满足所有对象的利益。一旦有人钻进个人利益的死胡同里出不来，而自己的欲望又没有在某些方面得到满足，他就会成为新华阳的蛀虫。这种现象，在老华阳已经发生过。有人，躲在阴暗的角落里，怠慢、损害或破坏企业利益；有人，昧着良心散布造谣，诋毁或诬蔑企业；更有甚者，泄露和出卖非法盗取的企业商业秘密，从中获取利益。这种极少数个别人因私欲未能得到满足，而损害企业的歇斯底里，在新华阳里不可能在短期内销声匿迹，对此，我们务必保持清醒的头脑，保持高度的警惕。

在新旧体制转换过程中，有一个新老体制并存的时间段。在这个时间段里，新制度来不及推行实施，老制度又在风雨飘摇中，这就会造成管理上的空当；新制度的推行，有可能遭遇老制度体系的抵御，造成无功而返；新老制度各唱各的调，各吹各的号，形成管理上的真空。对此，我们要加快新制度体系的建立；要做到新老制度的无缝切换，要提高新制度的执行力度。

陈守全在报告中的分析论述，道出了新华阳在经济运行中难以逃避的困难。除此，新华阳诞生的2006年，受国家宏观调控和经济增长方式转变的影响，汽车行业出现反差较大的冰火两重天。上半年，全国汽车整体增长26.71%，乘用车增长36.53%，商用车只增长7.71%，商用车中，除重型车和轻型车略有增长外，中型车大幅下降，而新华阳的产品绝大部分集中在中型车这个领域内，新华阳遭遇的挫折可想而知。

中型商用车生产的不景气，迫使整车企业不断向零部件企业挤压利润空间，再加上钢材价格上涨，成本攀升，零部件企业便要承受双向挤压。生产中型商用车零部件的新华阳，2006年上半年严重亏损，各项经济指标均未完成预算。比如销售额，预算为9588万元，实际完成7132万元，只完成预算的75%，为上年同期的−31%。形势相当严峻。

陈守全详细分析新华阳遭遇滑铁卢的主客观原因之后，对新华阳的前景看好。他在2006年股东会上的报告中说："2006年是'十一五'规划的第一年，宏观经济政策保持连续性和稳定性，稳定的宏观经济形势给汽车业的平稳发展奠定了基础；汽车行业属于国家的支柱产业，仍然会有持续稳定的增长。国家继续推进'鼓励汽车进入家庭'，实施了多项鼓励汽车消费的政策，汽车行业仍然大有前途。从我们企业来看，随着产权制度改革的完成，我们逐步拥有与竞争对手同等的条件。只要我们坚持观念创新、体制创新和管理创新，浴火重生，凤凰涅槃，我们一定能再创辉煌。"

他信心百倍地在报告中提出，经过3至5年的努力，新华阳争取达到的目标是资产规模达到3.5亿元左右；资产负债率控制在70%之内；销售收入超过4亿元；股本收益率争取达到50%，利润不低于1000万元；员工收入高于本地企业职工平均水平。

企业处于低谷阶段，居然还能设想出这么具体的、距离现实又是那么遥远的硬指标。这不是几个人在一起摆龙门阵，吹吹牛，吹完之后一走了之，可以不负责任了。这是在股东会上做报告呀！对股东们做出的承诺，到时候兑现不了，该如何交代呢？仔细想想，陈守全不会毫无根据地放空炮，他心中有数。这个数，是以战略家的视野和情怀，对企业内外环境做出详尽全面的分析后得出的结论。

六十一　华阳旗舰正远航

一家企业所占市场份额决定了这家企业的兴衰。老华阳依附东风公司生存，98%的主机客户及产品来自东风公司。这就是说，老华阳随着东风公司的兴衰而兴衰，企业的命运全部系在东风公司的身上，这就没有了在市场中的主动权。而新华阳延续着老华阳的"套路"，98%的主机客户和产品也是来自东风公司，销售额也就受制于东风公司，2006年上半年，东风公司商用车同比下降32.4%，使得新华阳主导产品销售下降45%~60%，利润减少440万元，占亏损的50%。

陈守全意识到，单一的主机客户是华阳市场运营极其脆弱的主要原因，也是企业发展的致命瓶颈。俗话说"不能在一棵树上吊死"，华阳必须建立主机客户群，调整产品结构才有出路。只要建立好了主机客户群，调整好产品结构，冲开致命的瓶颈，扭亏为盈就指日可待。

为了完成这次战略转换，陈守全在2006年股东会上的报告中，提出造就一支能经营、善管理、敢创新的管理队伍，培养一支能适应市场需求，富有创新精神的产品开发营销队伍。

强大的营销队伍建立起来之后，奔向全国各地的营销员，带回来振奋人心的消息：与西安法士特变速箱制造有限公司有了合作，与柳州汽车制造有限公司有了合作，与徐州工程机械厂有了合作，与安徽华菱，与重庆綦江变速箱厂，与河南……华阳的触角伸向了21个省市。

与此同时，陈守全对家底进行清理。由于原来生产过于乐观，导致库存积压量大，必须尽快让这些积压产品变成现金，以刀具一项为例，寻找到买家，拿到了700万元现金。积压的产品，有的尚可利用，稍稍返修之后就可以销售，换回现金；有的已经落后被淘汰，就当废品变卖。还有不少旧设备，如不少组合机床，早已废弃，但没有及时处理，仍然摆放在车间里，既不符合生产安全，也造成了浪费，一并当作废品处理掉。

由于市场的开拓，产品品种和数量急剧增加，原来的生产手段满足不了生产需要，对设备更新换代成了亟待解决的问题。于是，华阳便有了"三机四线一炉"的硬件装备，三机指三台自动压蜡机，四线指四条精铸制壳自动线，一炉是熔炼炉。"三机四线一炉"的硬件装备大大地提高了生产效率。仅熔炼炉一项，就比原来提高5倍的功效，减少4个岗位。

相对于硬件，企业的软件建设，也就是职工队伍建设和职工思想建设，显得尤为重要。对于这一点，陈守全是念兹在兹的，他在股东会上的报告中响亮地提出：造就一支敬业、高效、进取、拼搏的员工队伍。

如何充分调动和发挥职工的积极性和创造性？激励机制是最有效的手段，也是很多企业管理行家的拿手好戏，但对激励机制的理解和运用却各不相同。陈守全对考上大学的华阳职工子女给予现金奖励：考上一本者，奖励3000元；考上二本者，奖励2000元；考上三本者，奖励1500元；考上专科学校的，奖励1000元。这让大家感受到生活在华阳这个大家庭是极其温暖的，进而在生产和工作中就有了释放不完的热量。

陈守全高举"三类人才"大旗，从经营队伍、技术队伍、工人队伍中评定出带头人，带头人的岗位津贴从300元至4000元不等。这一激励机制，强烈震动整个华阳。

有一位Q姓女工，改制之初曾有很大意见，现如今，在激励机制的召唤下，她精神饱满，似乎换了一个人。在压蜡机带头人的竞选中，她以绝对优势中标。中标后果然不同凡响，带领压蜡机工人一往直前，生产效率节节攀升，充分展现了她的领导艺术。上夜班很辛苦，她一面在车间组织生产，一面深入食堂调整膳食，做出可口的饭菜，尽量让大家吃得舒服一点，获得物质享受的同时也得到精神上的鼓舞。电工M的爱人不幸患上癌症，她跑上跑下，又是联系医院，又是向公司工会申请困难补助，把补助款送到病人家中。制壳工M的女儿高考中榜，她得到消息后，除了对M表示祝贺，还根据奖励规定向公司工会递交申请，拿回奖金送到M家里，家长和考生都欢喜雀跃。

Q姓女工，总是这样对别人说："我原来的工资1000多元，现在

5000多元，有时能拿到6000多元。工资增长了好几倍，不好好干，对不住每个月拿回家的这一大摞子百元大钞呀！"

L竞选熔炼浇铸工段长成功之后，干劲冲天，工段长的本职工作是调度人员，组织生产，是可以不干具体工作的，但是L不仅干活，而且总是带头干。补炉是一项非常辛苦的工作，人要钻进几十度高温的炉膛里，用耐火泥砌上一块块耐火砖，高温烤得人汗如雨下，窒息难受，皮肤会被烤成酱色。每当炉子坏了，需要修补时，L总是第一个钻进炉膛。上夜班，又累又困，L就从家里拿来鸡蛋鱼肉，亲自做饭菜，想方设法地让工人们吃好，消解工友们的疲劳。

陈守全提出，实行以车间为单位的经营体运作措施。这一措施率先在华阳重点单位变速系统公司推广，取得显著成效。从以程兴东为经营体负责人的铝镁合金加工车间的变化来看，可见一斑。

36岁的程兴东本是一名普通工人，聪明伶俐，工作扎实，勤勤恳恳，被选为平衡桥班班长。2006年底，公司成立铝镁合金加工车间，将程兴东破格提拔为铝镁合金加工车间主任。实行以车间为单位的经营体运作措施之后，他便成了经营体的带头人。

他将车间经营核算实际可控成本指标分解、落实到班组，再将核算成果与经济责任制挂钩，提高班组及班组成员参与成本管理的积极性，增强职工的经营意识、责任意识和主人翁意识，真正形成了"人人讲成本、人人算成本、人人降成本"的氛围，产生了看得见摸得着的实效。

奖励职工提合理化建议和改善现场的能力。这一年，车间现场改善28项，大课题3项，工艺优化3处。推行经营体运作之后，产品质量提高了，信誉度和客户的满意度提高了。

利用一二月份淡季时节，对操作工进行现场实际操作培训，目的是实现每人必须都会3道工序的加工技术，变"一人双机"为"一人三机"。此办法得到落实后，车间有了大变化，工人们的主动性大大提高，你叫他干一台设备谁都不同意，因为收入低，都积极抢着要求干2~3台设备。"一人双机"变"一人三机"，车间人员由46人减员到30人。

陈守全在股东会上的报告中提出：造就一支善管理、通战略、敢创新的管理团队。这让华阳这个大部队兵强马壮。

我们首先要介绍的是方德斌。

1975年，24岁的方德斌进入郧阳地区汽车拨叉厂，一开始在车间当工人，陈守全是车间主任，发现方德斌是个不错的人，便叫他担任班长。之后，方德斌不断升迁：常驻东风公司联络员、车间主任、党委办公室主任、党委副书记、经营副总经理。华阳集团成立后，他被调到集团总部担任规划发展处处长，在这个岗位上，绩效突出，尤其是他致力于积极引进外资。

美驰华阳合资公司成立后，方德斌出任中方总经理。一开始，由于缺乏经验，公司持续亏损，方德斌借鉴吸收美方先进管理思想和管理模式，形成了自己一套完整的管理理念，提炼了一套行之有效的管理模式；同时与外方经理分工合作，既坚持原则又相互包容、妥协，有力地推进了合资公司的建设与发展。终于，公司一年内盈利几百万元，成为华阳一大经济亮点，成为十堰市中外合资企业的典范。

那一年，方德斌意外地获知一个信息：东风公司要扩散50多个零部件，他将这一消息汇报给厂领导之后，日夜奔走游说东风公司各个部门。当时有30多家企业瞄准了这50多个零部件，纷纷涌进东风公司，想争取这50多个零部件的生产权。竞争十分激烈，方德斌硬是凭着自己的智慧和意志击败了强劲的竞争对手，东风公司一次性将40多个产品扩散给了拨叉厂。拨叉厂当年产量翻番，效益翻番，企业发展呈现出一次重大的突破和飞跃，方德斌劳苦功高。

第五章　改制路上云飞扬

华阳改制过程中，面临大大小小100多个官司的困扰，其中有关于专用车厂依法破产的官司。方德斌不顾年岁大、身体差，经常一个人开车从十堰到武汉，一个月来回好多趟，湖北省高级人民法院最终支持专用车厂依法破产，确保了华阳改制的顺利进行。

因身体原因，方德斌2006年提前办理了退休手续，他看到企业处于低谷，心急如焚，又披挂上阵，决心再立新功。

接下来，要谈到的是侯克斌。

侯克斌祖籍郧县梅铺盘道，其父从部队复员后，被分配在郧西县供销社，举家迁往郧西县城。20世纪80年代初，侯克斌报考郧阳地区工业技术学校被录取，毕业后分配到郧阳地区汽车拨叉厂当工人。他一米七八的个头，身材颀长，五官端正，皮肤白净，俊朗清秀，颇有气质，走在人群中，特别突出，引起了陈守全的注意。陈守全有意观察侯克斌，发现侯克斌不仅工作兢兢业业、踏踏实实，还勤奋学习。几番调查了解，验证考察，陈守全把侯克斌调到厂办当秘书。厂办秘书，每天收发文件，擦桌抹椅，打扫卫生；开会布置会堂；来客人，端茶招待，侯克斌干得利利索索、漂漂亮亮，深得陈守全赞赏。一年后，侯克斌被选送到二汽党校脱产学习两年，获得大专文凭，提拔为厂办副主任；后任团委书记，又折返厂办任主任，接着擢升为副厂长。担任厂长期间，筹划修建厂里服务大楼，几个承包商闻讯参与竞标。经过几番筛选，选定A。A为了表示感谢，借一次面谈的机会，把装了一万块钱的信封塞在侯克斌的文件包里，侯克斌坚决把一万块钱退给A，在厂里传为佳话。

在市场经济的大环境中，工厂的生产和销售是两条相互依存的平行线，从某种意义上讲，销售尤为重要。侯克斌把在二汽党校学到的理论用于实践，亲自撰写印发了《销售人员服务守则》，对销售人员的奖与罚做了精细的规定，起到了立竿见影的作用，促进了企业生产的发展。

有句古话是"成由勤俭败由奢",侯克斌是这句古话的忠实实践者,对企业的资金严格把关,该花的不吝啬,不该花的一分钱也不浪费。压铸机在运转的过程中,不可避免地有铝水流淌到地下,凝固后,成了星星点点的铝渣子。侯克斌不厌其烦地把这些铝渣子一一捡起来,在他言传身教的带领下,工人们自觉捡拾铝渣子成了一条不成文的规矩,为工厂增产节约。压铸机出现故障,工人们忙不过来,侯克斌钻进压铸机里进行修复。

由于美驰华阳合资公司需要一个强势的中方经理,陈守全把侯克斌从拨叉厂调到美驰华阳。侯克斌坐镇美驰华阳不久,就发现美方经理S工作怠慢,不负责任,一年内在厂里工作的时间算起来顶多三四个月,长期待在外面,美其名曰"出差",回来报销差旅费,总会超过指标。侯克斌一封检举信寄到美方经理所属的设在上海的公司总部,没多久总部把S撤换了,美驰华阳赢得了尊严。

现如今,侯克斌是华阳集团的总裁,担负着建设发展华阳的重任。

再看李文清。

李文清是郧县桂花人,20世纪80年代初期中专毕业,就读于郧阳地区财贸学校,毕业后分配到郧阳地区汽车拨叉厂财会科担任会计。小伙子工作一丝不苟,头脑灵活,口才不错,跟谁都合得来,因此很有人缘,大家对他的评价很高。这一切,陈守全都看在眼里,想在心中,对李文清委以重用:财会科科长—华阳总部财务部部长—农用车项目经理—拨叉厂厂长。

多年来,拨叉厂的销售额,总是在七八千万上下徘徊,李文清担任拨叉厂厂长期间,突破一个亿。拨叉厂承担西安法士特汽车传动集团公司双H壳3种零件的生产。李文清去该公司考察发现还有一家工厂为该公司生产双H壳零件,但这家工厂的设备和工艺比拨叉厂差了一大截。

第五章 改制路上云飞扬

于是李文清邀请西安法士特公司有关人员来拨叉厂参观。法士特公司的人员参观后，一致认为，相比之下拨叉厂设备精良，工艺先进，管理科学，质检严格，因此，决定给拨叉厂扩大订单，双H壳的零件生产，由3种增加到12种。拨叉厂在李文清的领导下，销售额能突破一个亿，由此可见一斑。

李文清出任华阳集团总经理，准备全力施展拳脚，赶上华阳集团改制。改制后，李文清担任华阳集团副董事长兼华阳集团旗下美驰公司中方总经理。从华阳集团总经理到华阳集团旗下分公司的总经理，这意味着职务下沉，权力缩小，一般人都会情绪低落，意志消沉，而李文清心胸豁达，视野开阔，依然积极向上，迎接新的挑战。

一走马上任美驰公司总经理，李文清就以不同凡响的手笔书写了一个大作品。李文清了解到东风汽车公司要分流一部分制动器的生产任务，便马不停蹄地驾车前往东风汽车公司有关部门。他凭借三寸不烂之舌，上午跑到这家单位游说，下午跑到那家单位求情，凭着执着和坚韧，打败多个竞争对手，终于把这份制动器的订单收入囊中。

拿到订单的那一瞬间，他差点昏倒了。要知道，在争取这份订单的时日里，李文清是怎么样熬过茶饭不思的日日夜夜呀！起早贪黑，东奔西走，吃饭在路上。如此操劳，人瘦了一大圈。现在，订单跑下来，他可以轻松一下了。

美驰公司在李文清的率领下，销售额一举突破两个亿，实现历史性飞跃，对此大家都跷起大拇指。

还有一个不得不介绍的人——陈伦宏。

陈伦宏原本是武当山钢厂（乡镇企业）的一名职工，一个偶然的机会他认识了陈守全。通过一段时间的仔细观察，陈守全觉得陈伦宏是个不错的人才，便把他引入华阳。刚来的时候，陈伦宏在总部办公室当秘书，工作干得风生水起，大家有目共睹，对这位新来的同事刮目相看。之后陈伦宏被提拔为办公室主任。就在华阳遭遇2006年的阵痛之时，陈伦宏到华阳的重点单位拨叉公司（后改名为变速系统公司）担任经理。

陈伦宏明白，变速系统公司是华阳的支柱企业，在一定程度上决定着华阳的命运，他感到自己身上担子很重很重。一跨进变速系统公司的大门，陈伦宏就投入到生产、经营活动的各个环节，了解情况，掌握重点，深入车间班组，调查分析——一道工序一道工序跟踪观察，一个车间一个车间剖析研究，一个科室一个科室归类比较，一个干部一个干部甄别分析。对全公司的情况了然于心后，陈伦宏便开始筹划组织机构和人事改革，合并重组五个科室，将七个车间分成十大经营体，提拔有作为敢担当的人才，大家的精神面貌随之焕然一新。

出现质量和安全事故时，陈伦宏对有直接或间接关联的公司领导、部长、车间主任、班组长和操作工一律通报批评，重罚扣款，并严格兑现。曾经为一起质量事故，他不仅罚别人，也罚自己一次性扣款5000元。

压铸车间生产上不去，产量和质量双双拖着公司的后腿。陈伦宏一头扎进压铸车间，和工人们同吃同住同劳动，攻克难关，一个一个问题解决，清除各环节的矛盾，更换车间主任，调动职工情绪，拖后腿的问题迎刃而解。模壳压型工缺口大，人员紧张，他带领机关工作人员，进驻压型工段，穿上工作服，系上围腰子，和工人们一起干，一干就是一个多月，直至买回来自动压蜡机，解决了模壳压型缺人的问题，他才离开压型工段。

有一段时间，产品质量频频出现问题，因质量而索赔的数额巨大，陈伦宏痛心疾首。经多方了解，这是因为质量部长严重失职所致，他当即把质量部长撤掉，自己兼任质量部长。在废品整改现场会上，他当着众人的面，痛打自己的耳光。经过大半年的努力，全公司质量意识得到了强化，质量问题出现了好转，才又选拔任命了新的质量部长。

陈伦宏还提出了"12345"响亮的奋斗目标：一个拨叉，两个专家（精铸专家、压铸专家），销售收入三个亿，利润四千万元，职工年收入人均五万元。在市场不景气的情况下，他带领的变速系统公司却逆势发展，一年一个新变化、一年一个新台阶，销售收入和利润连续三年呈现大幅度增长。

俗话说"一个篱笆三个桩，一个好汉三个帮"，人是社会的人，一个人不管有多大的能耐，单打独斗，成不了大事。同理，一家企业固然要有一个德才兼备、高瞻远瞩、运筹帷幄的一把手，但如果没有一个强有力的领导班子，没有一个齐心协力的团队也是不行的。

陈守全算得上是十堰华阳投资有限公司的一位好领导，正是由于他的领导魅力，吸引着大家，令人钦佩，令人尊敬，令人信服，大家团结在他的周围，才能凝聚出一个好的领导班子，才能锻造出一个好的团队，为了华阳的发展，大家心往一处想，劲往一处使，同舟共济，克难闯关。正是这样，改制后的新华阳终于走出低谷，扭亏为盈，重新踏上康庄大道。

企业走出低谷，回到温暖的春天，陈守全心里自然乐陶陶。正当他踌躇满志，准备带领企业冲上又一个高地时，一个面目狰狞的幽灵，从遥远的天际悄悄来到他的身边……

2012年4月的一天，华阳总部机关的工作人员到太和医院进行一年一度的身体检查。陈守全特意提前到达，站在体检处的门口热情地和大家打招呼。

轮到陈守全做B超了，检查过程中，他明显地感觉到医生的动作有些缓慢，神情似乎也有些疑惑。他心里暗自嘀咕是不是发现了什么问题。最后，医生告诉他患有前列腺结石。结石，这不是什么了不起的事，也许是刚发现，还没有明显的疼痛感，陈守全没有在意。4个月后，有了一点感觉，去医院做磁共振，结论是结节。结节也不是什么大病，陈守全还是没在意。接着，感觉越来越明显，到2013年9月间，有了疼痛的感觉，陈守全这才去太和医院做穿刺检查，确诊为前列腺恶性肿瘤。

从结石、结节到恶性肿瘤，没有那么猝不及防，但是无论是谁都难以接受。然而，陈守全没有像一般人一样惶恐不安。这异乎寻常的镇静，当然与他沉着稳重的性格，以及常年担任企业领导工作锻炼出来的遇事不惊的意志品质不无关系。

更重要的是要积极地治疗。陈守全打电话给在北京的女婿，女婿有一个在江苏常州某医院的同学，是一位卓有成就的肿瘤专家，女婿当即与这位同学取得联系，陈守全在妻子的陪同下，于10月15日赶赴常州。

前前后后经过28次化疗，又经过一年多的生物治疗，一个标志性的指数降到0.0001，说明癌细胞已经被控制在安全范围之内。

陈守全是一个硬汉子，在反复奔赴常州一年多的治疗过程中，每一次化疗后回到家，就坚持上班，他没有告诉单位的同事他在治病，只是说到外地出差。他怕影响大家的情绪，影响华阳的发展。因为华阳正处在一个关键节点上，加把劲，华阳就能继续前进，映入眼帘的就是美景如画；稍有松懈，就会后退，或者掉入泥淖。华阳的生命，就是陈守全的生命，让华阳永远年轻，让华阳的旗帜永远年轻，这是陈守全生命的责任。只要他一息尚存，就不能让华阳有半点走向衰老的迹象。为此，陈守全瞒着所有的华阳人，直到这个指标性的指数降到0.0001，基本上处于平安无事状态，他才透露真情。他一脸轻松、平静如水地讲述自己病情的前前后后，大家听得心惊肉跳，为他捏一把冷汗，也为他深深地祝福。

总有人说"老年人靠回忆过日子"，老年人蹚过漫长的沧桑岁月，

第五章 改制路上云飞扬

所见所闻和自己的亲身经历都极其丰富，自然有许许多多值得回忆的往事，这些往事又注入主人深深的情感，稍有触碰，就很容易一串串地牵出来。2016年，陈守全年满68岁，应该说也步入了老年，回忆过往，也就最自然不过了。

18岁陈守全在郧阳卫校入党，19岁卫校毕业后分配进郧阳地区风动工具厂（拨叉厂前身），22岁莫名其妙地被打成"反革命"，24岁被任命为车间副指导员（党支部副书记，不脱产），26岁提拔为车间指导员（党支部书记，脱产），28岁担任拨叉厂副厂长，38岁担任拨叉厂厂长。自此，陈守全率领拨叉厂一步步从低谷走向高坡，登上一座座山峰，后来创建华阳企业集团，成为十堰市的标杆企业，陈守全也成为十堰市的风云人物。

一晃，整整半个世纪的时光流进了历史的汪洋大海。今天，华阳正沿着正常的轨道健步向前，陈守全则两鬓染霜，迈入老年。陈守全把自己绚丽多彩的青春，把自己年富力强的智慧，把自己身上所有的能量以及心血，统统贡献给了华阳。

陈守全年轻时，心里揣着一大把梦想，想当解放军，想当飞行员，想当科学家，想当……命运之神安排他把梦想的飞行器降落在华阳这片沃土上。他把自己和华阳捆绑在一起，形成一个命运的共同体。每每看到华阳发出耀眼的焰火，他心里就会灿烂辉煌，每每想到华阳锦绣般的前程，他情感的湖面就会激起浪花朵朵。而当华阳遇到阻碍的时候，他则寝食不安，心急如焚。

梦醉华阳，是陈守全的梦，把华阳灌醉了，还是陈守全的梦，被华阳醉晕了？

陈守全的华阳梦里还有两项重要内容：一项是华阳大厦；一项是拨叉厂（现更名为华阳变速系统有限公司）上市。

陈守全的华阳大厦梦成型于1992年，拨叉厂和郧阳地区建筑工程公司合并，成立郧阳华阳企业集团公司，他就想把郧阳建筑公司原办公大楼推掉，重新建一座18层的高楼（那时，十堰市18层高楼还是凤毛麟角），命名为华阳大厦。设计方案已经出炉，但因与郧阳建筑公司分道扬镳，华阳大厦的建设夭折在摇篮里。

2009年，十堰市开展"千名干部进百企"的活动，华阳企业集团名列"百企"第六。借此机会，陈守全立足于华阳的发展需求，权衡华阳的生产经营实情，提出建造华阳大厦。立项的申请得到十堰市政府的批准。华阳大厦项目位于湖北省十堰市茅箭区北京路立交桥东北角。东邻M天下及和昌国际城，南邻浙江路，西邻北京路，北邻十堰市市民服务中心。华阳大厦的设计方案由美国时代设计院上海分院承接，大厦规划用地面积3135.76平方米，总建筑面积19002.57平方米，为一座两塔高层商住综合楼，建筑高度86.65米，地上24层，地下3层。

因各种各样的原因，2009年华阳企业集团向政府部门提出申请，历经7年风雨，2016年才在市规委会上通过。

说完华阳大厦梦，再来说拨叉厂（华阳变速系统有限公司）上市的梦。

华阳投资有限公司内部刊物《华阳通讯》的2016年11期，刊发题为《华阳变速系统公司"新三板"成功上市》的消息。

根据《中华人民共和国公司法》《中华人民共和国证券法》《国务院关于全国中小企业股份转让系统有关问题的决定》《非上市公众公司监督管理办法》《全国中小企业股份转让系统业务规则（试行）》等有关法律法规、部门规章及相关业务规则，经过专家委员会反复多轮认真审查，同意湖北华阳汽车变速系统股份有限公司股票在全国中小企业股份转让系统上市。

第五章　改制路上云飞扬

11月25日，湖北华阳汽车变速系统股份有限公司以股票名称"华阳变速"，股票代码"839946"在全国中小企业股份转让系统（新三板）成功上市，流通股2476万股，总股本5027万股。

华阳汽车变速系统股份有限公司成为十堰市中小企业中第6家上市公司，在郧阳区则是第一家，郧阳区政府奖励华阳汽车变速系统股份有限公司100万元。

华阳制动器有限公司也于2019年11月成功上市全国中小企业股份转让系统（新三板）。

当年华阳加盟湖北省汽车股份有限公司，本想借力成为上市公司，却未能如愿。现在华阳变速系统股份有限公司和华阳制动器有限公司两个分公司先后上市了，陈守全的又一梦想变成了现实。陈守全本来已经戒酒，获此消息后，兴奋地喝上了一小盅。以前喝酒好像没有这么香……

陈守全怀揣华阳梦，为之奋斗一生，从一棵幼小的树苗，辛勤耕耘，把她培养成一棵参天大树。华阳这棵大树，承载着陈守全梦想的全部内容，在风霜雪雨中茁壮成长。在华阳最艰苦的时刻，陈守全用战栗的声音呼喊："华阳的旗帜不能倒！"华阳用她最强有力声音回应："华阳不能倒！"华阳也没有倒，华阳这艘旗舰正乘风破浪，驶向深蓝，驶向远洋。

挂 牌 喜 报

在 2020 年元旦即将到来之际，华阳制动器公司喜迎成功上市！2019 年 11 月 24 日，制动器公司在新三版正式挂牌，这是"圣诞老人"送给我们的礼物。标志着公司已步入资本市场，初步建立了"产权清晰、责任明确、管理科学"的现代化企业机制，提高企业抗御风险的能力，增强企业发展后劲，踏上了快速发展的轨道，为企业寻求更广阔的发展空间奠定了基础。

随着市场经济的不断发展，市场对企业的经营机制和管理体制提出了更新更高的要求。制动器公司为了更好地适应市场、扩大规模、规范管理、增强效益，在总部各级领导的指导和公司董事长的带领下，用一年多的时间先后完成了收购神帆、公司分立、资产评估、增资扩股、股权转让等一系列工作，成立股份公司，顺利实现挂牌。可喜可贺！

今日，公司正式挂牌，掀开了企业发展的新篇章。以此为新起点，我们将借挂牌之东风，以"入市"为契机，以科技创新为核心，以市场开拓为中心，以管理创新、服务创新为动力，做到外树形象，内抓质量，节能降耗，继续抓好产品结构调整，不断开发潜在市场，积极探索新客户新市场。早日实现公司的短期目标——"3 2 1"工程！

公司挂牌，是全体员工共同努力的成果！

因为有您，制动器公司的辉煌才会赋予别样风景！

希望有您，制动器公司的未来更加高歌猛进！

预祝公司股票大涨！

股票简称：**华阳制动**　　股票代码：873391

全国股转系统官网：http://www.neeq.com.cn/

公司董事长：

二〇一九年十二月二十四日

六十二　深深的怀恋

本来书稿已经画上句号，就在这时，陈守全家里突然发生了意外。于是，就有了这必须续上的一节。

前文提到过的朱延武，后来去上海生活。每年大年初一他总要给陈守全打电话拜年。2017年春节，初一（阳历1月28日）9点多钟，朱延武照例给陈守全打来长途电话"陈总，给你拜年，恭贺新春，阖家欢乐。你的儿孙们都回十堰陪你过年了吗？"陈守全回话说："此时此刻，我在北京，陪我爱人看病。"朱延武问："嫂子什么病呀？"陈守全如实道来："多发性骨髓瘤，也就是骨癌，来北京一个多月了，病情一天比一天严重，现正在急诊室抢救。"电话那头半天没有声音，陈守全以为掉线了，准备关手机，突然听到朱延武长长地叹了一口气，说："好人啊！好人啊！"语速缓慢，声音低沉，低沉到几乎听不清，倒是能听出似乎在抽泣……咔嚓，挂了电话……

陈守全断定，朱延武是在悲伤的情绪中说不下去了……

果不其然，2017年4月4日，陈守全在70岁生日的宴席上，又接到朱延武祝贺生日快乐的电话，一开口他就解释："大年初一电话拜年，听到你说起嫂子的病情，我心里悲伤，所以，我把电话挂了。"

2016年12月初，吴士莲感到身体有些不适，陈守全陪妻子去太和医院看病。吃了药，打了针，吴士莲感觉轻松了一点儿。陈守全放心了，他自己也是身患重病，虽然经过治疗，癌细胞被控制在安全范围之内，但隔两三个月就要去江苏常州治疗，现在又到了去常州治疗的时间，12月19日，他登上了开往常州的火车。

多次来常州治病，每次心情都特别好，这次不知为什么，陈守全的心神总是难以安定。20日早晨，他给妻子打电话，问妻子在哪儿，吴士莲回答在妹妹家。21日一大早，又给妻子打电话问在哪儿，妻子依然回答在妹妹家。陈守全听了，觉得有点蹊跷。自从结婚以来，吴士莲对丈夫陈守全的生活起居照顾得无微不至，她不敢在外面过夜，她怕她不在家，陈守全吃不好睡不好。正因为这样，她每次去妹妹家，从来不在妹妹家住宿，这次怎么在妹妹家连续住了两天呢？陈守全心里泛起一层层疑云……

陈守全23日回到家才知道，妻子19日就住进了医院。

陈守全陪护着吴士莲吃药打针，12月29日，穿刺确诊吴士莲患上多发性骨髓瘤。陈守全与在北京的女儿女婿联系，1月4日，陈守全护送妻子士莲，从襄樊坐飞机赶赴北京。

经过一个疗程的治疗，病情有所稳定，他们回到女儿女婿家。1月23日，早晨6点来钟，妻子士莲突然大吐血，又送回医院急诊科抢救。儿子敬平闻讯赶到北京。抢救工作延续到2月1日。这天，下午2时，吴士莲在昏昏沉沉中，用极其微弱的气息，断断续续地说："我—要—回—家。"陈守全抚摸着妻子士莲的额头说："士莲，车子已经到了外面，等我们回家。"陈守全话音刚落，他的爱妻士莲，永远地闭上了眼睛，时间是2017年2月1日14点零5分。

陈守全与吴士莲，说起来是经过陈良芬的牵线搭桥，结成夫妻的，其实，从根上说，两个人是地地道道的"学生恋"。1973年3月结婚以来，两人相敬如宾，恩恩爱爱，穿过风雨，蹚过沼泽，行程44个春秋。常言道"少年夫妻老来伴"。老伴在没有预兆的下，陡然撒手西归，他陈守全难以承受。儿子远在香港，女儿远在北京，就他一个人孤独地守着空落落的家。所有的房间里都留有妻子士莲的身影，所有的生活用具都留有妻子士莲尚未冷却的体温。可现在，妻子走了，阴阳两隔，陈守全常常黯然泪下。

第五章　改制路上云飞扬

吴士莲是一个苦命人，从娘肚子里一落地，就被当作灾星扔到荒野，幸亏母亲心疼又重新抱她回家。和陈守全结婚后，二十世纪七八十年代，工资低，生活常常捉襟见肘，为此，她处处节俭，减少开支。有了两个孩子后，生活负担重，她不敢再要孩子，偏偏意外怀孕，她星期天一个人去郧阳做人流。从厂里去郧阳要走五六里路，还要坐渡船过河，来回得四五个小时。她怕扣工资，当天做完人流就回家，第二天照常上班。在那艰苦的日子里，她宁愿自己不吃，也要省下来给孩子吃。有一次，路上遇见一位要好的朋友，朋友从郧阳回来，买了一些苹果，顺手给了士莲一个。士莲婉拒，可对方一片真心，盛情难却。士莲接下后，偷偷地放在兜里，回家洗干净，切开做两块，两个孩子一人一块。

艰苦的生活，吴士莲养成了勤俭持家的习惯。随着改革开放的深入发展，人民生活一步走向富裕，收入显著提高，但吴士莲却依然初心不改，她舍不得买高档衣服，总是买地摊上二三十元钱的裤子和便宜的上衣。陈守全好心劝她："现在我们不缺钱，你买好一点的衣服呗。"她说："穿高档衣服不自在，还是穿得普普通通的舒服些。"朴实的人，用朴实的语言，表达一种朴实的思想。难怪朱延武在千里之外听到吴士莲身患重病，感叹说："好人啊！好人啊！"

月有阴晴圆缺，人有悲欢离合。生老病死，这是人类不可抗拒的自然规律，我们提倡坦然面对。逝者已逝，生者尚需生存，尚需奋斗。陈守全一面怀着对妻子士莲深深的眷念，祈祷士莲在九泉之下安息；一面从悲痛中走出来，继续实现他的华阳梦。

后　记

　　大凡编织文字的人，有一个共同的心理折射：写完一篇东西，哪怕是一首小诗或一篇千字短文，总觉得还有好多话要说。比如想说说为什么会写这篇东西，比如想说说写这篇东西的过程中的欢乐与忧愁，比如想说说写这篇东西时发生在意料之中和意料之外的妙趣横生的细节，如此云云。因此，便有了后记，后记也称作跋。据考，先秦时期就有了跋。

　　《路的弯度——华阳奋斗足迹》杀青了，付梓之前，依照传统，附上一篇后记。

　　陈守全是在十堰市乃至在全国都颇具影响的一个风云人物，在20世纪80年代末90年代初期尤为瞩目。中央电视台、中央人民广播电台以及《人民日报》《光明日报》《经济日报》《文汇报》《中国机械报》《中国汽车报》《人物》杂志等媒体竞相报道，湖北省十堰市的各家媒体更是轮番报道。一家刊物向我约稿：万字以内的报告文学。我就想到陈守全，这是一个很不错的目标，采访采访一定能写出一篇有模有样分量足够重的报告文学。可是我和陈守全素昧平生，我又不是什么媒体人，冒昧去采访，名不正言不顺，人家凭什么接待你呢。想通过在一起摆弄文字的朋友搭桥，这个说"我也不认识陈守全"，那个说"你不是写小说吗？怎么写起报告文学来了"……

也许是缘分未到……

世上许许多多的事情巧合得让你无法捉摸。你想它的时候，它远在天涯，你看不到它的踪影；你不想它的时候，它赫然站在你身边，让你猝不及防。一个偶然的机会，我认识了当时任华阳企业集团公司《华阳通讯》总编的党政军，之后就有了交往。一天，他突然向我提出："能不能给我们陈总写个传记？"他说的陈总就是陈守全。我以为他开玩笑，或者是随口一说，便装着没听见。他紧接着问："行不行呀？"语气带着责怪，而且相当强硬。我这才百分之百地把握住他说的是真的。于是，我们就达成了一个口头契约。

这是16年前的事了。也就是说，从达成口头契约，到具体付诸行动，再到完成这个契约，走了整整16个春夏秋冬，这委实是一段漫长的时间。采访断断续续，写作当然也就停停歇歇，有时甚至搁置两三年，彼此没有任何联系。说实话，那真是熬人。尤其是，写作停歇以后，再续，你必须要把前面写的重新打理，才能无缝对接，很有点无趣，及至索然无味。其间，我几度想放弃。回忆起那段时光，真还有些伤感。其实，是我没有看到真相。

那段时间，因为华阳的建设，陈守全处在最焦虑的状态中。他已不属于他自己，他把自己的心血全部倾注在华阳上，他属于华阳，他的行为已成为企业行为。那时，华阳官司缠身，四面楚歌……他哪还有心思放在他的传记上。这些我当时全然不知。

灰暗的日子熬过去之后，就是风雨后的灿烂。采访座谈，紧锣密鼓地进行。于是，最初与党政军达成的口头契约，终于变成书稿。大家都很快乐，都很惬意。

后记

　　我与陈守全从素不相识到多次面对面地采访交谈，我们的感情一点一点地融合，对彼此的了解一步一步地深入，很自然地我们成为心心相印的朋友，相聚在一起，无所不谈。在这里我必须要记录的是，在我因湿疹缠身住进医院，痛苦不堪；胆结石手术，躺在医院病榻，度日如年；老伴病故西归，宝嫂星沉，我心如刀绞……陈守全一次次地给予我亲切关怀。这又不能不说，从一个侧面，见证了陈守全几十年来，为什么总是一路风光。他待人实心真诚，怎能不征服人心呢！

陈志源

2017年6月16日